제2판

청소년문화

권일남 · 전명순

창지사

제2판 머리말

이전 청소년문화론을 집필하면서 핵심 가치로 삼고자 했던 청소년의 자기결정권이 청소년문화에서는 매우 중요한 요소가 되어야 하고 동시에 그 의미를 청소년문화의 의미에서 발견했으면 하는 바람을 피력하였었다.

최근 청소년의 자기결정권이라는 의미나 용어가 사회에서 많이 회자되는 것을 보면 시대가 많이 바뀌었음을 느낀다.

그럼에도 사실 어느 대상이든지 인격적 존재로 살아가야 하는 것은 맞지만 이 세상을 규격화해 놓은 제도와 범주로 인해서 사람들의 삶은 일정한 형태로 재단되어 그 틀 속에서 살아가도록 강요되는 현상을 자주 본다. 이는 제도화로 인한 우려를 알고 있으면서도 편리한 제도의 속성상 해당 범주에 포함되었느냐 아니냐의 차이를 가지고 서로의 외형적 격차가 있다고 규정하는 경우이다.

분명한 객체로서 존중받아야 하는 사람이 이름과 개별적 특성을 다르게 가지고 있음에도 불구하고 특정의 대상으로 명명되거나 누구누구의 자녀, 사장님의 자녀, 특정 권력자의 자녀 등과 같이 덧씌워진 이미지로 각인되어 순응하도록 요청할 때, 우리는 어떤 자세를 취해야 하는지 스스로 자각해야 할 필요가 있어 보인다.

이러한 이유를 말하는 것은 청소년에게는 제도적 규범이라는 엄청난 사회적 압력의 영향을 강하게 부여하고 있기 때문이다. 그래서 청소년들은 순응과 거부라는 이중적 행위를 자연스럽게 행하게 되는데, 보는 시각에 따라 문제가 되거나 문화라는 형식으로 고착화되면서 그들만의 리그로 한정되는 경향을 자주 발견하게 된다.

청소년들은 의도하지 않았지만, 사회적 권력을 쥐고 있는 이들에 의해서 단지 청소년이라서 누군가가 만들어 놓은 틀 속에서 벗어나지 않아야 하고, 사회적 명제를 실현해야 함을 굳게 믿는다면 이는 큰 잘못을 범할 우려가 클 것이다.

오랫동안 청소년문화의 개념과 의미를 지배하였던 전반적 시각은 청소년은 성

인의 하위집단이며 동시에 이들이 만들어낸 문화는 성인이 행하는 여러 문화적 요소에서 부수적 관점으로 이해되는 경향이다.

또한, 청소년문화가 하위문화로 여겨지는 의미에는 사회적 차별과 편견의 규격화가 강하게 내재하여 있음을 자주 발견하게 된다. 아마도 우리가 살아가는 환경에서 편리하게 만들어 놓은 편견과 차별을 자각하지 못하고 살고 있는 것은 아닌가 한다.

그래서 헌법에는 차별금지와 평등의 원리 등을 적시하면서 가장 중요한 자기결정권을 스스로 누리도록 명시해 놓았다. 인간의 속성을 연구한 수많은 사람은 청소년이 자칫 제도로 인해 인간 존엄의 가치가 훼손될 우려가 있거나 이들의 본성적 특성에 따라서 문제의 대상으로 여겨질 소지가 있기에 인간의 존엄성이 손상된다면 이를 보완하기 위한 대안 창출을 위해 항상 깨어있어야 한다.

궁극적으로 바라보는 차별적 의미가 청소년에게는 당연한 의미로 자연스럽게 받아들여지던 시절의 가치가 지금, 이 순간에도 이어져서는 안 될 것이기에 청소년들의 행동과 특성을 있는 그대로 받아들여 보기를 소망해 본다.

무엇보다 본서(書)는 청소년문화를 바라보는 관점을 과거의 수많은 학자들이 지배와 피지배의 정당성을 논리적으로 피력하였던 기준에서 벗어나고자 노력하였으며 그 본질적 의미를 파악하고 청소년들이 행하려는 그들의 목소리와 메시지 속에서 드러내고자 했던 생각 등이 무엇인지를 파악해 보려고 했다.

청소년들이 만들어 내는 그들의 행동 양식이자 문화적 의미가 누구네 자녀가 행하는 수용하거나 불가의 문제가 아니라, 적어도 청소년이기에 그들의 행동 양식 속에서 표현되는 색다르기도 하며 보편적이기도 한 행위 속에 자신이 어떠한 의미를 담고자 하였는지를 알게 되는 청소년문화로 이해되었으면 한다.

특히 청소년에게 영향을 주는 성인이자 청소년지도자라면 청소년문화를 하위문화가 아니라 새롭고 창의적인 청소년들의 상상적 표현이자 이미지라는 점으로 재구성하면서 수용할 준비와 자세를 갖춰 주기를 바라는 작은 소망으로 청소년문화의 지평을 넓혀 주기를 고대한다.

다시 한번 어려운 환경 속에서도 책 속에 진리가 있고 이를 탐구하는 능력을 얻을 수 있다는 신념을 실천에 옮겨 주시는 창지사 출판사 사장님과 임직원 여러분께 감사드린다. 또한, 언제나 옆에서 학문적 동지애로 토론과 생각의 지평을 넓혀 주며 함께해 오고 있는 전명순 명지대학교 객원 교수님께도 진심으로 감사를 드린다.

2021. 9.

홍남골 연구실에서

권일남 · 전명순

초판 머리말

통상적으로 문화는 그 시대, 환경, 사회를 특징짓는 상징이자 표현을 통한 삶의 지표라고 말할 수 있다. 문화에는 그 형태를 만든 사람들의 정신과 가치가 내재되어 있으며, 어떠한 형태로 표현되는가에 따라서 나타나는 모양은 매우 다양하다. 그래서 문화는 고급스럽거나 또는 그렇지 않다는 물질적 결과의 상징성으로 판단하기보다는 정신적 가치의 이해를 바탕으로 소중하게 다루어져야 한다. 그러나 청소년문화에서는 이러한 일반적인 논리가 상당히 왜곡되는 경향이 있다. 청소년문화는 청소년 삶의 표현양식으로 기성세대와는 다른 관점에서 그들의 문화적 소산물과 상징성으로 말하고 있으나 내면적으로는 그렇지 않게 해석되는 경우가 많다.

그동안 청소년문화를 이해하는 학문적 보편성도 기존의 사회적 관점을 중시하였고, 청소년의 생각을 수용하지 않으려는 태도로 청소년문화는 하위문화이자 기성세대의 범주 내에서만 이해되어야 한다고 하였다. 그래서 청소년문화를 청소년의 상징성으로 이해하기보다는 일탈과 비행, 문제적 요인으로만 한정하였다. 이 점은 청소년문화 이해 시각의 한계점이다.

따라서 본서에서는 청소년문화 규정의 일반론적 시각을 탈피하여 청소년이 상이한 문화적 상황을 견지하려 노력하고 있으며, 그런 문화적 행위에는 청소년 삶의 표현 가치가 내재되어 청소년의 자기결정론적 행동을 표방하고 있다는 점을 나타내고자 했다.

물론, 청소년의 문화는 다른 문화와는 달리 상징성도 약하고 영속성도 한계가 있다. 또한, 청소년 스스로가 문화를 생성하여 자구적 행태를 마련해 나가는 힘과 권력도 약하다. 하지만 청소년문화를 기성세대의 하위문화로 치부하거나 종속적 관계로 이해하는 기존의 청소년문화인식은 수정되거나 변화되어야 한다. 청소년문화인식에 있어서 기성세대의 추종적 관점이 아닌 새로운 세대적 관점, 청소년의 중핵적 변화관점 등으로 이해하여 청소년문화를 알리는 노력이 필요하다.

본서는 첫째, 청소년문화의 이해와 인식 개선의 차원에서 문화와 청소년문화, 하위문화 그리고 청소년문화담론의 재해석이라는 관점의 논리성을 갖고 출발하였다. 둘째, 청소년문화의 특징을 현상학적인 관점에서 주시해야 함이 아닌 내면의 관계, 상징적 의미 등으로 바라보고 청소년문화를 올바르게 파악하도록 하였다. 셋째, 청소년문화이론을 정리함으로써 청소년의 문화를 다각적 관점에서 생각해 보도록 하였다. 청소년문화이론은 지금까지의 청소년문화인식이 주로 사회학적 관점에서 이해됨으로써 일탈과 비행, 문제와 보호라는 편향적 관점을 수용해 왔으므로 이러한 인식에서 탈피하기 위한 관점에서 매우 중요하다. 넷째, 청소년문화를 규범적인 유형의 접근으로 설명하였던 관점을 벗어나 청소년의 문화현장을 형식과 양태 중심으로 구분하여 다양한 범주의 문화스펙트럼으로 이해할 수 있는 여지를 담아내고자 하였다. 마지막으로, 실제적 청소년문화의 발전을 위해서 청소년 지도자가 고민해야 할 문제, 또한 청소년을 위해 기성세대가 해야 할 과업 등에 대한 관점을 제시해 보았다.

사실, 청소년문화는 우리나라와 같이 입시와 진학 등의 획일화된 생활공간을 살아가는 청소년에게는 마중물 같은 통로이자 생명줄 같은 혁신의 기제이다. 특히, 4차 산업의 혁명을 꿈꾸는 오늘의 사회적 저항을 최소화하고 미래를 스스로 인지하며, 자기결정권을 높이려는 청소년의 역량을 강화하는 차원에서는 둘도 없는 소중한 기회인 셈이다. 이러한 청소년문화를 단순히 기성세대가 나눔과 시혜적 관점으로만 파악한다는 것은 청소년의 성장과 발전에 바람직한 결과를 도모하기 어려운 결과라는 점에서 지금과는 전혀 다른 차원에서의 청소년문화인식을 갖도록 하는 시도가 필요하다.

청소년문화론이 이미 시중에 많이 나와 있지만 다양한 시각을 첨언하고 색다른 관점에서 청소년문화인식의 지평을 넓혀보고자 하는 취지의 생각을 적극적으로 이해하고 발간을 허락해 주신 창지사 출판사 사장님께 감사드리며, 큰 발전 있으시기를 기원한다.

또한, 청소년문화발전을 위해 함께 집필에 참여한 전명순 명지대학교 객원교수님께도 감사드린다. 생각을 공유하며 학문적 지평을 넓힐 수 있도록 토론과 조언을 아끼지 않는 동료가 있음도 큰 행복이다.

부디 청소년문화론이 현장에서 청소년의 삶을 올바르게 이해하도록 이론적인 변화를 축적하는 데 큰 도움이 되는 자료로 남기를 기원하면서, 본서를 읽은 후 누구나 청소년을 조금이라도 이해하는 차원에서의 학문적 성장이 이루어지기를 소망해 본다.

2017. 8.

홍남골 연구실에서

권일남 · 전명순

차례

■ 머리말 / 4

CHAPTER **01** 청소년과 문화 13

01. 문화의 의미이해 / 13
02. 청소년문화의 등장과 발견 / 28
03. 청소년문화와 하위문화의 관계성 / 40
04. 청소년문화의 담론화 재발견 / 58

CHAPTER **02** 청소년문화의 특징과 성향의 이해 68

01. 청소년기와 문화의 중요성 / 68
02. 청소년문화의 특성 / 73

CHAPTER **03** 청소년문화이론 98

01. 보편적인 청소년문화이론의 접근 / 98
02. 새로운 청소년문화이론의 출발 / 107

CHAPTER **04** 청소년의 사고(인식)문화 109

01. 청소년인식문화의 출발점 / 109
02. 청소년문화환경과 인지적 특성 / 110
03. 청소년 인식의 시대적 변화 / 111
04. 청소년의 인식에 영향을 주는 요인 / 116

CHAPTER 05 청소년의 표현문화: 언어, 패션 128

01. 언어 / 130
02. 청소년의 언어문화 / 135
03. 청소년 언어문화의 실태 / 140
04. 청소년 언어문화 발전방향 / 155
05. 패션 / 161
06. 청소년의 패션문화 / 164
07. 청소년 패션문화의 방향성 / 186

CHAPTER 06 청소년의 행동문화: 폭력(따돌림), 위험행동, 참여........... 187

01. 청소년의 행동문화 이해의 의미 / 187
02. 학교폭력 / 189
03. 위험행동 / 203
04. 청소년의 자율과 권리참여적 행동문화 / 210
05. 청소년 행동문화에 대한 시각 / 213

CHAPTER 07 청소년의 놀이문화: 일상여가 216

01. 청소년놀이문화의 이해 / 216
02. 여가 / 218
03. 청소년의 여가 / 221
04. 청소년 여가의 현황 / 227
05. 놀이문화로서의 청소년 여가 / 237

CHAPTER 08 청소년의 관계문화 239

01. 또래관계의 특성 / 240

02. 또래문화의 내용 / 242

03. 관계문화의 영향 아래 성장하는 청소년 / 258

CHAPTER 09 청소년의 도구문화: 인터넷, 게임, 스마트폰 261

01. 청소년 도구문화로서 매체 / 262

02. 인터넷 / 264

03. 게임 / 272

04. 스마트폰 / 277

05. 청소년 도구 매체 문화 접근 시각 / 283

CHAPTER 10 청소년문화발전의 새로운 도식 285

01. 청소년문화는 청소년의 순수함 발견 / 285

02. 청소년과 함께하는 문화적 지킴이 / 293

■ 참고문헌 / 300

■ 저자소개 / 308

C·H·A·P·T·E·R 01

청소년과 문화

01 문화의 의미이해

1) 문화의 정의

문화만큼 인간의 삶을 아름답고 다채롭게 표현하고 설명하는 말은 없다. 문화는 사람이 만들어 낸 결과에 온기와 채취, 그리고 인간만이 지닌 집단적 사고이념과 이념을 추종하게 하는 사상적 이데올로기의 통섭과 융합의 결정체이다. 인간과 동물 모두는 종족을 보존하려는 다양한 특성을 갖고 있지만 도구를 활용하되 정신과 물질을 혼용한 상태로 제3의 형태를 만들어 가면서 형상화시킬 수 있는 가장 확실한 방법을 아는 유일한 객체는 인간뿐이다. 사람들이 특정한 방향으로의 문화를 만드는 이유는 인간의 삶 자체가 다양하듯이 일관된 모습이 아닌 상태에서 고정화 또는 비고정화 등의 모습으로 양식화하는 능력이 뛰어나기 때문이다. 그러므로 다양하게 변형된 형태로의 유형과 무형의 형태가 만들어지게 된다.

'문화(culture)'라는 용어는 본래 라틴어 '꼴레(colere)'에서 파생된 프랑스어로 인간이 지구에서 집단생활을 통해 거주하고 함께 적응하는 과정에서 형성되고 누적된 각종 적응형식의 자료화를 의미한다. 수렵과 사냥, 채집의 떠돌이 생활을 청산하고 일정한 지역에 거주하면서 농작물을 재배하는 정착민 생활이 시작되었고, 그로 인한 삶의 여유로움이 현재와 미래를 준비해야 하는 필연성과 결부되면서 문화는 양식화한 특정한 생활 모습과 삶의 공통적 테두리로 만들어진다.

문화의 어원에서 문화가 지니는 생태적 요소 그리고 문화가 인간에게 주는 또 다른 선물로서의 가치 등을 파악해 볼 수 있다. 문화에 내재된 자연과의 동화, 자연을 이용하는 능력, 자연을 활용하여 새로움을 창출하는 혁신성 등은 다른 어떤 것보다 자유롭고 전향적으로 인간의 성향을 설명할 수 있는 가장 인간다운 요소이다. 과연 누가 자연을 이용하고 자연을 활용하며 자연을 극복하여 하나의 소산물 또는 결과물로 만들 수 있는 힘과 능력이 있는가를 생각해 보면 바로 문화만이 인간의 존재 이유, 삶의 목표지향성을 설명하는 의미가 아닐까 한다.

문화(culture)의 의미가 하나의 독립적 용어로 규정되기 시작한 것은 15세기경으로 추산된다. 문화가 재배, 경작(cultivation)이라는 어원[1]에서 출발하고 있는 이유는, 결국 문화라는 것은 특정 분야, 활동 또는 사회적 특성과 관련된 가치, 관습, 사회적 관행이 집단생활과 연계되기 때문이다. 사람이 만들어 놓은 일정한 형태의 모습은 인간의 탄생부터 죽음에 이를 때까지의 생육과 번성이라는 일관된 가치에 자연스럽게 동화되었는데, 단지 수용의 수준을 넘어 언어, 종교, 요리, 사회 습관, 음악 및 예술과 같은 모든 것으로 정의된 특성과 지식으로 형식화되면서 쉽게 이해되기 시작하였다. 물론, 문화의 형태는 이미 인류의 성장과 발달 그리고 집단

1) 인간의 정착생활을 상징하는 농경문화는 집단이라는 소속감과 전체 속에서 집단을 유지해야 하는 필요성과 긴밀히 관계된다. 즉, 생활과정에서 함께 고려하고 전승해야 할 필요성이 커지면서 여러 사람이 만들어 놓은 공통적 행위가 모이면서 문화라는 의미로 상징화된 모습이다. 그래서인지 문화의 어원은 경작, 재배를 뜻하는 cultivation과 같은 용어에서 출발하였음이 그다지 생경하지는 않다.

성으로 함께 존재했지만, 그 과정에서 인간이 보여 준 놀라운 발전의 행태가 점차 가시화된 노력이 문화라는 통일된 용어로 나타나게 되었다. 그만큼 인류가 만들어 놓은 문화적 역사관과 가치, 탁월한 사회적 지향점 등은 모든 생존물 중 가장 위대한 모습으로 성장하였고 동시에 최우선으로 삼는 가치가 되었다.

문화가 자연을 토대로 인간이 생활하던 경작과정을 중심으로 전개되었다는 의미는 곧 농경사회에서 자연과 인간이 동화될 수 있는 길을 찾고자 노력하였던 것과 맥을 같이 한다. 초기의 인간은 자연 앞에서 매우 나약한 존재였기에 자연을 거부하거나 자연을 넘어설 수 없는 기술적 한계로 자연을 숭배하고 자연이 하는 대로 바라보는 것을 주된 문화적 가치로 두었다. 그래서 초기 농경문화만 봐도 비가 오지 않으면 하늘의 노여움을 산다고 여겨 기우제를 지내는 것처럼 문화적 관습은 철저하게 하늘 중심으로 구성되어 있음을 알 수 있다. 무엇보다 사람의 생각을 지배하였던 또 다른 세계의 존재, 즉 인간이 아닌 신의 영역을 당연시하던 세상에서는 제정일치의 사회적 분위기를 통해 인간이 신을 닮아가고자 하는 염원이 바로 문화로 구성되었다. 이는 곧 인간이 넘을 수 없는 자연이라는 벽을 마음속의 한계로 두고 이를 추종하는 꾸준한 관계, 지속성 등과 문화를 연계하는 것이 최고의 가치였음을 설명한 것이다. 그래서 문화는 사상과 정신으로, 물질보다는 이념과 사고의 연계 등을 설명하는 핵심요인이자 동력이었음을 자연스럽게 깨달을 수 있다. 그래서 초기의 문화적 관점은 주로 생각, 사상, 정신과 같은 비물질적 요소에 집중되는 경향이 강하였다.

또한, 문화의 경작의미는 자연과 동화를 얼마나 잘 할 수 있는지의 관점에서 개인이 모여 집단적 행동을 추구하려는 시도가 인간의 정신이나 마음과 같은 추상적 의미로 발전되게 되었다. 그래서 행동의 집단화를 통해 만들어지는 문화에 대한 정의를 타일러(Tylor)는 "사회 구성원으로서 획득한 지식, 신앙, 예술, 도덕, 법률, 풍습 및 기타 모든 능력과 기능을 포함하는 결과물"이라고 하였다. 또한, 소로킨(Sorokin)은 "문화는 상호작용하는 사람들이 소유하는 의미, 가치, 규범의 전부와 이를 객관화 · 사회화시켜 전달하는 매체"로 규정하기도 하였다. 그래서인지 문화의 개념은 사실적으로 표현되는 경향과 내면의 특징 등을 중시하는 경향 등에 따라 관점의 차이를 보인다. 따라서 시대적으로 변화 양상이나 학문의 보편성과 연계된 차별성을 보강하려는 시도도 많이 나타났다. 하지만 주로 개인보다는 집단적 속성에 초점이 맞추어져 있음을 알 수 있다.

문화가 사회의 개인에게 분포되어 있는 지식을 통합하여 가리키는 것으로 인간이 일상생활에서 의미를 공유하는 것은 사적인 과정이 아니라 사회적 과정이다. 그 사회적 과정은 사람들의 사적인 사고세계에서 일어나는 것이 아니라 사람들 사이에서 일어난다. 인류학에서 사용될 때 문화는 예술이나 사회적 미덕의 도야만을 의미하지 않는다. 오히려 문화는 예술과 도덕적 행위를 통해 학습되고 축적된 경험을 가리킨다. 한 문화는 한 사회집단에서 특징적으로 나타나는 사회적으로 전승된 행위나 유형을 지칭한다. 우리는 문화라는 용어를 관념체계에 넓게 확장하여 사용한다. 이럴 때 문화는 인간 삶의 기저에 깔려 있으며, 삶을 통해 표현되는 공유된 관념들의 체계, 개념, 규칙, 의미의 체계가 포함된다. 즉, 문화는 인간이 행하는 것, 만드는 것이 아니라 인간이 학습하는 것을 지칭한다.

또한, 문화의 숨겨진 의미를 보면 보호와 육성의 의미로서 세련되게 꾸민다의 기능적 의미로 표현된다. 푸펜도르프(Pufendorf)는 문화를 자연의 극복, 무지의 제거, 이성의 지배, 인간과 인간이 이룩하는 사회의 가치 고양이라는 관점에서 목적 추구적인 활동이라는 기능적 의미를 강조한다.

윌리엄스(Williams)는 문화를 세 가지로 정의하였다. 문화는 지적·정신적·심미적인 계발의 일반적 과정을 일컫는 데 사용된다는 것으로 과정과 발전으로서의 문화, 한 인간이나 시대 또는 집단의 특정 생활방식을 가리킨다는 것으로 삶의 방식으로서의 문화, 지적인 작품이나 실천 행위, 특히 예술적인 활동을 일컫는 용어로 사용될 수 있다는 것으로 예술 활동으로서의 문화가 그것이다(천정웅 외, 2012).

따라서 문화는 개인과 마찬가지로 문화를 구성하는 주체와 객체의 모든 대상이 서로 분리된 관점에서 이해되어서는 안 되며, 서로가 깊이 있게 연계된 생각과 행동의 패턴을 이루는 요소로 이해되어야 한다. 문화는 한 인간의 문화, 한 종족의 문화, 이성적 문화, 감정적 문화 등과 같이 어떤 것을 위한 종합적 활동으로 해석할 수 있다.

이처럼 문화는 인간이 본능에서 벗어나 사회적으로 생산된 상징형식들로 행동하고 실천하도록 매개해 주는 것으로 이해할 수 있다.

문화는 인류가 살아온 삶의 복합체이자 때로는 사람끼리의 삶을 연결해 주는 도구이자 상징 · 표현화되는 것으로 물질적 수단으로 보이기도 하며, 정신적 의미를 가미한 가치에 중점을 두기도 한다. 문화는 인간의 삶에 큰 영향을 주기도 하며, 지속적인 종족 보존을 목적으로 특정 형태를 이루는 경향을 보이기도 한다. 때론 유형 및 무형화된 결과를 다음 세대에 전수함으로써 일정한 기준과 가치를 전하는 준거가 되기도 하는데, 전달하는 방식에서는 교육이라는 수단을 통해 후세대 사람들이 일정한 기준이나 준거를 따라 하도록 하는 것까지를 문화로 통칭하기도 한다. 그래서 문화는 지적이고 도덕적인 수준으로 표현되는 가치기준이나 결과물로도 규정되어 있다. 아무리 크고 많은 집단의 틀이나 규격화된 통일성이라 하더라도 지적 및 미적 훈련으로 얻은 깨달음과 탁월함이 뒷받침되지 않는다면 문화라는 용어를 사용하지 못하는 이유도 여기에 있다.

그럼에도 문화의 이해기준으로서 마치 특정 대상이 만들어 낸 결과물을 중심으로 표면을 해석하려는 경향이 강하다. 당시의 생활상이나 시대적 특성 등을 알 수 있는 해석이나 비판, 비평적 시각의 관점이 해당 문화의 결과물을 바라보는 현 사회적 중요성에 의해 차별적으로 분석되거나 표현되는 경향이 있음도 바로 여기에 포함된다.

문화를 단순한 형태적 상황을 벗어나 한 단계 더 행동과 상호작용, 인식 구조 및 사회화에 의해 습득된 이해와 공유된 패턴으로 정의함으로써 그룹 고유의 사회적 패턴에 의해 조장된 집단 정체성의 성장으로 이해하는 것은 문화의 본질을 규정하는 데 필수이다.

또한, 문화를 다양하게 표현하려는 것은 문화는 인간의 경작 및 재배의 행위로 시작되었지만, 자연 상태가 아닌 인간의 작용에 의하여 창조된 것으로 자연에 대립되는 개념이자 심층적으로는 인간의 권력 다툼의 의미가 포함되어 있기 때문이다. 결국, 문화에는 인간의 산물 소유와 배분을 둘러싼 다툼이 함께 스며 있다.

문화는 단순히 표현되는 양식의 수준으로 바라보기보다 어떠한 모습으로 구성되어 있는가에 따라 문화적 기준의 판단이 달라진다. 특히, 비물질적 요소에 초점을 둔 관점에서는 문화가 의미하는 바가 어떻게 다른지를 보여 주는 기준과 판단력, 시각의 통일성이 없다면 곡해된 해석이 얼마든 가능하다.

그래서 문화를 정의하려면 종합적인 시각이 필요하다.

① 문화는 인간이 종합적으로 삶을 영위하는 과정에서 만들어 내는 삶의 방식으로서, 보편적으로 받아들일 수 있는 행동, 신념, 가치관 및 상징이 세대에서 다음 및 여러 세대로의 전수가 이루어진 것이다.

② 문화에는 상징적인 의사소통이 포함되어 있는데, 그 상징 중 일부는 집단의 기술, 지식, 태도, 가치 및 동기를 포함하고 있다. 상징이라는 의미는 집단적 사회에서 배워지고 의도적으로 지속되는 것으로 기호에 의해 획득되고 전달된 행동과 같이 인간의 독특한 성취를 구성하는 패턴을 말한다. 문화의 필수 핵심은 전통적 사상과 특히 그것에 붙어 있는 가치로 구성되어 있으며, 행동의 산물이나 추가 행동에 영향을 미치는 조건을 조절하는 것을 의미하기도 한다.

③ 문화는 일반적으로 사람들의 전통으로 간주되고 대대로 전승되는 사람들 집단의 학습된 행동의 총체이기도 하다.

④ 문화는 한 그룹의 구성원이나 다른 사람의 범주를 구별하는 집단의 차별화된 프로그램이다.

2) 문화의 구성요소

문화는 여러 유형의 구성요소에 따라 조직, 지역사회, 또는 사회 전반으로까지 확대된다. 그래서 가장 보편적이면서도 가장 복잡한 말로 표현되는 것이다. 그래서 문화를 바라보는 시각의 다양성에 따라 문화개념의 차별성도 나타나게 된다. 문화는 사회집단의 구성원 전체가 만들어 내는 행위 · 생활 양상, 생산해 내는 물질과 도구들, 지식체계들을 말하며, 물질적 기능을 수반하는 도구에 포함된 사람들의 생각과 가치, 신념과 태도 등이 함께 부여되면서 지속적으로 형상화된 하나의 구조물이라고 말할 수 있다.

하지만 이러한 보편성으로서의 문화는 문명과 연계되면서 특정한 사안의 우열에 따라 차별화하려는 경향이 두드러진다. 물론, 문화에는 인간의 삶을 표현하는 방식에서 다양한 가치가 내재하게 된다. 동일한 방식에 의거한 형식적 논의가 음악, 미술, 문학, 연극, 영화와 같은 예술적 장르와 연계되면서 희화화(戱畫化)되고 차별화된 형식화로 전이(轉移)되는 모습을 자주 발견할 수 있다. 그래서 문화의 구체적 정의를 논하면서 내면화된 그들의 생활양식이나 가치적 의미를 파악하기보다는 밖으로 포장된 내용과 겉치레를 더욱 과감하게 파악하고 규정하면서 우열의 관점을 당연시하게 되는 것이다.

하지만 문화에도 일정한 발전 과정이 존재한다. 외형화된 모습으로 성장하는 것이 갑작스럽게 표출되는 것이 아니라 마중물의 단계를 출발점으로 최상의 표현화된 모습으로 형상화된다. 이러한 과정을 보면 [그림 1-1]과 같은 단계로의 발전적 설명이 가능하다.

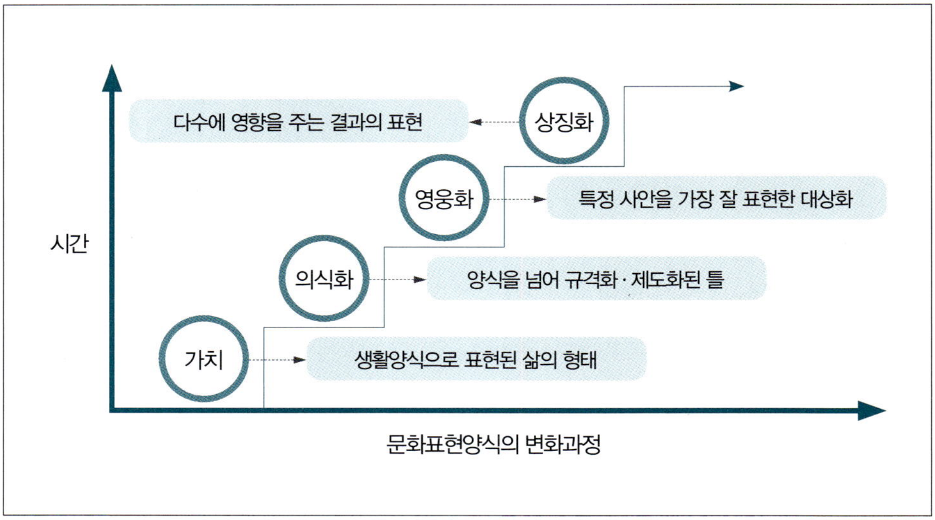

[그림 1-1] 문화구성요소의 표현변화과정

(1) 가치형성의 단계

문화의 구성요소를 보면 [그림1-1]과 같이 가장 내핵(內核)에 둘러싸여 있으면서 가장 먼저 마음으로 도출되는 부분이 바로 가치 요소이다. 그리고 가장 깊은 곳에 자리 잡고 있는 것은 그 문화가 의미하는 사회적 요구와 맞물린 가치도 절대적으로 수용되어야 한다. 즉, 무엇을 의미하고자 하는지의 가치가 분명해야만 사회적 공동체와 연계되어서 의식화된 모습으로 나타나며, 이를 형식화한 특정인이 강한 상징의 모습으로 표면화했을 때 문화라는 모습으로 형상화된다.

문화의 핵심은 가치에 의해 형성되어야 한다. 사람이 사는 방식에서 그들은 다른 사람들의 특정 상태에 따른 선호(선악, 옳고 그름, 자연스럽지 않은)에 대해 광범위한 기준을 갖기 원한다. 많은 가치가 규정됨으로써 사람은 의식하지 못하지만, 어느 상황에서 사람이 행동하는 방식을 추론하게 할 수 있고 동물이나 다른 구성원과는 다른 차별성을 만들 수 있는 서로의 공통된 합의점을 만들 수 있다.

다만, 가치를 형성하는 것과 형성된 가치를 수용하는 것은 다르다. 이미 형성된 가치를 수용하기 이전에 새로운 집단의 차별화된 가치를 만들어 가도록 하는 것이

문화의 새로운 형성기준이다. 따라서 누군가는 무엇을 목적으로 참여를 결정해야 하는 자기주도적 가치를 제시하는 것이 문화생성의 첫걸음이다.

그런데 때로는 이러한 가치가 오히려 문화의 발생과 생성의 지속성을 저해하는 원인이 되기도 한다. 사람은 문화가 집단과 조직의 발전을 끊임없이 유지하고 이끄는 동인이라고 느끼고 문화발전의 당위성으로 여기는 경향이 많다. 하지만 이러한 문화적 관점에서는 오히려 사회나 조직이 만든 내재적 가치가 집단의 자연스러운 행동을 이끌어 가는 원천을 저해하는 경향이 발생한다. 특히, 문화발생의 주도권을 쥐지 못한 대상이 만들어 가는 새로운 문화형성의 과정에서는 가치의 규격화가 오히려 신문화창출을 막는다. 문화창출이나 생성에서는 문화가 이루어지는 배경과 사회적 요소, 개인의 필요와 욕구 등은 철저히 무시된 채 집단과 조직, 권력을 유지하고 주도하는 대상의 바람이 투입될 때 문화적 가치의 존속성이 낮아지는 문제를 야기할 수 있음도 지각해야 한다.

(2) 의식화형성단계

가치(value)라는 구성요소가 만들어지면 이러한 가치는 수많은 사람에게 부지불식간에 의식적으로 영향을 준다. 도덕적 관념 수준에서 해야 할 기준과 그렇지 않은 수준으로의 판단을 규정하고 이러한 기준을 맥락으로 받아들이게 될 때 문화는 다수에게 영향을 줄 가능성을 가진다. 그래서 집단의 성원이 견지하고 있는 가치(value), 그들이 준수하는 규범(norm), 그리고 그들이 창조한 물질적 재화로 구성된 문화요소는 사람들이 준수하도록 기대되는 구체적인 원칙 혹은 규칙을 수행하도록 머릿속에 각인된다.

문화적 요소를 의식화한다는 것은 집단적 활동이며, 때로는 원하는 목표에 도달하는 데 불필요하지만, 사회적으로 필수적인 것으로 간주된다. 그러므로 대부분의 문화요소는 규격화하려는 시도(인사 방법, 다른 것에 대한 존경심, 종교 및 사회의식 등)를 당연하게 여기게 된다.

의식화는 새로운 기준이나 범주를 그대로 받아들이도록 하는 외부 및 내부의 압력을 의미한다. 통상적으로 사회에서 일정한 수준에 도달한 사람이 그렇지 못한 사람의 생각을 변형하거나 바꾸는 구조화된 노력을 말하기도 하는데 이를 의식화로 포장할 경우 수용되는 사람의 자구적 행태나 사고방식이 독자적으로 나타나지 못하는 문제점도 함께 나타날 수 있다.

의식화(conscientization)는 파올로 프레이리(Paulo Freire)가 제시한 용어로서 특정 사람들이 자신이 처한 위치나 여건을 지각하고 그러한 문제에 대한 비판적 사고를 토대로 문제의 발전에 적극적으로 자신의 생각을 표현하도록 돕는 과정을 말한다. 그런데 의식화에는 여러 가지 문제가 함축될 수 있다. 단지 사고나 표현의 의식화를 하도록 돕는 과정을 말할 수 있지만, 통상적으로 볼 때 의식화는 이러한 단순성에 포함되지 않는다. 즉, 대부분 집단과 계급, 소속과 관계의 특성에서 볼 때 사회적 위계나 집단의 열악성 등의 사회문제와 연계되어 의식화가 이루어지는 경우가 많다. 그래서 의식화를 설명하는 데 가장 중요한 의미로 교육을 들기도 한다. 교육은 대상이 원하는 기회를 누구에게나 균등하게 배분함으로써 사회에서 자신의 역할을 충분히 부여하도록 하는 일반화과정이다. 하지만 이러한 교육에는 사회적 부에 대한 수용과 거부, 조직과 집단을 추종하게 하려는 인간의 욕망, 무엇보다 성적이라는 동일한 대상을 위계적으로 평가하여 권역을 나누게 하는 힘이 내재되어 있다는 점에서 의식화는 자신도 모르게 사회를 거부하고 계급을 부정하며, 권력에 대해 항거하는 상대적 개념이 강하게 부여됨도 경계해야 한다. 여기서 말하는 의식화는 이러한 계급 구조나 이념과 이데올로기의 차별성을 위해 존재함이 아니라 사회 통념상 누구나가 원하고 바라는 존재로서 인간상을 구현해 내는 권리와 자율, 참여와 협조 등의 균등성을 강조하는 힘으로서의 의식화를 의미한다. 바로 문화적 의식화는 이러한 나눔과 배려, 협력적 의식화의 소통을 강조해야 한다는 점이다.

(3) 문화표현의 영웅화단계

일상적으로 문화는 흔히 고차원의 정신적인 것, 예술, 문화, 음악, 그림 등과 동일시된다. 다른 한편으로 사회학자가 사용할 때의 문화란 보다 넓은 의미로서 한 사회 구성원들의 총체적인 생활방식을 가리키기도 한다. 영웅은 과거나 현재, 실제 또는 가상의 인물로 문화적으로 높은 가치를 지닌 인물로 표현된다. 영웅시한 문화에 사람들이 열광하는 가장 큰 이유는 자연과 물질, 태생적 차별성을 가진 요소에 대해 인간은 다다를 수 없다는 한계를 지각한 이후 인간이 꿈꾸는 가장 최정점에서 인간 중심의 사회를 만들 수 있다는 욕구의 표현이기도 하다. 그래서 인간을 닮은 신격화와 인간이 신(神)을 닮고자 하는 상징은 하나의 중요한 문화적 표현양식이 될 수 있다. 그래서 사람은 자신을 닮은 사람을 행동 모델로 쓰면서 영웅의 모습을 자연스럽게 담고자 한다.

이처럼 문화의 규정에는 개인의 삶에서 출발한 자연인으로서의 삶이 점차 집단화되면서 공동체적인 삶을 영위하고 이를 통한 규격화, 집단화과정이라는 의미가 내포되어 있다. 즉, 문화는 공동체적 집단의 규격화를 이루게 하는 관점에서 형식화, 제도화, 도구화 등의 의미로 명명된다. 이처럼 문화는 자유로운 영혼의 삶이라기보다는 집단의 형식을 이루게 하는 격식의 틀이 내재되어 있음을 알게 된다.

이러한 모습이 바로 문화를 영웅시하는 하나의 단편적 과정이 된다. 조직의 경우나 집단의 형상화를 이루면서 특정인의 생각이 보편화되는 과정으로 만들어 가는 내용이 바로 영웅시의 표현이다. 왜냐하면, 어느 조직이나 문화양식에서 특징적인 문화를 대변하는 사람이 필요하게 되는 것을 볼 수 있는데, 만약 문화영웅의 단계로 구체화된다면 이러한 문화는 상당히 긴 기간 동안 문화적 영속성을 만들어 내는 데 기여하게 된다.

앞에서의 가치와 의식화가 정신적 표상과 느낌의 지각에 중점을 두었다면, 영웅시의 표현은 점차 문화를 표현하는 행동양식과 형태적 요소에 중점을 둔다. 아무리 좋은 사회적 규범이나 가치도 단지 이러한 요소가 상상과 관념 수준에서 머물러 있다면 문화로 형상화되기는 매우 어렵다. 그래서 어떠한 모습으로 형식화 · 표현화되는 과정이 필요하다. 하지만 이러한 문화가 형식화되는 과정은 모든 사람에게 보편적인 과정으로 넘어가기 이전의 단계를 반드시 거쳐야 한다. 누군가는 문화라는 이름으로 대중성을 설명하기 이전의 선도적 대상이 있게 되고 누군가의 상징적 영웅이 나타나야 한다. 그래서 일반적으로 이들을 혁신자(innovators)라고 말하기도 한다. 이들은 때로 실패를 거듭하지만 그러한 모습을 즐기기도 한다. 그러한 문화영웅의 태도와 자세가 단지 이들에게는 좋을 뿐이다. 이들에게는 어떠한 비판이나 문제의식도 두렵지 않다. 단지, 존재하는 모습과 그들의 문화를 비판이든 수용이든 누군가가 관심을 가져 주는 사람이 있어서 기쁠 뿐이다. 특히, 청소년에게는 이러한 모습이 더욱더 중요한 배경이 됨을 우리는 자주 확인하게 된다.

(4) 문화상징화단계

어떠한 문화든 상징적 형태로 만들어 가는 경향을 나타내기 위해서는 한 유형 또는 대상의 명료화가 필요하다. 영웅의 과정을 거친 이에게는 이를 따르는 사람이 반드시 있어야 한다. 그런데 이러한 추종자, 즉 때로는 혁신성을 갖춘 조기수용자(early adopters)나 후기수용자(late adopters), 지체자(leggards) 등은 영웅자에게 무엇을 희망하고 바라며 원하는 바대로 마음을 나눌 수 있는 어떠한 상징적 결정체가 필요하게 된다.

문화가 음악, 미술, 건축 등과 같은 예술적 모습으로 나타나기 위해서는 형상화된 모습으로 자리 잡을 수 있어야 한다. 때로는 신을 우상화하고 형상화하는 모습에서, 때로는 자연과 동물을 신성시하는 모습을 통해서 자기도 모르게 집단의 구성원이 바라는 상징적 모습으로 표면화된다. 상징은 단어, 제스처, 그림 또는 특정 문화를 공유하는 사람들이 인식하는 특별한 의미로써 기호화로 표출된다.

무엇보다 문화를 이끄는 사람은 자신의 분야에 대한 전문성을 바탕으로 타인에게 큰 영향력을 발휘한다. 사람들은 사람의 내면에 대한 가치를 알기 이전에는 그러한 생각을 표현한 어떠한 결과물에 열광하게 된다. 즉, 문화적 표현양식으로서 유형적 성향이 매우 중요하다. 청소년이 춤이나 노래 등의 개인적 특성에 열광하는 것도 음악과 미술 등과 같은 표현예술적 태도가 가장 쉬우면서도 적나라하게 타인을 압도할 수 있는 상징성이 매우 강한 요소이기 때문이다. 그러면서 그 시기에 가장 대표적 영향을 나타낼 수 있는 능력이자 권력을 얻을 수 있는 힘(power)을 지녔기 때문이다.

이상에서와 같이 문화의 구성요소에는 어떠한 형태로 문화를 규정하는 과정에서 가장 중요하게 여길 수 있는 가치지향성이 내재되어 있어야 한다. 적어도 우리가 문화라고 규정하는 형식적 요소에는 단순히 그러한 문화가 표면화된 모습으로 자리 잡은 것만이 아닌 이면의 내재된 가치지향성을 얼마나 적극적으로 파악해 낼 수 있는가에 초점을 두어야 한다.

3) 문화의 형성과 청소년문화의 불편한 진실

문화를 규정한 사람들의 다양성만큼이나 문화를 바라보는 관점은 다양하다. 문화의 구분에는 시민사회적 관점이 내재되어 있다. 이는 문화의 출발과 문화의 발전이라는 과정과 무관하지 않다. 문화는 인간이 창출할 수 있는 능력을 출발점으로 삼고 있지만, 끝없이 이어지는 사건의 일시적 단편이라는 의미에서 문화에 사회적 행위, 형식화된 행위 등의 의미가 부여되면서 행동과 문화는 서로 종속된 모습으로 변형되었다.

그래서 많은 사람은 문화를 이해함에 있어서 이성비판을 문화비판으로 이해하는 등 서로 다름을 이루는 어떤 모습을 문화라는 이름으로 차별화하고 이를 당연하게 여기는 경우가 많다. 즉, 문화에는 형식적 다양성을 요구하면서도 타인, 즉 나보다 나은 문화적 특이성을 보이는 어떠한 사람이 있으면 우리는 쉽게 문화의 획일성에 수용되어 버리는 오류를 범하게 된다. 옳은 문화, 수월성문화, 좋은 문화 등의 관점이 그것이다. 그러므로 적어도 이러한 문제점을 스스로 극복하려는 태도가 확고하게 나타나야 함을 지각해야 한다. 문화적 관점을 이해하기 위해 무엇보다 중요하게 바라보아야 할 것은 타인의 문화로 인한 관점의 수용을 그대로 받아들이거나 획일화하는 등의 문제가 있음을 지각하고 적극적인 탈피를 해야 한다.

그럼에도 우리는 문화에는 이중적 잣대가 자주 적용되는 경향을 쉽게 발견한다.

문화의 개념이 발생한 유럽의 경우 인간의 삶을 보는 시각의 독단성이 존재하고 있음을 자주 발견할 수 있다. 즉, 서구문화의 본질을 최우선으로 삼던 시대적 상황에서 서구와 비서구의 차이는 곧 단순하고 미개하게 보고 싶었던 이유(중층화하려고 만들었던 문화는 결국 조작의 시각에 의해 만들어진 창조된 거울)로만 규정됨을 당연시하면서 마치 초기의 문화를 비기능적 혼합으로 낮은 수준의 사회적 구조화를 이루었다고 본 것이다.

또한, 문화형성에서 중요한 편견으로 작용하는 것은 문화의 물상화 현상이라고 할 수 있다. 물상화(物像化, reification)는 물건이 되어 자질과 모양을 갖추어야 하는 과정으로서 형식화된 문화로 남아 있는 문화인식을 보면 상품 및 상품화 현상, 문화고유성의 무대에 의한 공연, 문화의 보존과 전략에 의한 박제화 등이 포함된다. 물상화의 큰 오류는 날마다의 삶의 영역에서 영향을 결정하는 자본주의적 이데올로기가 마치 문화의 형식화를 판단하는 기준이 되어 가고 있다는 것이다.

즉, 문화를 일종의 생산수단으로 이용하려는 자본재적 생산양식은 문화가 탈추상화의 과정을 거쳐 형식적 틀로 고착화되는 시각적 오류를 경험하고 있는 셈이다.

특히, 문화의 다양성을 논하면서도 문화의 물상화적 의미의 규정이 청소년문화요소와 만나면 상당히 제한적 사고로서 문화의 순수성이 사라지고 문화의 본질에 대한 왜곡 현상이 어떠한 문제를 제기하는지도 모르고 넘어가는 경향을 나타낸다. 그래서 문화를 연구하고 문화의 관점을 이해하기 위해서는 대상적 특성을 고려한 문화의 균질성을 이해하려는 시각의 전향성이 매우 중요하다. 우리는 문화를 연구하고 이해하는 모습을 보이기는 하지만 마음속에서 이미 문화의 계급 구조나 생성의 권력 구조를 이해하지 않고 파악하는 시도가 보편화되어 있다. 마치 성인이 아이들을 위해 문화기회를 만들어 주는 것이 당연하다는 시각이 바로 그것이다.

예를 들면, 청소년의 문화요소 중 하나인 여가문화의 정의에 대해서도 청소년이 문화생활을 제대로 누리지 못하는 가장 큰 이유로 시간 부족을 꼽는다. 시간 부족은 근본적으로 사회제도라는 규범 속에서 거대 공룡으로 형상화한 학교에 학생으로 가두어 둔 다음 이들이 거부하기 불가능한 상황으로 만들어 놓은 상태에서 어쩔 수 없는 한계라고 단정해 버리는 것이다. 그리고 이러한 여가시간의 확충을 위한 대안으로 청소년이 학원에 다니는 현실을 개탄하거나 '남들이 쉴 때 공부해야 한다'는 압박감 때문에 힘들어 한다며 최소한의 대안만을 정책으로 만드는 것을 당연시하는데, 이것이 문화를 바라보는 편협한 시각이다.

청소년의 여가행태를 시설과 연계함으로써 청소년이 출입하는 노래방, PC방, 당구장, 극장 등을 통해 청소년의 문화적 부정성을 강조하기도 한다. 성인의 전리품이었던 나이트클럽에 나이를 속이고 출입한다거나, 도서관이나 독서실에서 공부를 하지 않고 오락실에서 게임을 일삼는 청소년의 행동만을 지적하고 그들의 문화가 잘못되고 있다고 말하는 것과 같다. 청소년은 이러한 시설을 통해 호기심과 스릴을 느끼는데, 그 행동의 문제만을 제기하는 경향이 두드러진다. 그래서 여가문화를 위한 관점의 주도성은 얼마나 좋고 긍정적인 여가를 위한 시설과 여건을 만들어 주는가가 정책이자 청소년문화에 대한 대책이 되는 것이다.

이러한 사고는 곧 청소년의 문화욕구에 대한 근본적인 이해나 수용 없이 오직 일정한 공간과 여건을 만들어 주는 일차원적 사고의 제시만이 곧 청소년을 위한 성인의 핵심역할이라는 편견이 크게 이행된 것이다. 하지만 청소년이 여가를 원하는 것이 진정한 쉼의 구현이라고 한다면 단지 여가시설과 공간을 확충하는 물상화의 대책을 표명하는 것이 바람직한 것인지 생각할 필요가 있다.

그럼에도 청소년문화를 규정함에 있어서 문화의 물상화를 자연스럽게 수용하는 태도는 문화를 규정하고 판단할 때 쉽게 서로의 기준을 말할 수 있기 때문이다. 통상적으로 문화를 규격화하는 것은 매우 어려운 일이다. 문화의 가치나 규범의 판단에는 상이한 태도가 발현될 수밖에 없기 때문에 이를 합리화한다는 것은 쉽지 않다. 예를 들면, 영화나 음악 및 문화적 평론의 경우에 전문가의 식견이라는 점은 견해의 다양성이 있기에 판정의 기준을 명료화할 수 없다. 다만, 전문가의 식견 때문에 일반인이 느끼는 범주에 영향을 주어 관점을 바꾸게 하는 경향도 있어 상호동질성을 유추하기 어렵다. 하지만 이러한 문화요소가 물상화를 이루면 의미는 달라진다. 적어도 문화 창조자가 만들어 낸 어떠한 형태에 당시의 사회적 상황을 결부한 여건을 추가하여 의미를 해석하게 될 경우 문화를 바라보는 사람들의 생각은 다른 시각을 포함한 관점의 창조가 이루어진다. 그래서 물상화를 이루는 문화요소에 대해서는 사람들의 판단 기준이 매우 관대해지기 마련이다. 따라서 문화의 물상화는 항상 창조적 관점에서 문화를 이루려는 새로운 시도로 나타난다.

문화의 물상화가 이루어지는 본질은 사회적 기조와 반대되는 관점에서 이루어지고 형식화되는 경향이 강하다. 통상적으로 문화의 물상화는 사회규범이나 제도의 틀과 같거나 획기적으로 다른 형태와 방향으로 구성되는 경향이 많다. 언어, 놀이, 생활, 또래 구성, 행동양식, 집단성, 표현 구조, 의복 등 수많은 문화적 요소로 구현되는 각종 문화요소는 당대를 거쳐 특정 집단의 소유물로만 전락되는 경향을 보이므로 물상화가 이루어지지 않는 경우에는 문화전승의 가치기준을 추종하기 어려워지는 경향에 빠진다. 그런데 물상화를 문화의 핵심요소로 바라보는 시각이 커지면 자칫 서구문화 중심의 현상학적 시각에 빠지게 된다.

인간이 포괄하는 보편적 문화의미에는 본질문화, 부수문화, 주변문화, 간접문화 등 어떠한 형식으로도 차별화를 해서는 안 된다고 하지만 실제 행동을 결정짓는 대부분의 사람이 지각하는 인식에는 이러한 행위의 모순을 발견할 수 있다. 그러므로 형상화된 문화를 마치 가장 중요한 문화요소로 규정해 버리는 오류에서 벗어나지 못하면 앞으로 이어 나갈 청소년문화의 본질을 찾는 데에 많은 한계가 생긴다. 우리가 청소년문화라는 의미의 재발견을 해야 하는 이유가 여기에 있다.

02 청소년문화의 등장과 발견

1) 청소년문화의 등장

청소년문화를 문화적 관점에서 상당히 극적이면서도 주변적이고 과정적인 지점

(betwixt and between)을 형성하는 것을 당연시하는 경향이 있다. 그 이유는 중세시대 서구사회에서 청소년의 존재감이나 그들을 대하는 사회적 분위기 등을 종합해 볼 때 사회집단 내에서 청소년의 존재 비중이 매우 미약해서 그들이 문화의 독자성을 만들어 가고 독립적 행위를 하는 구성체로 인정을 받는다는 것 자체가 사실상 불가능했기 때문이다.

청소년이나 여성은 일상생활에서 미미한 존재감으로 독자적으로 문화를 만들어 가는 기회나 대상으로 인정받기 어려웠으므로 특정 시기나 대상으로부터 인정을 받을 수 있었을 때에만 자신의 의견을 피력할 기회가 제공되었다. 그 특별한 시간에만 여성과 청소년 모두는 특별한 행동을 할 수 있는 기회를 허락받았다는 점에서 마치 시혜를 받았던 대상으로 전락한 계층이었다.

주류문화를 만들었던 남성, 기득권, 귀족계급 등 특정의 사회적 상류층 집단 입장에서는 그들의 문화 이외의 다른 관점은 수용하기 어려웠으며, 특정 시기에 사회적 소외 계층이었던 청소년이나 여성에게 일부 문화를 누리도록 시간과 장소를 허용하는 특별한 기회를 주는 것만으로도 큰 혜택을 준다고 여겼던 것이다.

그렇기 때문에 문화의 존재감이 없던 대상이 특별한 상황을 부여받고 해당 시기에 만들어 가는 청소년의 문화는 기존의 문화 기준과는 다를 수밖에 없었으며, 더욱더 강한 폭발력을 나타내게 되었다. 억압된 순간에 축제 등의 형태로 나타나는 청소년의 광란적 행태는 페스티벌이나 카니발과 같은 짧은 시간에 폭발적으로 나타났는데 그것의 결과적인 모습만을 중시하여 부정적인 판단을 내리는 악순환을 거듭하게 되었다.

예를 들면, 18세기 또는 19세기 이전만 해도 청소년의 문화는 전체 문화 속에서 존재감이 없었다. 이는 곧 청소년이나 여성의 존재감과도 그 맥을 같이 한다. 여성의 사회적 지위가 낮았던 당시에 청소년 역시 독자적 문화를 형성하고 독자적 집단의 구조적 특성을 이해한다는 것은 사실상 불가능했다. 그것은 청소년이라는 독자성의 문화를 규정할 수 있는 기회를 주지 않은 것과 같다.

무엇보다 청소년은 어른의 소유물이라고 바라보는 기성세대의 관념적 행태는 오직 길을 들여야 하는 대상이나 미래의 착취를 위한 수단으로 청소년을 규정하는 경향이 대부분이었다. 우리나라도 농경사회에서 청소년에 대한 기준보다는 성별, 특히 남성과 여성의 구분 그리고 이들 중에서 노동력을 얻기 위한 대상으로 여기는 경향이 지배적이었다. 그러다가 산업사회 이후부터는 격리의 대상, 보호의 대상 등 온정주의적 사고방식이 투영되면서 '청소년은 미성숙하다'는 등식을 자연스럽게 받아들이게 되었다.

청소년의 행동과 특성에 대한 미성숙적 태도의 도입은 청소년에 대한 지지와 지원의 정당성을 받을 수 있는 계기여야 하나 미성숙하다는 점만 부각한 채 상대적인 지원을 충실히 이행하지 못하는 역설적 태도를 취하여 왔음은 매우 안타깝다.

그런데 사회적 통념에서 청소년의 문화를 바라보는 시각에는 일반적으로 크게 두 가지의 상반된 관점이 존재한다.

첫째는 청소년의 행동을 긍정적 시각에서 바라보는 청소년문화인식이다. 청소년은 미래의 희망이며 새로운 생활을 이끌며 근대적 특성을 이끌어 가는 진보적 시각이다. 청소년은 미래의 성인이기에 그들은 강력한 의사결정과 권력을 응집할 수 있는 대상이 되어야 한다는 관점이 내재되어 있다. 그래서 무엇을 하든 적극적이고 즉각적인 경험으로 이해되고 수용되어야 한다는 시각이다. 청소년은 신체적 · 심리적 · 사회적으로 문화를 만들어 가는 유연성을 지닌 대상으로서 그들의 언어 스타일이나 행동 표현, 움직임 모두 다 가능성이라는 큰 힘을 유지하기 위한 방향성이 있음을 이해해야 한다는 시각이다.

둘째는 청소년문화의 부정적 시각으로서의 판단이다. 보편적으로 인식하는 형태로서 청소년은 미래의 위협적 존재라는 시각이자 알려지지 않은 이들의 두려움은 사회적 규범과 도덕적 가치관을 훼손할 가능성이 매우 큰 집단으로 이해된다. 이러한 반응은 사회의 발전과 맥을 같이 하면서 미디어의 발전이라는 도구의 생성과 맞물려 청소년의 부정적 행태를 더 부각시키게 되었다.

2) 부정적 청소년문화인식 확산의 원인

청소년문화의 발전과 변화의 연속적 관점을 보면 초기 청소년문화인식의 차원에서는 긍정적 관점보다는 부정적 관점이 지배적이었다.

청소년문화를 인식하는 두 가지 관점 중 대부분 후자인 부정적 관념이 크게 자리 잡게 된 원인의 출발점을 다음과 같은 점에서 발견할 수 있다.

(1) 산업혁명시대 사회의 부진아로서 청소년과 청소년문화

청소년문화의 발견을 위해서는 서구 유럽 사회의 관점에서 시대적 변화를 찾아볼 필요가 있다. 영국에서 산업혁명이 일어난 후 사회질서가 급격하게 재편되는 과정에서 다양한 관점의 사회변동이 일어나게 되었다. 도시와 농촌의 구조가 안고 있는 전향적이고 목가적인 평온의 사회질서가 도시화 · 산업화라는 획기적인 산업혁명으로 인력 구조의 재편이라는 의도적이고 인위적 변화를 만들게 되었다.

산업사회의 재편을 위한 인력의 요구는 농촌 지역의 수많은 인력이 도시로 이동하는 향도이촌(向都離村)의 결과로 도시 지역에 빈민사회나 계급적 최하층의 밀집지역이 생성되는 결과를 초래하였다. 특히, 산업혁명의 핵심 자원인 석탄을 공급하기 위해 필수적인 광부 인력이 많이 필요해지면서 탄광 지역에 밀집한 사람들은 다양한 생활양식을 보여 주었다. 더욱이 이러한 지역에 거주하는 청소년의 모습은 도시 지역의 기존 질서 내에서 삶을 영위하던 그들의 모습과는 전혀 다른 양상을 띨 수밖에 없었다.

산더미처럼 쌓아 놓은 석탄 주변에서 생활하는 이들에게 고상하고 질 높은 수준의 문화는 찾아보기 힘들었으며, 집단으로 거주하는 청소년의 모습에서 시민사회의 다른 집단들과의 문화적 행태를 구분하는 것은 자연스러운 모습이 될 수밖에 없었다. 즉, 집단으로 생활하는 노동자계급 자녀 계층이 만들어 가는 또래집단의 문화는 지식계급으로 여겼던 귀족문화와는 도저히 어울릴 수 없는 물과 기름 같은 존재였고 사회적 격리 대상이라는 이미지 각인이 절대적이었다.

결국, 청소년문화를 인식하는 고정관념은 도덕성 혼란(moral panic)[2)]이라는 의미로 청소년문화를 규정하기에 이르렀다. 청소년문화의 도덕성 혼란은 사회학자였던 스탠리 코헨(Stanley Cohen)이 그의 저서 『*Folk Devils and Moral Panic*』(1972)에서 처음 기술한 내용으로 1960년대 중반 영국의 로커족이나 모드족[3)]이 행했던 문화적 행태를 망라하여 표현하였다.

청소년의 문화를 도덕성 혼란과 같이 표현한 것은 이들이 보인 행태를 일컫는 핵심적인 의미로 이들의 행동이 '머리가 없는 닭들이 목적지를 상실하여 어떠한 일을 행해도 마치 기존 질서를 거부하고 자신이 원하는 행동을 하는 것처럼 여기저기를 기웃거리는 모습'이 충동적이고 질서파괴적 행위로 묘사되었기 때문이다.

결과적으로 본다면 오늘날 우리가 인식하는 청소년문화는 출발점부터 보편적이고 일반적인 문화적 시각에서 출발하지 못하였음을 잘 알 수 있다. 또한, 산업혁명 과정에서 청소년문화 인식은 사회적 환경과 연계된 청소년 관점으로 이해되지 못하였다. 가내수공업 중심에서 기계화로 점철되는 사회변화는 수많은 노동 인력의 확충을 불러일으켰지만, 대부분이 성인에게만 기회가 주어졌을 뿐 청소년은 철저한 사회적 소외인으로 남았다. 학생으로서의 기반이 없는 사회적 지진아로서 성장의 기회를 얻지 못한 이들은 당시에서는 영원한 사회적 이단아로 남을 수밖에 없었다.

결국, 청소년문화는 기성세대나 산업사회가 만들어 놓은 제도적 상황에서 엄청난 피해자였던 셈이다. 그럼에도 불구하고 여전히 이들의 피해나 이들이 문화적 행태에서 다른 모습으로 행동할 수밖에 없는 문제에 대한 깊이 있는 논의를 충분히 하지 못하였다는 점은 매우 아쉽다.

---

2) 모럴 패닉(moral panic)이란 어느 시점의 사회질서에 대한 위협으로 간주된 특정 그룹의 사람들이 집중적으로 만들어 가는 사회저항적 행동에 의해서 표출되는 강렬한 감정이다.

3) 모드족은 영국 1950년대 모던 재즈의 팬을 일컫는 말로, 주로 스카나 레게, 소울, R&B, 자메이카 계열 등의 음악을 즐겨 듣는 노동자 계층의 사람들을 의미하는 용어이다. 경제적 궁핍에도 불구하고 고급 정장을 맞추거나 롱코트 등의 단정한 옷을 입고 다니는데, 이 사람들은 후에 하드모드족(일명 갱모드족)으로 진화하였다.

(2) 학령기로 인한 지불유예의 청소년

청소년의 문화적 격동성이 커지는 반항적 시점에 비해 국가적 대응은 과거와 다른 제도적 발판을 강화하는 데 초점이 맞추어졌다. 바로 학교를 통한 집단적 통제와 획일성을 강조하는 것이 바람직하다는 사고적 틀이었다. 청소년의 사회적 저항을 억압하는 새로운 대안으로 학교라는 기틀을 제시하였고 이 제도를 통해서 산업사회의 필요역량을 갖춘 인재를 보충하려는 공급자적 태도가 강화되기 시작하였다.

학교를 통한 청소년의 집중화나 통제는 기존의 사회적 관습과 기술적 요인을 성인이 청소년에게 일방적으로 전달하려는 의지가 표출된 하나의 방편이었다. 즉, 이는 학령기라는 집단주의적 행태가 자연스럽게 나타나면서 학령기의 연장으로 인한 지불유예적 시각이 반드시 고려되어야 한다는 점이다.

학교의 확대와 학령기의 증대는 청소년에게 문화적 수용을 강요하게 하는 중요한 배경이 되었다. 기성세대는 학교교육이라는 수단을 통해 가장 효과적인 통제의 기회를 얻게 되었지만, 청소년은 학교의 교육과정을 통한 순응과 협치, 오히려 자신 내부에서 위계와 서로의 통제를 배우는 최적의 기회라고 자신도 모르는 사이에 받아들이게 되었다.

이는 마치 청소년 스스로가 학교 내의 규율을 지키기 위해서 학교가 만들어 낸 규칙을 준수해야 하며, 규칙의 준수에 대한 수준과 방법에 따라 자신의 지위와 역할의 타당성을 받아들이도록 만들어 가는 것과 맥을 같이 한다. 그래서인지 학교라는 통합적 공간에서 받아들이는 맥락적 요소는 누구나 규범적으로 받아들여야 하는 수단이며, 핵심규율이 된다. 적어도 이 안에서는 서열이 없고 평등하며 존재감을 인정받아야 한다고 하는 상식적 평등성이 존재한다고 믿는 것이다.

하지만 교묘하게도 수월적 태도와 기능적 균형성이라는 존재감은 자신과 타인을 지배하는 이론적 수단으로 작용을 하고 있는바 모두를 적절히 통제하며 따르게 하는 수단임을 알면서도 모르는 식으로 반응을 하게 된다. 서구사회에서 말하는 교육과 학습을 통한 통제는 학교 내에서의 규칙을 받아들여야 하는 순응성과 위계성을 받아들여서 통제 중심의 청소년문화라는 한계를 극복하지 못하게 만들어 버리는 점을 깨닫지 못하고 있다. 청소년문화가 다양성을 띠어야 하지만 다양하지 못한 이유가 되는 문제점이 바로 여기에 있다.

결국, 학령기의 확장은 덕목의 강조, 규율과 기존의 틀에 대한 유지의 관점이 더욱 강하였기에 이러한 틀을 조금이라도 벗어나는 것은 기성세대의 입장에서는 상상하기 어려운 변화인 셈이다. 모든 것이 학교를 중심으로 판단이 이루어지며, 학교의 서열화와 학습의 단편화라는 시각은 청소년의 문화를 파편화하고 단순화하는 것이 매우 쉬운 일이었음을 증명했다.

(3) 청소년문화연구와 분석의 제한성

청소년문화가 부정적 문화재생산의 대상으로 고착화된 원인은 청소년문화연구의 제한성에서 출발한다. 20세기 초만 해도 청소년의 연구 자체는 대부분 양적인 연구와 표현상의 형식적 모습을 주로 분석하는 데 그쳤다. 이는 청소년문화연구의 대상이 주로 사회학자에 의해 주도되었다는 점과도 맥을 같이 한다. 물론, 이 당시에는 청소년의 심리적 특성이나 인지 및 정서적 다양성을 중심으로 연구하는 기술이나 방법론이 발달하지 않았기 때문에 현상학적인 모습에 주안점을 두는 연구가 주류를 이루었다.

무엇보다 청소년을 사회의 적응대상이라기보다는 주로 격리의 대상으로만 바라보았던 시각에는 청소년이 그들 스스로 아이덴티티를 발견하려는 행동주의적 특성을 깊이 있게 해석하지 못한 오류가 매우 컸다.

오늘날 청소년의 다양한 행동 표현은 심리적 요인과 인지적 변화로 인한 적응과 부적응이 교차되는 구조적 현상이 원인으로 속속 밝혀지고 있다. 따라서, 청소년의 행동을 나름 다양한 시각으로 이해하는 것이 가능해지고 있다. 하지만 청소년문화의 형성 초기만 해도 이들의 행동특성에 대한 원인을 발견하는 것은 사실상 불가능했다. 왜 이러한 행동을 할 수밖에 없었는지를 세심하게 분석하고 파악하려는 시각보다는 행동으로 보이는 외현적 태도가 단지 청소년기라는 충동성과 미성숙의 부적응성으로 포장해 버리는 경향이 컸기 때문이다.

심리적 특성이나 인지 및 정서적 특성을 과학적으로 해석하지 못하는 한계성은 청소년의 행동을 행위 중심과 결과에 대한 현상 중심으로 이해하고 이를 통한 대책 마련이 최선의 방책이라고 생각하는 점이다. 청소년문화형성의 초기에는 이러한 한계에 기초한 문화인식을 당연하게 받아들였지만, 이제는 청소년의 내면에 대한 분석과 이해를 기초한 관점에서 청소년문화의 다양성을 새로이 추구하는 연구의 확장과 다양성의 혁신이 더욱 필요한 시기가 되었다.

3) 청소년문화의 일반적 문화개념 탈피화

문화의 공통된 가치기준을 설명하는 데 있어 매우 중요한 사실은 문화라는 이름으로 공동의 사회적 규칙과 범주를 당연시하려는 경향이 발생한 점이다. 물론, 문화는 자율성과 창의적 사고를 기본적 모티브로 하기 때문에 누구에게나 수용 가능하며, 누구나 만들어 갈 개연성이 크므로 특정 대상, 특정 범주, 특정 영역으로 규정한다는 것은 오히려 더 문화이해를 올바르게 하지 못할 가능성이 커진다. 특히, 청소년과 같이 독자적인 문화적 기틀 속에서 문화적 양상을 만들어 가는 데 변화가 큰 집단이라면 내면과 가치의 구성요소가 무엇인가를 파악해 내는 노력이 더욱 더 중시되어야 한다.

문화결정의 낙관적인 관점은 인간이 할 수 있는 능력에 제한을 두지 않는다. 이 이론의 낙관적인 버전은 인간의 본성은 본래 온순한 성향이 있어 인간이 선호하는 삶의 방식을 선택할 수 있다고 가정한다. 반면, 문화결정의 비관적인 관점은 사람은 자신이 갖춘 조건이 어떠한 것인지에 따라 달라지며, 그 조건은 그들이 통제할 수 없는 어떤 것을 의미한다. 인간은 수동적인 창조물이며, 그러하기에 문화는 그들이 하고자 하는 것을 말해 주는 요소라고 말한다. 이 설명은 전적으로 인간을 행동주의적 관점에서 설명하며, 인간이 통제할 수 없는 영역에서 인간 행동의 원인을 찾는 것으로 이어진다.

그런데 여기에 큰 오류가 있음을 주지해야 한다. 일반적으로 문화를 규정하는 보편적 시각에서는 주류의 사람들이 만들어 가는 문화가 통념적으로 사회 저변을 지각하고 지배하게 만드는 데 일조하고 있다. 즉, 문화는 일정한 양식과 틀을 가지고 문화를 소유하고 있으며, 지배하는 동시에 계층과 계층에게 전달해 주어야 할 의무가 있다고 여기는 다수의 사람에 의해서 만들어지고 있다. 아쉽게도 이러한 통념적 사고가 청소년에게 그대로 이관되고 있으며, 동시에 이들의 특성을 청소년도 그대로 따라야 한다고 믿고 있다. 하지만 심적으로는 청소년이라는 대상의 미성숙과 발달과정을 인정하면서도 문화적 특성을 이해하게 될 때에는 이들의 성장과정에서 발생하는 차별성을 크게 투영하지 않는다는 모순을 나타낸다.

즉, 청소년은 미성숙하고 청소년 발달의 필요성을 지각해야 한다고 인정한다면 이들이 만드는 문화적 과정이 성장을 담보하는 실험적 특성이 강하다는 대전제가 필요함에도 불구하고 사회적 통념이나 질서를 위배하지 않아야 한다는 대전제에서만 움직이게 된다. 그러하기에 기성세대가 만들어 가는 문화적 속성을 위배함을 쉽게 인정하지 못하는 이율배반적 행태를 보이는 것을 자연스럽게 볼 수 있다.

그렇다면 청소년문화를 바라보는 시각의 혁신적 변화를 인정하지 않고서는 청소년문화를 말한다는 것은 매우 어려운 일이다. 즉, 청소년문화의 이해에 앞서서 청소년의 심리적 속성에 대한 차이를 인정해야 한다.

그래서 청소년문화인식에 대한 탈피화가 청소년과 기성세대 모두에게 적극적으로 요청된다. 탈피는 동물이나 곤충이 성장을 하기 위해서 외피를 벗어던지는 과정으로 현재의 모습에서 벗어나기 위해 절대적으로 필요한 행동이다. 청소년이 만드는 문화가 가치 있는 것이고, 청소년의 성장을 위한 핵심과정이라는 인식으로 청소년과 성인 모두가 사고의 혁신을 이루어야만 한다. 이러한 인식적 탈피가 이루어져야만 청소년의 행동을 올바르게 이해할 수 있으며, 그들의 집단적이고 조직적인 행태를 문화적 다양성으로 인정할 수 있다.

최근 청소년기의 변화에 대해 다양한 견해가 나타나고 있음은 그나마 다행이다. 하지만 과거의 통념적인 분석에서는 청소년기를 일탈과 비행 및 부적응의 주요 대상으로 바라보는 경향이 여전하다. 통상적으로 말할 때에도 청소년에 대해 문제적 시각과 함께 교화나 교정의 대상으로만 바라보려는 관점이 우세하다. 즉, 청소년의 행동과 행위를 있는 그대로 이해하기보다는 일정한 범주 속에 포함시켜 규격화함이 타당하다는 시각으로, 문제의 개선은 보호이고 기성세대와 함께하기 위해서는 적어도 일정한 특성을 지닌 대상으로만 성장되어야 함을 의미한다.

여기에 청소년문화의 비판적 요소가 내재하게 된다. 교육적 순화의 대상이자 문화라는 말로서도 일정한 범주는 틀로 규격화한 대상으로 이해하면서 기성세대가 만들어 주는 환경과 특성을 인정하게 될 때 이들은 올바른 문화를 수용하게 될 것으로 보는 시각이 보편적이다. 하지만 문화를 바라보는 문제의식은 과연 누가 문화를 주도하느냐의 문제인 셈인데 여전히 기성세대 중심의 문화관이 숨어 있다.

[그림 1-2] 새로운 문화비판의 원인

첫째, 문화과잉화로 인한 비판적 사고이다. 기존의 질서에 편승한 기본문화는 올바른 문화, 사회 유지에 필수적인 문화로 인식됨과 동시에 이를 벗어나려는 문화는 문화과잉의 차원에서 순수성을 상실하고 있다고 여기게 된다. 특히, 자연의 질서를 위배하는 관점에서는 더욱더 자연을 숭상하는 관점의 차이가 나타나게 되면서 인간 중심의 문화인식은 점차 계층적 차이로 인한 문제를 야기하게 된다.

둘째, 인간의 윤리성 결여 차원에 대한 문제점을 야기하게 된다. 문화는 본질적으로 자연과 인간의 조화로운 관계에서 출발하는데 점차 시간이 흐르면서 이러한 기존의 질서는 차별화된다. 자연에 순응하는 관점에서 자연을 이용하려는 인간의 욕구는 윤리적 사고의 강력한 도전에 직면한다. 즉, 인간의 본성적인 지배력이 추구하는 문화창출은 이성적이고 윤리적인 가치와 위배되는 모습을 발견하게 되면서 문화의 비판적 요소에 문제점이 나타난다.

셋째, 문화의 억압을 들 수 있다. 계급적 차이에 대한 집단의 구분이 강조되면서 우수문화, 문화우월성, 문화서열 등을 정당화하게 되는데 이 과정에서 기존의 질서에 위배되는 경우에는 문화를 억압하고 스스로 이를 규제하려는 시각과 겹치면서 더욱더 새로운 문화창출의 집단을 격리하려는 시각을 보이게 된다.

이러한 인식을 표방하게 되는 데에는 문화를 이해하는 데에 있어서 기본인성(basic character)의 개념이 내재되어 있기 때문이다. 랄프 린턴(Ralph Linton, 1893~1953)은 개인과 문화는 엄연히 다른 실재이지만 서로에게 밀접한 영향을 주고 있다고 하였다. 즉, 인성은 해당 사회가 고착화된 문화적 특성에 따라 개인이 영향을 받음으로써 상호의 복합적 관계를 나타내는데 자칫 이 과정에서 문화라는 현상이 개인의 특성을 지배할 가능성이 크기 때문에 문화를 규정함에 있어서는 개인의 심리적 다양성을 인정해야 한다는 점을 강조한다.

따라서 청소년은 왜 이러한 심리적 다양성에 근거한 차별화가 문화로 나타나고 있으며, 기성세대는 왜 이러한 변화를 수용하는 데 주저하는지의 차이점을 발견하는 노력과 함께 이를 문화적 수용성에 어느 정도까지 수렴해야 하는가가 상호 연동적 관점에서 이해되어야 한다. 그 이유는 지금까지의 청소년에 대한 문화는 기성세대, 즉 성인이 지각하고 있는 규범적 특성으로 판단하여 일정한 규격과 특성 속에서 청소년문화는 마치 사회적 영역을 벗어나서는 안 된다는 가정을 명제로 인식하고 있는 경향이 있기 때문이다.

통상적으로 기성세대가 바라보는 인성으로서의 문화적 기반은 개인의 심리적 다양성을 인정하기보다는 집단 구성원으로서 지켜야 할 공유인성과 행동양식을 전체의 문화적 속성으로 인식하고 있는 경향이 강하다. 기성세대가 바라보는 전체로서의 문화인식은 마치 교육을 통해서 인간이 기본인성을 획득할 수 있다는 전제에서 출발하면서도 적어도 문화에서만큼은 청소년의 다양성을 인정해 주어야 하지만 동시에 거부감이 커 서로 불편함을 내세우고 있음과 같다.

청소년의 성장이라는 관점에서 문화의 특성을 이해하려는 이유는 문화가 갖는 상징적 개념도 있지만, 청소년에게 주는 영향의 의미와도 큰 특성을 보인다.

청소년문화를 이해하기 위해서는 청소년기의 변화와 발달이라는 관점에 대한 이해가 매우 중요하다. 통상적으로 청소년의 성장과 발달은 미성숙하다는 대전제에서 출발한다. 미성숙하고 발달과정에서 어느 정도의 규제와 지원이 필요하다는 대전제를 하게 되는 이상 청소년의 문화는 일정한 범주나 규정된 형식에 포함시키게 된다.

청소년이 문화적 공간을 벗어나 자신만의 새로움을 갖고자 노력하는 가장 큰 이유는 지금껏 문화의 테두리 속에서 만들어진 문화는 여전히 특정의 사람들이 만들어 놓은 비자연스러운 공간적 행위이기 때문이다. 이미 성숙한 사람들이 만들어 놓은 문화가 마치 최선의 문화인 양 인정하고 이를 수용하도록 청소년에게 요구하고 있는 모습이 올바른 문화관이라는 시각이라면 적어도 이러한 시각은 벗어나도록 해야 한다.

그렇다면 적어도 청소년문화의 문화관에는 어떠한 의미가 숨어있는가를 파악해 보아야 한다. 교육을 통해 가르치면서 규격화해 주는 점을 문화적 특성으로 인식해서는 안 되며, 적어도 무엇인가를 스스로 표명해 낼 수 있도록 하는 관점에서 청소년문화를 수용하고 받아들이려는 태도가 필요하다.

청소년이 행하는 문제행위, 사회적 비판행위, 반문화행위의 모습을 여전히 불편해하며, 청소년은 그러한 행동을 해서는 안 된다는 관점에만 생각을 집중하기보다는 왜 이들이 이러한 행동을 할 수밖에 없으며, 행동의 의도와 그 행위 속에는 어떠한 의미가 내재되어 있는가를 파악해 보는 관점의 전환이 필요하다.

이러한 시각이 오늘의 청소년문화를 바라보는 시각의 혁신성에 포함되어야 하며, 동시에 규격화된 틀에 익숙해진 기성세대가 변해야 하는 가장 주요한 이유이다.

03 청소년문화와 하위문화의 관계성

1) 청소년문화의 속성

청소년문화는 일반적 문화의 개념과는 많은 차이점이 있다. 일반적으로 문화는 각 세대를 아우르는 사람이나 전문가가 자신의 입지를 높이고 사회적 구성체를 높이기 위한 수단으로 활용하지만, 청소년의 경우는 이와 다른 양상을 보인다.

청소년문화는 청소년세대가 공유하는 생활양식 및 사고방식으로 청소년세대는 연령집단이나 생애단계의 과정에 있는 사람들이 만들어 내는 일종의 정체성 체화과정이고 공통된 의미지평(common horizon of meaning)이다.

특히, 청소년은 문화를 형성함에 있어서 일정한 형태로서의 정형화될 틀을 구성하고 이를 기반으로 다음의 문화로 발전하려는 속성을 보이기보다는 세대 내에서의 구성을 차별화하고 독립적 특성을 유발하여 이를 속성화하려는 경향이 두드러진다.

무엇보다 청소년의 문화적 다양성의 추구는 가정이라는 한정된 공간을 벗어나 공동체주의적 삶을 영위하려는 개인의 정체성이라는 관점에서 이해되어야 한다. 청소년의 문화적 행태는 조직과 집단이라는 규율의 따름을 넘어서려는 적극적인 행태로 해석이 된다. 자신의 선택과 결정 그리고 참여와 헌신의 덕목이 중요한 덕의 한 측면으로 보면 이러한 가치는 개인의 행태만으로는 불가능하기에 집단 내에서 다양한 모습으로 동화될 때 성숙된다. 하이데거(Heidegger)는 문화적 행위는 본질의 회복이 아닌 바로 청소년의 사람다움, 바로 나다움을 실현하는 데 있는 것이라고 하였다. 따라서 아이덴티티의 형성은 다른 누군가와 자기 자신을 동일시함으로써 출발하는데 실존적인 자기 선택과 결정 그리고 타자들의 성운(constellation), 즉 공동체와 자신의 동일시에서 나오는 참여와 헌신의 덕목은 기능적인 합리성으로 설명된다.

청소년문화는 청소년이 만들어 내는 문화로 청소년의 생각, 가치관, 태도, 의식 등이 포함된 그들의 생활양식으로서 때로는 상징체계이기도 하며, 신념, 행동, 스타일 그리고 그들의 관심사 등으로 구성되는 요소를 지닌다.

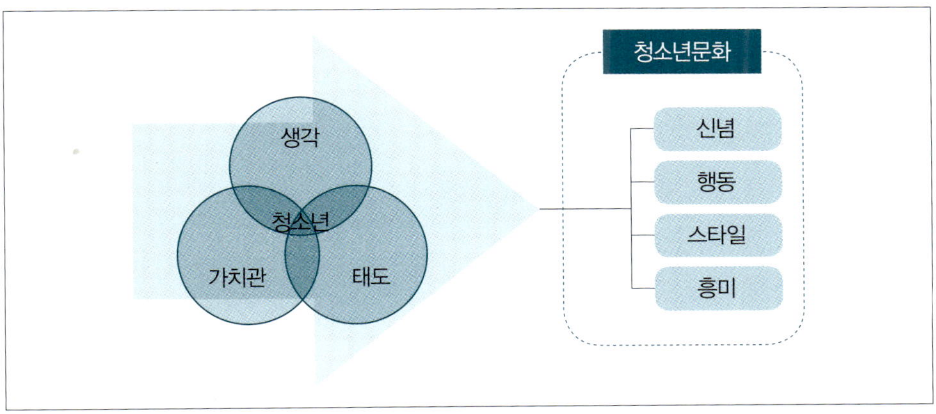

[그림 1-3] 청소년문화의 구성요소

문화는 집단적 결과를 통해서 끝없는 성과를 만들어 가는 완성체인 성향이 강하지만, 청소년의 문화는 이러한 과정에 영향을 주기보다는 오히려 다원적 속성을 보이기 때문에 다른 양상을 띤다. 그러면서 청소년기의 심리적 요인과도 밀접한 관계를 보인다.

일반적으로 문화는 집단의 구성원이 느끼는 상황에 대한 현상을 보존과 영속적인 영향을 줄 목적으로 장기적이고 거시적 관점에서 파악해 보는 경향이 두드러지지만, 청소년문화는 이러한 문화적 가치와는 매우 다른 속성을 가진다. 그래서 일반적인 문화를 구분함에 있어서는 문화적 속성의 영속적 태도를 발현하고자 할 때 이를 바라보는 심리적 태도, 유물론적 경향, 사상적 결집 등 다양한 관점의 태도를 통하여 집단의 규격화를 일삼기도 하지만 청소년문화는 이러한 문화적 가치와는 매우 다른 경향이 오히려 청소년문화의 독특성으로 이해되고 있다.

더욱이 청소년문화가 외부의 사회적 요인, 즉 기성세대나 기존의 문화적 권력을 갖춘 세대나 특징에 대해 더욱 차별화를 이룰 수밖에 없는 요인은 이러한 문화요소에 직접적인 영향을 받아서 속물적으로 이해되는 모습을 갖게 된다. 그 결과 청소년문화의 변질이 자연스럽게 이루어질 수 있다는 점에서 청소년문화와 기성세대나 사회적 요인과의 문화적 차별성을 고려하는 데 주력해야 한다.

일반적으로 청소년문화의 특성은 [그림 1-4]와 같은 형식의 다양성이 내재되어 있다.

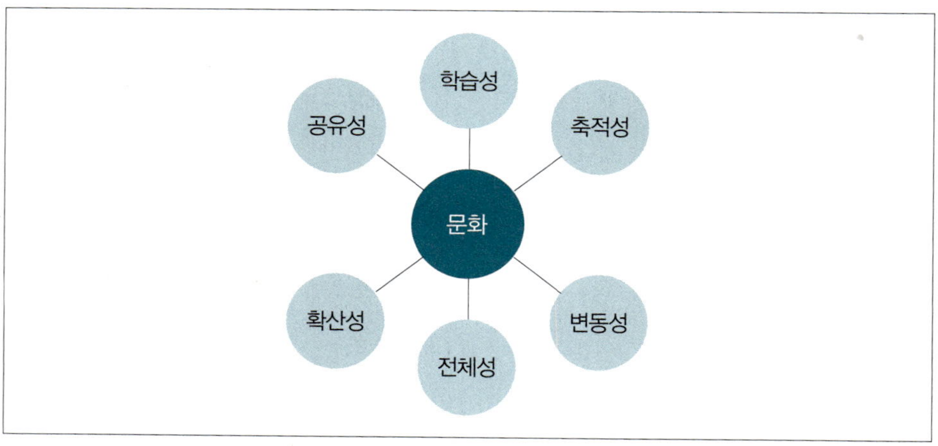

[그림 1-4] 청소년문화의 보편적 특성과 형식의 다양성

[그림 1-4]와 같이 문화의 보편적 관점과 청소년문화의 차이점은 다음과 같이 규정할 수 있다.

첫째, 학습성의 관점에서 기존의 문화와 청소년문화는 차이를 나타낸다. 학습이라는 점은 세대와 세대에게 전수하고자 하는 가치의 공유를 그대로 이어받게 함으로써 해당 문화가 당대의 사회적 상황을 이해하게 함과 동시에 그러한 문화를 통해서 사회적 가치를 수반하고 받아들이는 가치지향적인 의미를 내재하게 된다. 하지만 청소년문화는 학습성에서 대상과 학습의 요소에 대한 의미가 상대적으로 짧거나 학습을 이루는 동력이 상대적으로 미비하게 될 가능성이 매우 크다. 따라서 학습은 바람직한 행동변화를 유발하기 위한 수단으로 이루어지는 과정적 요소라고 전제한다면 청소년문화는 일반문화의 학습가치에 비해 상대적으로 적극성이 떨어지게 된다.

둘째, 축적성의 관점에서 본다면 문화는 현재의 사회적 상황을 지속적으로 다음 세대나 대상에게 전달하려고 하는 영속성이 매우 강하다. 이러한 영속성은 때로는 물질문화나 상징적 모습으로 형상화될 수 있다. 하지만 청소년문화는 이러한 축적성이 제한적이며, 오히려 지속되는 데에는 매우 큰 한계를 지니고 있기 때문에 문화적으로 축적의 모습을 보이기 어렵게 된다.

셋째, 변동성의 측면에서 청소년문화는 일반문화에 비해 더 주도적이고 차별화된 속성을 보인다. 다만, 변동성의 의미에 대해서는 집단적 변동성보다는 문화 자체에서의 변동성이 더 크다는 점으로 해석된다.

넷째, 전체성으로서의 영향력은 다소 약하다. 문화는 집단의 규범과 가치관을 구성하여 전체 집단을 하나로 귀속하거나 연대하여 문화적 결속력을 강하게 만들어 주는 반면 청소년문화는 소수집단의 결속력을 강하게 만드는 경향이 강하다. 그래서 또래와 집단, 특히 해당 집단에 속하는 일부 집단에서만 구속력을 강하게 표출하게 됨으로써 전체 집단에 영향력을 보여 주기보다는 특정의 집단적 소속감을 강하게 만드는 경향이 있다. 하지만 특정 도구나 매체가 결부되면 전체성은 확산성으로 이어진다.

다섯째, 확산성으로서의 문화인식이다. 문화는 일반인이나 누구에게든 가치나 의식의 다변성을 공유하게 됨으로써 현재에는 해당하지 않더라고 마음속으로 또는 의식과 무의식적으로도 전파되는 영향을 보인다. 하지만 청소년문화는 이러한 기준에서 영향을 받기도 하고 그렇지 않을 수도 있다. 특정인에게 영향을 주는 확산의 속도와 가치는 더욱 빠르게 진행될 수 있으며, 지속적 확산성에서는 다른 모습을 보이게 된다. 더불어 타 집단에 비해 문화확산의 속도가 빠른 청소년문화가 있다면 때로는 타 문화요소에 의하여 역풍을 맞을 개연성이 더 커질 수도 있다.

여섯째, 공유성의 관점에서 본다면 청소년문화에 비해 일반문화는 전체 국민, 시민 그리고 전 세계 국민끼리의 공유적 가치가 확대되며, 동시에 오랫동안 영유될 수 있다. 하지만 청소년문화는 이러한 공유의 가치가 특정 집단, 사람, 소속의 구성원들에게만 공유되는 경향이 있다. 특히, 청소년문화의 폐쇄성이 강할수록 이러한 기준에서 벗어날 가능성이 커진다. 청소년의 언어적 속성, 행태적 속성, 상징적 속성들이 공유성과는 다소 거리가 있음을 잘 말해 준다.

2) 청소년문화의 하위문화 왜곡 현상

문화가 집단의 다양성을 추구하는 행동이자 결과라고 정의하고 있음에도 불구하고 청소년의 문화를 하위문화로 규정하고 이에 대한 다소의 편견과 오해를 지향하게 된 원인은 어디에서부터 나오는가를 면밀히 파악해 볼 필요가 있다.

청소년문화는 청소년이 당해 시기에 지각하는 사회문화적 속성과 상황에 영향을 받아서 지각하게 된 그들의 생각과 가치관 그리고 집단적으로 형성된 태도가 외형적인 모습으로 집단화 성향을 띠면서 나타나기도 한다. 청소년문화의 이해에는 우선적으로 청소년이라는 대상의 이해와 함께 그들을 둘러싸고 있는 사회문화적 속성, 그들의 태도와 가치관 형성에 영향을 주는 외현적 요인과도 밀접한 관계를 보인다는 점을 종합적으로 고려해야 한다. 청소년의 문화를 구분해 볼 때 청소년의 심리적 태도와 함께 이들을 둘러싼 외형적 요인을 함께 고려해야 한다는 의미는 곧 그들이 외형적 요인에 직접적인 영향을 받을 수밖에 없다는 점을 언급하고 있다는 점이다.

청소년문화는 독특한 스타일, 행동 및 관심을 가진 청소년 기반의 문화를 만들고 있다. 그래서 문화를 구분하는 경우 주류문화(main culture)와 함께 여러 가지 형태를 이루고 있는 다양한 소규모형 문화로 하위문화(sub culture)라는 의미를 말하는 데 익숙해져 있다. 무엇보다 청소년문화를 개념화하면서 우리 스스로가 겪는 문화적 차별성의 오류 가운데 가장 큰 부분이 바로 하위문화적 시각이다.

하위문화가 어떠한 의미인가를 명확히 파악하지 않으면 용어에 의한 개념의 실수를 벗어나기 어렵다. 하위문화의 용어는 1930년대 미국문화의 공동체연구를 수행한 로버트 린드(Robert Lynd)가 미국문화의 단일성 연구에 대한 정의를 내리면서 문화적 획일성을 말하였으나, 이후 미국문화의 단일성에 대한 근거를 오히려 다양성에서 찾아야 한다는 점을 인식하고 이후 하위문화라는 용어를 제시하게 된 것이다.

즉, 하위문화의 출발점은 위계적 개념이 아니라 다양성의 개념을 명시하려는 차원에서 출발하였지만, 오히려 문화의 개념을 올바르게 이해하지 못하는 사람들로 인하여 열등문화와 혼동하여 사용되는 경향으로 문화적 오해를 불러 일으켰다.

사실 누구나 주류문화를 규정하고 이를 중심으로 주변부에 배치하는 위계적 사고를 갖는 것이 타인에 대한 문화개념을 이해하게 하고 설명하는 데 쉽게 타당성을 갖고 있다고 인식한다. 즉, 기성세대가 판단하는 주류문화는 거역하기 어려운 문화이자 사회를 지탱해 나가는 핵심문화로서 지위를 인정받은 후 이에 대항하는 소수나 특정 집단이 만드는 문화 모두 위계적 관점의 하위문화로 폄하해 버리는 문제점을 제대로 느끼지 못하고 있다.

어른들이 청소년문화를 하위문화로 보는 이유는 미숙문화, 비행문화, 저항문화, 반문화의 용어로 성인과 청소년의 구별짓기가 쉽기 때문이다. 청소년은 어쩌면 세대 계층과는 다른 관점에서 특이성을 발현하려는 모습을 보인다. 즉, 이들은 자신만의 행동을 통해서 정체성이라는 기초적 의미를 실현하려는 태도를 보이고 있다. 하지만 이러한 점은 오히려 청소년의 문화를 부정적인 강화로 각인하는 결과를 초래하였다.

청소년하위문화의 개념에 대한 규정을 보면 통상적인 다른 집단과 다소 그 경계가 모호한 대상으로 규정하고 특별히 청소년의 행동에 대해 일시적인 유행집단이나 다른 나라의 문화를 모방하는 유사 집단으로 치부하면서 폄하한 성향이 강하다. 즉, 우리 사회의 풍토 자체가 대상이 누구든 간에 다양한 문화를 주체적으로 생성할 수 있다는 사고방식이 미약하다고 스스로 규정해 버린 것에 기인한다. 특히, 청소년이 관심을 가졌던 문물 중심의 문화사고는 대부분 소비성 문화특징에 중점되면서 문화 산물 자체가 외국으로부터 수입된 것을 수긍하고 자생적 특성을 인정하지 않으려는 사고방식으로 규정하기도 한다.

그동안 기성세대가 청소년문화를 위계적 관점에서 하위문화라는 시각을 갖게 되는 이유를 다음의 측면에서 찾아보고자 한다.

(1) 저항과 반항이라는 과격이미지로서 청소년하위문화 왜곡

청소년이 사회기득권 세력에 강하게 저항하는 것은 사회적 주체로서의 역할을 하지 못하는 대신 부담은 그대로 수용해야 하는 절대적 대상이라는 점에서 기성세대와 강한 마찰이 일어나기 때문이다. 그렇기 때문에 청소년 스스로 독자적 행동과 자구적 행위를 하는 과정에서 세대갈등으로 비추어질 가능성이 커진다. 무엇보다 세대 간의 갈등요소로 나타나게 된 가장 큰 사안은 아마도 전쟁에 대한 비판적 시각으로 나타난 히피족과 같은 염세주의적 시각을 가진 청소년, 청년층의 출현을 들 수 있다.

청소년의 목소리가 강하게 부각된 사회적 출발점은 제2차 세계대전 이후를 들 수 있다. 전 지구적 투쟁이 지구를 휩쓸면서 나타난 폭력은 사람들의 뇌리에 엄청난 충격을 주었고 이에 대한 반대적 시각으로 평화인식이 크게 자리 잡았다. 이후 1968년 5월 파리 학생시위는 대학교육의 모순과 관리사회에서의 인간소외, EC

체제하에서 사회적 모순을 해결하기 위한 사회참여가 68혁명으로 연계되었다. 당시의 학생 시위는 스튜던트 파워 또는 스튜던트 아파시(student power or student apathy)라는 이름으로 불렸다. 아마도 반전, 반핵으로 상징화된 청소년 계층은 기성세대에게는 절대적으로 이해되지 않는 세대의 핵심갈등 대상이었다. 이들의 사회적 요구는 커다란 변화라기보다는 자신에게 주어진 현실적 문제에 대해 심각하게 고민하면서 현안으로 부딪친 문제를 스스로 해결해야 한다는 절박성이 더 컸었다. 높아진 대학등록금, 전쟁에 대한 심각한 위협의 공포 등은 자신의 문제에 대한 참여가 필요함을 절감하게 하였다.

청소년과 청년의 사회저항은 기성세대가 만들어 놓은 전쟁의 부조화에 대한 피해를 고스란히 청년과 청소년이 겪어야 한다는 불안감과 대안으로서 기존의 질서에 대한 대항적 행위로 나타났다. 누군가가 만들어 놓은 정쟁(政爭)의 결과에 대한 실제적 피해자인 청소년은 자신이 만든 의사결정이 아닌 상황에 대해 주도적 목소리를 내야 할 필요성이 커지면서 사회참여의 기회를 만들고자 하였다. 자신의 삶과 전쟁에 대한 피해를 스스로 결정해야 하는 당위성이 커진 셈이다. 즉, 청소년이 중심이 된 권위주의에 대해 반대시위를 하는 모습은 오늘날 우리 청소년의 두발자유화나 교복자유화의 투쟁을 연상하게 한다.

하지만 이러한 반항적 시위를 하는 청년과 청소년에 대한 사회적 시각은 매우 단호하게 부정적으로 흘렀다. 전쟁의 반대를 화두로 사회적 반대를 하는 이들에 대해서는 그들이 왜 이러한 행동을 해야 하는지 문제를 제기하기보다는 그들이 벌이는 과격하고 폭력적인 행동의 결과에만 초점이 맞추어졌다. 본질을 제대로 파악하지 못한 결과이다. 이들의 행동을 집단행동으로 몰아감으로써 청소년문화를 부정적 기류로 규정해 버린 것이다.

자신의 목숨을 담보로 하는 전쟁을 결정한 것은 기성세대지만 실제 피해를 경험하는 가장 핵심세대인 청소년이 자신의 삶에 대한 새로운 목소리를 높일 여지는 충분히 있었다. 그럼에도 불구하고 전쟁의 반대나 다른 가능성을 열거할 기회는 충분히 주어지지 못한 채 반대는 곧 정책의 반대, 기성세대의 가치관을 이행하지 못하는 불충의 세대 등으로 폄하됨으로써 기성세대와 정책에 대한 권력을 쥔 자들은 그들을 문제아로 보았다. 결국, 일반인이 바라본 정책에서의 정쟁의 정당성을 인지한 순간 대부분의 사람이 느끼는 청소년의 행동은 사회저항의 맥락 속에서 있어서는 안 될 대상으로 자리 잡은 것이다.

(2) 생물학적 미숙의 존재로서 청소년하위문화 왜곡

청소년기의 생물학적 미숙은 인간의 전 생애과정에서 단절이 이루어지는 특정의 시간이 아니라 영속적인 성장의 과정인데, 기성세대는 이 점을 이해하지 못한 채 청소년문화를 바라보고 있다. 즉, 기성세대는 청소년의 신체적 · 정신적 성숙의 과정을 여전히 문제와 보호의 대상으로만 파악하는 한정적 시각이 크다. 청소년의 성장과정에서 미성숙은 당연한 귀결이기 때문에 역설적으로 더욱 큰 지원과 관심 그리고 협력을 통한 상호 호혜적 지원이 이루어져야 하나 그러한 뒷받침을 유보하고 있다. 사회적 논란을 일으킨 청소년의 행동거지를 바라보는 기성세대의 시각을 보면 문제점을 지적하고 질책하는 데에는 익숙하지만, 그러한 원인을 제거하고 더 나은 삶을 살아가도록 하는 내부적 지원에는 매우 인색하다.

본질적으로 청소년 성장에 대한 필요는 청소년의 발달특성상 큰 변화를 두 번씩 경험하고 있다. 즉, 10~12세 정도의 변화 시기, 17~18세의 사회성과 대인관계성의 변화 시기를 가진다. 이 시기에 뇌의 급격한 발달로 신경세포의 가지치기가 이루어지는 전전두엽의 성장과정이 일어나는데, 기성세대는 청소년이 인지적 변화보다는 감정적 변화를 제대로 수용하지 못하고 나타내는 이들의 행동의 원인에 대해 무지하다는 것이다.

동일한 정보를 받아들이면서도 감정의 조절이 이루어지지 않아서 부정적 정서에 쉽게 노출되는 등의 문제는 청소년기의 격동성과 연결된다. 누구나 청소년기를 겪기 때문에 기성세대 역시 청소년기에 자신의 격동적인 변화를 경험하면서 세대 간의 갈등을 벗어나려는 도피와 탈출을 꿈꾸었다. 그런데 이미 이러한 과정을 겪은 기성세대는 자신에 대해 무척이나 관대하면서 청소년에게는 비판적인 이중적 잣대를 제시하는 경우가 두드러진다. 청소년은 미성숙의 대상이라고 하는 원론적인 부분에 동의가 이루어진다면, 청소년이기에 특히 미숙한 대상이기에 더욱더 많은 지원과 관심의 영역에 노출되어야 하겠지만, 어느 순간 기성세대는 이러한 문제점을 상실하거나 잊어버리곤 한다.

그러다 보니 기성세대는 청소년의 발달적 특성을 잊거나 아주 무시하는 행태 중심적인 결과에 치중하게 된다. 적어도 '나도 그때 그랬지', '나도 한때는 그랬어'라는 표현으로 자신의 행위를 정당화하면서도 청소년의 심리적 갈등에 기초한 행동의 모순을 극복하지 못하고 있다. 발달의 관점을 재삼 고려해야 하는 이유는 자신의 시각에서 현재를 과거의 결과와 동일시하려는 우를 범해서는 안 되기 때문이다.

(3) 불균형과 도전(치킨게임)의 대상으로서 청소년하위문화 왜곡

청소년이 객기 어린 충동적 행동을 하는 이유는 사회적 틀 속에 가두어진 강요된 행동을 수용해야 하는 이들이 벌이는 탈피의 적극성이다. 순응해야 하는 당위성이 존재하고, 거부는 곧 실패이자 다시금 성장할 수 없는 치명적 결과를 얻기에 누군가의 말을 따라야 한다는 식의 획일적 사고를 벗어나려는 태도는 자연스럽게 반항적 이미지로 고착된다.

이러한 반항적 이미지를 가진 청소년의 행동을 가장 잘 보여 주던 사례가 바로 치킨게임을 명시적으로 보여 준 영화 「이유 없는 반항」(1955)이다. 제임스 딘이 자동차를 몰고 극한의 경쟁을 통해서 한쪽이 포기하느냐 그렇지 않느냐의 극단적 행동을 보여 준 모습에서 우리는 이러한 행동을 하는 세대를 젊은이의 객기로 포장한 모습을 볼 수 있다.

치킨게임은 경제학 용어로 어느 한쪽이 포기하지 않으면 극단적 경쟁을 통해서 한쪽은 승자가 되고 한쪽은 패배자가 되는 자멸의 원칙을 적나라하게 보여 주는 행위이다. 비단 이러한 치킨게임이 청소년이나 젊은이의 행동에서만 나타나는 것은 아님에도 불구하고 제임스 딘의 영향으로 젊은이의 반항적 이미지가 고착화되었다. 또한, 경제상황에서 기업이 동일 제품을 판매하고자 경쟁 기업과의 극한적 상황을 보여 주는 사례와 과거 미국과 소련의 군비경쟁 역시 이러한 관점으로 이해할 수 있다.

청소년의 집단문화, 폭력적 행위 등은 모두 치킨게임으로 나타난 결과로 각인되었다. 청소년 시기이기 때문에 때론 과격하고 엉뚱한 행동을 할 수 있다는 점을 생각해 본다면 청소년문화를 객기 어린 행동으로 치부하는 것은 엄청난 잘못이다.

(4) 사회 계급의 구분과 형식화 대상으로서 청소년하위문화 왜곡

청소년의 목소리가 결집되면 상당 부분 기성세대에 대한 저항적 모습으로 투영된다. 대부분의 사회적 자본을 쥐고 있는 대상이 기성세대이기 때문에 청소년의 목소리가 높아질 경우 기성세대의 갈등은 자연스러운 모습으로 나타난다.

청소년문화는 기성세대와 주류문화의 본질적 문화격차를 나타내는 대상으로 규격화되며, 주류 문화를 만드는 사람들의 계급이 구조적으로 청소년에 비해서 높은 지위에 있다 보니 대부분의 청소년문화를 시혜적 관점에서 바라보고 있는 경향을 띤다.

오늘날도 청소년문화에 대한 편견을 가진 사람을 많이 발견한다. 마치 청소년의 행동을 자유롭게 해 주기 위해서는 최소한의 문화적 공간을 제공해 주어야 한다거나 특정의 시설을 제공해 주어야 한다는 식의 표현을 자주 하곤 한다. 하지만 이들의 인식 속에는 마치 문화적 수혜를 위해 조금의 기회를 주는 것이 바람직하다는 사고가 숨어 있다. 또한, 기성세대는 청소년의 문화를 위해서 자금과 여건을 제공해 주는 권력자라는 힘을 가진 세력으로서 자리매김하고 있다.

정보의 독점자, 자본의 독점자, 정책수행의 독점자, 실행능력의 독점자로서 위계를 철저히 이용하여 청소년에게 위계적 위치를 당연시하고 있는 점도 청소년문화를 바르게 표현하기 어려운 계급 구조가 존재함을 보여 주고 있는 것이다.

이러한 시각에서 청소년문화는 항상 하위문화라는 계급 속에서 서열의 단순화에 매몰되어 있어 바른 시각으로 균형 잡힌 시각, 수평적 시각으로서의 청소년문화 계층의 분석이 어렵다는 점을 알아야 한다.

이러한 분류나 기성세대의 시각은 결과적으로 청소년문화를 하위문화라는 모습으로 규정하면서도 결과적으로는 외형적인 모습에 국한하여 파악하려는 한정된 시각을 스스로 내세우고 있다. 하지만 다른 시각으로 파악해 본다면 기성세대가 의사결정을 하고 만들어 온 기존의 질서에 대해서 청소년의 시각에서 생각하고 말하며 표현을 다원적으로 해 본 결과에 대한 소산물이라 볼 수 있다. 정치적 의사결정에 의하여 결정된 사안을 그대로 따르고 준용하는 것만이 대안이 아니듯이 청소년이 자신의 입장과 현 상황에 대해 할 수 있는 모든 것을 최선을 다해 결정함으로써 나타낸 결과의 표출된 모습이 바로 그들만의 하위문화인 셈이다.

그럼에도 대부분의 사람이 말하는 하위문화는 주류문화의 귀속적 관점에서 상하의 위계로 설명하거나 그러한 인식으로 접근하고 있다. 문화를 지배적이거나 위계적 관점에서 파악하면 항상 주류문화에 대한 체계적인 적대감을 보이는 하위문화는 때로는 반대문화로 묘사되는 경향을 보인다. 이렇게 되면 문화적 본질을 꿰뚫지 못하고 외형과 형식에 국한된 문화양상을 파악하게 됨으로써 본래의 문화가 의도하게 된 의미를 전혀 수용하지 못하는 문제를 만들게 된다.

일반적으로 청소년의 문화적 행태를 잘 수용하지 못하는 가장 큰 이유는 청소년이 만들어 가고자 하는 행동양식에 대한 기성세대의 불인정 때문이다. 청소년문화는 바로 이러한 인정과 불인정의 출발점에서 논의되고 있다. 즉, 청소년이 독립적 사고를 표현하는 세대라고 인정받지 못하기 때문에 청소년의 문화 역시 독립된 상황으로 인정받지 못한다.

이상에서는 하위문화(sub culture)의 의미를 도입하여 형태적 시각에서 규정한 이후 수용과 거부, 적응과 반항이라는 이분법적 시각에서 청소년의 문화를 바라보았다. 하지만 하위문화의 본질은 그렇지 않다. 미국 사회는 다양한 문화가 혼합되어 있다. 그런 점에서 하나의 통일적 관점으로 이해하기 어려운 시각이 자연스럽게 미국 사회 전체를 이루는 통합적 주류문화를 인정하게 되고 이를 기반으로 다양성을 인정받을 수 있는 종족, 집단, 대상, 선호도, 목적 등 특수한 성향을 기반으로 이루어지는 하위문화를 인정하게 되었다. 문화적 동질성과 다양성을 받아들이는 행태적 시각이 인정을 받느냐 그렇지 못하느냐의 차이로 인해 하위문화에 대한 인정이 달라질 수 있다.

또 다른 관점에서 본다면 복잡한 사회에서 여러 집단은 소속 사회의 전체 문화를 공유하면서도 다양한 사유방식을 지니거나 특별하게 반응할 수도 있다. 그래서 하위문화의 개념보다는 새로운 시각으로 문화를 인식하고 이해하는 것이 바람직하다. 이는 사회화(socialization)라고 설명되기도 한다. 사회화는 다른 사회 구성원들과의 접촉을 통해 사회의 가치를 배우고 사회 공동체의 존속을 위한 방향으로 행동양식과 규범을 익히는 과정으로 사회 구성원들과의 관계 속에서 자신의 정체성을 얻게 된다. 즉, 사회화에는 해당 사회의 사회적 · 문화적 유산의 전승과 개인의 인성발달 과정 모두가 포함된다(두산백과사전).

청소년이 성장하는 과정에서 자신의 정체성을 찾는 사회화는 [그림 1-5]와 같이 크게 두 가지 형태로 구분된다.

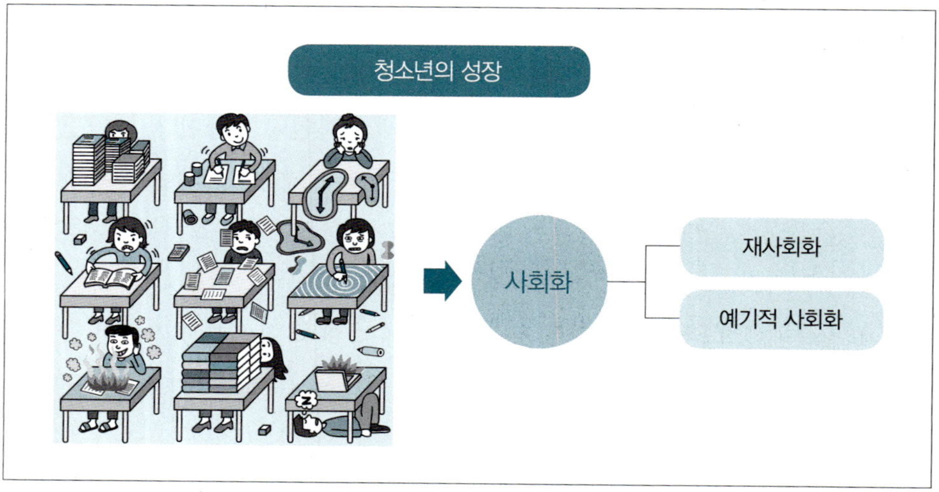

[그림 1-5] 청소년의 성장과 사회화

첫 번째는 재사회화이다. 사회적 구성원인 개인의 성장을 유도하고 개인의 사회적 소속감을 향상시킴으로써 사회를 존속시키는 기능을 하도록 하는 것이 사회화인데, 사회변동 시 변동되는 사회에 대한 적응 · 존속이 필요하므로 최초의 사회화 과정에서 배우지 못했던 것을 익히는 것이 재사회화이다. 청소년의 재사회화는 유아 및 아동기에서의 한정된 가정의 경험을 이루다가 학교, 또래집단 등의 사회적 기능을 경험하는 구조 속에 포함되면서 동료관계, 나와 타인의 차별성, 타인을 위해 협력과 배려를 경험해야만 하는 구조 등을 습득하고 배우면서 사회인으로 성장하게 되는 구조를 말한다.

두 번째의 예기적 사회화는 자신이 속하게 될 집단의 규범이나 행동양식을 미리 습득하는 것으로서 아직 다가오지 않았지만 다가올 미래의 사회적 능력을 위해서 대비하는 사회화를 말한다. 즉, 개인이 직면할 사회변동에 대비해야 하는 것으로서 미래에 성인으로서 준비해야 할 과업이 필수적인 바 이를 구현하기 위해서 학습을 하고 미래의 직업을 위해서 현재 갈고 닦아야 할 자신의 숨겨진 역량을 이끌어 내는 행위를 말한다.

이처럼 사회화라는 의미로 설명을 하면 청소년의 하위문화에 대해 어느 정도 타당하게 설명이 된다. 어느 문화적 요소 하나 할 것 없이 미래사회를 위해서 준비해야 할 자신의 역량을 표출하게 되고 해당 역량을 얻기 위해 조직과 집단 내에서 협력적 관계를 유지하게 만들어 주는 행동의 표현양식이 바로 사회화이자 하위문화인 것이다. 청소년의 하위문화는 그들이 만들어 가는 소중하고 다양한 표현양식이자 수단이다. 또한, 청소년의 문화에서 하위문화는 그 참가자들에게 가족, 직장, 가정 및 학교와 같은 사회기관이 부여한 것 이외의 다양한 정체성을 제공하는 형태를 포함한다.

3) 청소년문화의 편협적 시각 극복 필요성

(1) 청소년하위문화의 개념 인식변화

통상적으로 문화는 과거, 현재 그리고 미래가 공존하는 것이 바람직하다. 하지만 이러한 통념적 시각이 청소년과 청소년문화를 만나면 상당히 왜곡된다.

여기에는 문화에 대한 인식적 오류가 있음을 알아야 한다. 문화는 주어진 유산으로 판단함이 아니라 어느 집단이든 자신이 속한 사회적 관계 속에서 새로운 기능을 만들어 가려는 역사적 구성물(historical construction)이다. 모든 대상이 자신의 관계를 유지하고자 접촉이라는 과정, 그리고 차별화와 같은 구별짓기를 통해서 만들어지는 특수성을 고유화하는 데 있다.

그럼에도 문화는 사회적 불평등의 관계 속에서 만들어진다. 기존의 질서 속에서 그대로 순응하느냐 아니면 새로운 과정과 특성을 보유한 특징을 열거하게 되는가에 따라 분화가 이루어지면서 위계라는 자연스러운 과정을 거친다. 하지만 여기에서의 위계는 주종의 관계로 표명해서는 안 되며, 서열적 측면보다는 다른 차원의 의미이다. 그래서 이를 표현하는 방식에서 기존의 문화와 다른 모습으로 표면화되는 것으로 설명한다. 이는 기본적으로 문화가 만들어지는 과정을 갈등의 요소로 보며, 때로는 폭력과 투쟁 속에서 진화되고 발전한다고 믿기 때문이다.

여기에는 청소년문화를 다르게 바라보는 시각이 존재한다. 청소년문화를 하위문화로 보는 시각에는 동의하면서도 기성세대는 하위문화의 개념 자체에 대해 다른 생각을 가지고 있다. 청소년 자체가 미숙한 대상이고 미숙하기 때문에 그들이 만들어 낸 생성물조차도 미숙하다는 편견을 당연하게 규정하는 선에서 출발한다.

더 큰 문제는 이러한 시각의 오류를 청소년문화를 인정해야 할 청소년 분야에서도 이러한 구분을 매우 당연한 결과로 받아들이고 있다는 점이다. 말로서는 청소년의 문화적 다양성을 차별 없이 다양하게 수용해야 한다고 하지만 근본적으로는 그들이 표현하는 문화적 관계성을 보면 대부분 기존의 질서를 위협하고 질서에 순응하지 못하며, 차이를 당연시하는 대상적 관점에서 바라보고 있다.

청소년문화의 측면을 대증(對症)적 시각에서 명목화함으로써 청소년은 기성세대와 대립적 관계를 이루는 미성숙한 존재임과 동시에 어떠한 형식이든 다양한 제도적 틀을 도입하여 교육이라는 이름하에 규격화하고 형식화하는 범주로 포함시키는 것이 매우 타당하다고 여기는 관점을 통상적으로 수용해 오고 있다.

하지만 이에 대한 수용보다는 하위문화의 개념을 문화의 의미 속에서 독립적인 의미로 파악해야 한다. 문화는 수많은 대상이 만들어 내는 하위문화의 모임이 하나 되어 총체적 특성을 띤다. 집단이나 대상이 전체의 문화를 종합적으로 영향을 주기 어렵기 때문에 하위문화는 특성에 따라서 문화적 속성을 달리하게 된다. 따라서 하위문화는 위계적 개념이라기보다는 독립적이고 특성화된 문화라는 표현이 더 적당하다.

[그림 1-6]에서와 같이 문화를 이루는 구성요소에는 개별적이고 특성화된 하위문화가 모여서 종합성을 띤다. 문화에는 특정한 사회의 대상들이 자신에 맞는 삶을 살아가는 데 있어 가장 편리한 방법과 형식을 논하고 규격화라는 틀을 만들어 가는 존재론적 기회를 얻는 종합적인 마당이다. 자신들끼리의 가장 합리적인 방법에 의해서 사회 구성원 간에 공유하는 학습을 구체적으로 이해하여 사회적으로 전승 가능한 사물과 지식, 언어와 가치관, 규범 등을 일컫는 행위를 하게 되는 곳이기도 하다.

누구든지 문화라는 개연성을 통해서 자신만의 독특한 마당의 장에서 생활하는 것이 가장 편안함을 느끼게 된다는 점에서 어떤 문화의 형태든지 존중되고 공감을 받을 자격이 있다.

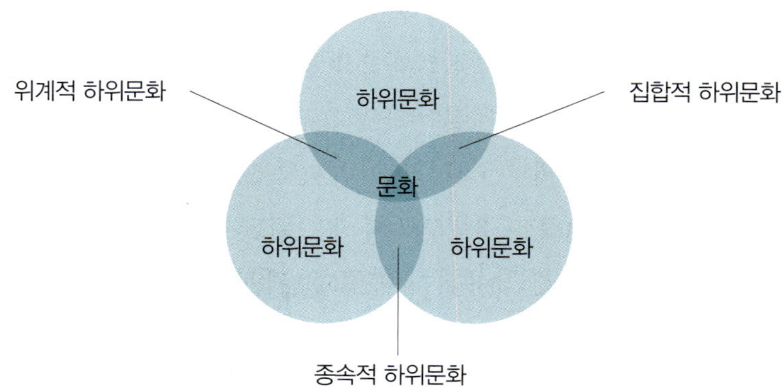

[그림 1-6] 하위문화 간 관계의 구성

청소년문화의 하위문화적 개념은 전체 문화의 구별짓기에 대한 영역의 차이로서 나타난 개념으로 이해되어야 한다. 문화의 구별짓기에서 많이 원용되는 의미로 부르디외의 아비투스를 들 수 있다.

부르디외(Bourdieu)는 사람들은 무의식적으로 사회에서 필요한 행동을 해야만 하는 과정을 답습하게 되고 이를 통해서 자신도 모르는 하나의 가치를 만들어 낸다고 하였다. 사람들이 무의식적으로 기존의 질서를 변형시키는 새로운 무엇인가를 확대재생산하는 경향이 있는데 이를 아비투스(Habitus)라고 명명하였다.

어떤 계층이든 사람이 그 집단에 속하면서 자신만의 집단소속감을 느끼게 만들어 내는 특징적인 요소가 내재하기 마련인데 이를 습관이라고 하였다. 습관은 무의식적으로 반복되는 행위이자 특징을 보여 주는 행위라고 할 수 있다[4]. 그런데 상

4) 특징적인 인종의 구성에서도 이러한 차이는 습관화되어 나타나는 경향이 있다. 특별한 장르의 음악적 소질을 가지도록 하는 문화적 양상은, 예를 들면 재즈나 록 등에서 특출한 모습으로 타인의 집단과 구분되는 경향을 나타내게 함으로써 이를 자연스럽게 습득하게 만드는 문화가 내재하게 된다. 또한, 해당 집단에서만 쓰는 언어, 즉 방언이나 사투리 등은 자신도 모르게 무의식적으로 타지방 사람을 구분하는 상징으로 자리 잡게 한다. 때로 이러한 구별짓기는 집단의 소속감을 높여 주는 상승작용을 하지만 경우에 따라서는 부정적인 모습으로 비추어지기도 한다.

황에 따라서 상층민, 하층민 또는 특정 집단은 무의식적인 행동의 차별성을 하게 되는데 이러한 차이가 집단을 위한 하나의 특이한 점으로 이해되어야 함에도 오히려 집단을 구분하는 차별성과 특징으로서 나눠는 모습으로 변질되는 경향이 간혹 나타나게 된다.

구별짓기는 집단의 소속감을 강화시켜 지적인 능력이나 영향력을 보여 주는 시도를 하기도 하지만 잘못 사용될 경우 우열을 표방하는 상징적 모습으로 나타나기도 한다. 이러한 구별짓기를 중시한 이유는 어떠한 집단이나 문화적 소양을 가진 사람들이 표현하는 문화에는 그들만의 집단적 소양이 나타남을 인정하고 그 안에 있는 창의성을 중요하게 생각해야 하기 때문이다. 그런데 현대에서는 이러한 구별짓기를 계층 간의 구분을 통한 차별화, 소속의 여유를 없애려는 상황으로 해석되는 모습으로 자주 표현된다.

이러한 문제는 결국 인간이 가지고 있는 집단적 광포함이나 문제요인의 해석적 기저를 만들어 낸다. 무엇보다 청소년문화에서는 이러한 구별짓기를 더욱 신랄하게 활용하는 경향이 두드러진다. 문화적 격차를 통해서 미숙하고 미성숙한 문화적 요소를 통해서 청소년의 자기주도적인 소양과 성향을 발전시키는 동력으로 삼고자 함을 이해하려는 것보다는 기성세대의 안정성을 기준으로 하되 이에 미치지 못하는 문화는 곧 부수적이거나 보조적 수단으로만 처리하고자 하는 경향을 보이게 되는 하나의 기준선으로 규정하려 한다.

청소년문화를 바라보는 시각에는 문화의 지배적 관점과 청소년문화의 이해를 보는 다소의 편견이 이미 존재하고 있다는 점에서 이의 인정을 하는 시각의 전환과 함께 편협된 고정관념으로부터 벗어나기 위한 기성세대의 혁신적 노력이 선행되어야 한다.

04 청소년문화의 담론화 재발견

청소년의 변화를 문화적 관점에서 이해해야 하는 이유는 바로 청소년기가 사회적 재구조화의 시기이기 때문이다. 이러한 관점에서 청소년의 행동, 인지 및 정서적 변화를 바라보는 것은 지금까지의 공통된 견해이다. 이러한 행위 자체는 청소년이 다른 세대와 달리 차별화된 성장을 이행하려는 전환기이기 때문이다.

청소년이 행동과 인지 및 정서적 불안정성을 토대로 발현하는 그들의 행동양식을 문화라는 이름을 빌려서 규정하기에는 다소 큰 제약이 있음은 분명하다. 통상적으로 문화는 한 세대를 거쳐 다음 세대로 전수되거나 문화양식의 표준이 될 수 있는 전문성과 다양성 등을 가지고 있어야 하지만 상황에 따라서는 그렇지 못하기 때문이다.

하지만 청소년의 문화가 소멸 수준에 머물러 있다고 하더라도, 또한 다음 세대로 전수되지 못하는 경향을 보인다고 하더라도 청소년문화가 없거나 존재 자체가 부정되어서는 안 될 것이다. 우리가 청소년의 문화에 대한 새로운 시각을 가져야 하는 가장 큰 이유는 청소년문화가 그들의 삶을 표현하려는 행동의 발로이자 성인으로 이행되어가는 과도기의 독특한 행동의 표현이라는 점에서 적어도 연속적인 시각으로 이해해 주어야 할 필요가 있기 때문이다.

보편적으로 말할 때 청소년의 부정적 행동은 위험행동을 수반한 경향을 보이기도 하지만, 부정적 행동이 반드시 나쁜 행동을 수반한다고 말하기는 어렵다. 그 이유는 청소년기의 행동이 긍정적이든 부정적이든 서로의 적응적인 행동으로 이어지는 과도기라는 점에서 때로는 긍정적 모습을 보이기도 하기 때문이다. 무엇보다 중요한 점은 청소년의 문화를 이해하기 위해서는 청소년에 대한 근본적 이해의 철학적 배경이 필요하다. 앞서서 청소년문화의 하위문화적 시각의 변화를 요청하였다. 우리가 하위문화의 위계적 관점으로 청소년문화를 인식하거나 받아들인다면 청소년문화의 독자성뿐만 아니라 청소년의 성장에 대한 근본적 변화의 시각을 수용하기가 매우 어렵다.

특별하게 우리는 청소년이 만들어 가는 새로운 문화에 대해서 상당히 왜곡된 시각으로 바라보는 경우가 두드러진다. 최근의 일련의 과정에서 사회변동을 주도하는 청소년의 문화수용행태를 보면서 적어도 청소년이 이러한 행동을 일삼는 이유가 무엇인가 그리고 놀라울 정도의 차별적인 모습을 발견하면서 이를 기성세대의 관점에서 상당히 다른 시각으로 바라보곤 한다.

그러면서 우리는 이를 마치 획일화된 양식으로 규정하고 이를 담론이라고 규정하기도 한다. 담론은 어느샌가 우리가 그것을 인식하지도 않은 사이에 사고에 고정화되어 의식적으로 작용하는 구조를 말한다. 담론으로 규정화된다는 것은 끊임없이 그래야만 하는 것으로 동의를 얻는 과정이며, 적어도 이외의 과정, 즉 담론에 포함되지 않는 과정은 이상 현상, 또는 수용하기 어려운 점으로 이해되는 과정을 말한다.

물론, 담론은 사회적으로 보편적인 인식을 수용하는 대부분의 사람이 만들어 가는 일종의 형식으로 자리 잡을 수 있다는 점에서 가치관이나 규범으로 고착화가 가능하다. 담론은 사회적 규범으로 구성됨으로써 대부분의 사람이 그럴 거라고 가정하게 하는 사회구조를 강제하게 하는 지각의 허구성을 만들 수 있다.

담론을 결정짓는 데 가장 많이 인용되는 푸코(Foucault)의 세대담론에 의하면 담론이 권력의 작동방식이자 근거이며, 권력 전략의 구성요소로서 담론은 권력을 전달하거나 생산하기도 하며, 권력을 강화시키는 동시에 권력의 토대를 흔들기도 하며, 권력이 작동하는 방식을 폭로하여 권력을 약화시켜 권력 작동을 방해할 수도 있다고 하였다. 즉, 담론은 세상이 어떻게 이해되고 어떠한 세상 안에서 사물이 만들어지는지 구체화하는 특정한 지식이자 규율이 형태로서 하나의 망상조직을 이루어 새로운 유형의 욕망을 생산하고 새로운 유형의 주체를 생산하는 억압적이면서도 생산적인 권력이다.

무엇보다 담론화를 규정한 푸코는 시대마다 지배적인 통념을 규정하는 서로 다른 인식층(episteme)이 존재한다고 하였다. 한 시대를 고정적으로 지배하는 팽배

된 인식층이 존재한다면 그 기저에 과학주의와 기능주의적 시각이 내재되어 있다는 점이다. 결국, 교육에 대한 담론과 과학 및 기능적 태도를 수반하려는 세부적 담론에 익숙해지면 다양한 현실을 수용하고 대상에 따른 차이를 이해하려는 측면을 수용하지 못하고 일정한 기준을 그대로 받아들이게 되는 획일성에 빠지게 된다. 그래서 고정화된 담론으로써 이해하는 기준과 이를 타인에게까지 받아들이게 하는 것은 매우 위험한 상식이 될 우려가 크다.

우리가 규정하는 청소년문화의 일반적 담론이란 하나의 양식으로 고착화됨이 아닌 새로운 가능성을 열어 주는 통로의 역할을 한다는 점이다. 그럼에도 불구하고 우리는 담론을 일상화된 형식의 범주로만 여기는 오류를 범하고 있다. 특히, 담론에 내재된 규범화는 통상적으로 크게 두 가지 측면을 담고 있다.

첫째, 외적 배제의 시각이다. 외적 배제는 사회적 금기, 참과 거짓의 구별, 광기와 이성의 구별이라는 관점에서 차별화를 이루면서 사회적으로 용인되기 어려운 시각은 배제하려는 관점이다. 무엇보다 외형적으로 드러난 행동의 부정성에서 문제가 있다고 여기면 이는 일반화, 보편화라는 관점으로 포장하여 수용하지 않으려는 모습을 보이게 된다.

둘째, 내적 배제의 시각이다. 담론이 위험한 것은 일부의 전문가나 특정 사람이 말하는 사고나 관점으로 편입되는 모습에 익숙해지기 때문이다. 특히, 평론, 저자, 학문 분과, 말하는 주체의 희소성을 포함한 행동은 담론이라는 이름으로 포장되어 쉽게 이용되는 경향을 보인다.

그런데 이러한 청소년문화를 담론적 시각으로 규정하는 시각에는 청소년이 과연 이러한 문화를 만들 수 있는 능력이 존재하였는가와 이러한 문화적 차별성을 만든 그들의 능력이 새삼 놀랍다는 시각이 저변에 깔려 있다.

그래서 담론이라는 이름으로 청소년의 문화를 규정할 때 매우 편협된 사고력을 표현하는 데에는 다음과 같은 시각이 익숙해지고 있다.

① 낙인찍기로서의 청소년문화담론 회피: 세대 간의 유사성을 억압하고 대립의 개념을 강화시키는 기능적 통일성을 말한다. 특정 권력주체가 특정 대상을 타자화(他者化)하여 정체성을 부각시키기보다는 편견에 기반한 가치평가를 내릴 우려가 커진다. 낙인찍기는 상호 불신 및 분열의 골을 심화시키고 차별을 이루는 편협성의 정당화로써 집단의 성향을 나누어 버리는 점을 정당화하는 이데올로기로 작용할 수 있다.

② 선택과 배제로서의 청소년문화담론 탈피: 세대의 편 가르기와 배제의 기각은 '사회 내에서 배제와 선택의 의미작용으로서 담론 투쟁'이 쉽게 일어난다. 담론은 세대의 편 가르기 결과로 고착화될 수 있다는 점에서 이제는 벗어나야 한다.

③ 공간 중심 청소년문화대책 편협된 시각적 담론 탈피: 공간 중심의 대책은 한 극단에서 다른 극단으로 나아갈 때 흔히 일어나는 현실의 문제를 쉽게 은폐할 수 있다. 그래서 청소년에게 문화는 단순히 일정한 공간, 시설, 프로그램을 제공하면 된다는 식의 접근이 주류를 이룬다. 이러한 담론은 시혜적 사고를 규정하려는 관점이므로 적절하지 않다.

④ 청소년 세대론적 담론규정의 탈피: 세대론은 특정 명목으로 대상을 규정지음으로써 그에 포함되지 않는 것들을 배제하는 의미이다. 청소년 계층을 특정 집단의 문화적 소양이나 관점으로 의식적으로 축소시킬 위험성을 내포하고 있다. 결국, 청소년이 직면하는 어려움은 개인의 능력이나 노력에 의한 것이기보다 사회구조적 문제에 가깝다는 점을 의식적으로 표출시킬 수 있는 편이성이 존재하게 된다.

하지만 이러한 시각으로 청소년의 문화적 이해를 통찰할 수 있다고 단정하는 것은 매우 한정된 사고력을 가진 시각이므로 변화가 필요하다. 따라서 청소년의 문화적 이해를 수반하기 위해서는 적어도 담론으로 규정하고 있는 시각의 변화가 다음과 같이 요청된다.

1) 발달심리적 관점에서 새로운 청소년문화담론 구축

청소년기는 전 생애와 비교하여 고유한 발달특성을 가지고 있다는 사실이 전제된다. 대부분의 사람은 담론화 과정에서 가장 중요한 청소년기의 차별성에 대한 이해가 얼마나 중요한지를 고려하지 않은 채 쉽게 표현한다. 청소년기의 발달적 특성을 이해함은 청소년의 문화 역시 과도기의 문화적 특성으로서 발달과정에서 진행되는 연속적 변화를 수반한다는 점으로 받아들일 수 있다. 하지만 대부분의 사람은 주류문화 속의 미숙한 문화에 대한 사고력이 집중되어 있다. 청소년문화에 대해서는 스스로가 관대해질 필요가 있으나 그러지 못하다. 이에 대한 자각이 필요하다는 점이다. 결과적으로 청소년의 이해는 누가 이해해 주어야 함이 아닌 청소년이 행하는 행태의 가능성과 관대함의 균형추를 살리는 노력이 필요하다는 의미로 받아들여져야 한다.

우선적으로 발달의 관점을 이해한다는 것은 단순히 성장의 연속적 과정으로만 이해함이 아니라 그 시기에 무엇을 채워야 하는지에 대한 근본적 차이를 이해해야 한다. 그러기 위해서는 발달의 속성에서 명시하고 있는 차이점을 다양한 각도로 파악해 보려는 시각이 선행되어야 한다. 즉, 담론화에서 규정하는 차이의 명시적 이해는 곧 청소년이라는 대상에게 느끼는 뭔가 부족하지만, 그 부족함을 채워 나가려는 그들의 몸부림이 있다는 것으로 이해되어야 하고 이를 수용한다면 발달과정에서 나타나는 인간 본연의 차별성은 그다지 큰 문제가 되지 않음을 알 수 있다.

그렇다면 발달적 관점에 따른 청소년의 문화적 차별성을 이해하기 위해서는 청소년의 발달이라는 차이가 주는 개별적 특성을 고려해야만 담론으로서의 가치를 지닐 수 있다. 이처럼 청소년의 문화적 차이를 수용하기 위한 전제조건으로 청소년의 발달적 관점에서 바라본다는 점은 청소년의 행동적 범위를 재해석하여 새로운 환경에 적응하려는 행태로서 바라보는 것이다. 결국, 청소년이라는 대상이 발달의 한 과정에서 생각을 표출하는 노력은 치열한 삶의 새로운 목표추구과정이라는 새로운 인식전환이 필요하다.

오늘날 대부분의 사람이 청소년의 문화적 양식을 규정함에 있어서 그들의 변화나 발달의 영속적 태도는 도외시한 채 제도적 범주화만 답습시키려는 경향이 있다. 하지만 청소년은 그러한 요구에 대해서 과거보다 부정적인 태도를 나타내고 있고, 다른 시각으로서의 사고에 대한 혁신을 스스로 요청받고 있다. 그러므로 단지 표면적인 모습으로 발달의 영속적 과정을 지닌 대상이라는 점을 당연시하는 것은 오류가 발생할 가능성이 크다.

2) 사회적 관점에서 청소년문화담론 구축

그동안 청소년의 문화를 사회적 관점에서 바라본 시각은 주로 전체적 사회구조를 통치하고 균형을 유지하는 차원에서 동질적 요소로 자리 잡을 수 있는 대상인가에 초점이 맞추어져 있었다.

청소년이 사회화한다는 것은 기존의 사회질서를 동일시하여 규범적이고 전통적인 방법을 답습해야 하는 굴레에 포함됨을 의미하는 것은 아니다. 오히려 더 창의적 방법으로 생각을 표출시키는 가능성이 열려짐을 의미한다.

그럼에도 불구하고 기성세대는 대부분 이러한 혁신성에 대해서 자신의 잣대로 생각을 규제하기에 바쁘다. 특히, 청소년의 문화적 행태를 사회적 관점에서 바라본 논의 초점은 청소년이 만들어 놓은 행위의 결과에 대한 평가가 대부분이다.

언어파괴적 행동이나 습성, 의복과 행동거지의 대부분은 기성세대가 바라보는 사회질서와 격리된 모습이라고 폄하하거나 주어진 문화의 총체 속에서 포용적이고 더불어 지내는 행태로 이해하기 어려운 모습으로 규정해 버리고 만다. 즉, 문화적 영속성을 단절이라는 시각으로 바라보고 있는 것이다. 하지만 청소년은 집단적 행태를 보이는 노력과 모습 자체만 해도 분리와 단절의 개념이 아닌 상호의존적이라고 당당히 선언한다.

본질적으로 보면 문화는 어느 세대나 특징을 막론하고 단절보다는 상호의존적이라고 말한다. 구분되거나 나뉘는 것이 아님에도 불구하고 의도적으로 구분해 버리는 오류를 자주 발견하게 된다. 특히, 오늘날과 같이 매스 미디어나 특정의 집단 중심 정보의 권력이 강조되는 경우에는 특정의 정보로 집단을 규격화하거나 제도적 틀로 가두는 일에 능숙하게 표현되는 일이 다반사다. 결국, 청소년은 가두어지는 문화적 차별성에 큰 피해자로 전락해 버리고 있음에도 더 이상 자신의 의견을 적극 표현하지 못하고 있다.

하지만 한 문화체계의 모든 요소는 서로 조화를 이루며 동질적 보존을 목적으로 하는 균형성과 기능적 연관성을 지니고 있다. 사회적으로 만들어진 규격화된 모습을 거부하는 현상으로만 청소년의 문화행동을 연구하고 결정하는 시각으로는 그들의 문화를 새로운 시각을 통해 담론으로 결정하기는 불가능하다. 그래서 청소년의 사회화과정에서 부각되는 결과와 현상을 담론의 중핵으로 보는 현재의 시각에서 획기적으로 전환하려는 사고의 혁신이 필수적이다.

3) 역량개발적 관점에서 청소년문화담론 구축

청소년이 문화를 만들어 가는 과정을 그들만의 특성을 표현하는 것으로만 규정해서는 큰 오산이다. 문화는 청소년 개인의 구체적인 행동과 각 문화의 고유성을 전달하려는 문화적 차용의 과정이다. 청소년이 문화행동을 함은 문화를 통해서 외형적 모습을 수용하고 내면의 과정으로 전환하려는 자발적 노력이다.

청소년은 문화를 통해서 자신의 문화패턴을 인식하고 규격화하는 문화의 호(arc)를 만들게 된다. 동일시되는 집단을 통해서 외형, 모양새, 모델 등을 패턴화하게 되는데 이러한 패턴은 동일시나 일관화의 총체를 의미한다. 그러다 보니 청소년에게 주어지는 지배가치에 대해서는 큰 부담을 느낄 수밖에 없다. 과거와 달리 주어진 교육과정과 행태 속에서 받아들였던 수직적 교육행태가 당연시되었던 시대에 비해서 이제는 자신의 삶에 대한 긍정적 태도를 표현해야 하는 새로운 가치의식을 중시하다 보니 대상보다는 무의식적인 도식화를 이룰 수 있는 능력의 여부가 더 중요시된다. 곧 그들 스스로 미래에 설 자리를 만들고 미래를 보장하는 수준을 넘어서 어떻게 하면 행복한 삶의 구현을 위한 자구적 행태가 가능한지에 대한 노력을 하게 된다. 이 과정에서 틀에 박힌 교육과 형식은 매력이 없음을 절감하게 되는데, 이를 마치 질서를 벗어나려는 행동으로 억압해서는 안 된다. 오히려 긍정적인 태도로서 미래지향적 역량을 받아들이려는 자발적 행동의 원천으로 이해하는 것이 더 청소년의 문화를 새로운 담론으로 이해하는 데 필수적인 태도이다.

통상적으로 문화를 규정하는 데에는 기본적인 전제가 인성이라는 의미가 내재되어 있다. 적어도 어느 정도의 교육을 받은 청소년은 행동이나 태도, 사고의 관념성 등에서 일정한 수준까지는 이러한 모습을 보여야 한다는 지극히 성인 중심적인 태도가 확립되어 있다. 물론, 인성은 속해 있는 집단이나 사회를 유지하고자 문화를 통해서 결정된다. 그런데 그렇다 하더라도 집단 구성원이 공유하는 인성과 행동양식이 마치 문화의 모든 틀을 규정하는 인식으로 성인이 받아들인다면 이는 청소년에게는 너무도 숨 막히는 행위임이 분명하다. 인성이 중심이 되고 내면의 몸부림을 인정하지 않으려는 행태를 당연하게 여기면 모든 청소년은 학교라는 공간에서 주어진 학습 내용을 반복해야 하며, 그러한 결과를 성실히 이행하는 청소년만이 성인이 보기에 바람직하고 아름다운 청소년이자 문화적 생산자이다.

하지만 이제는 이러한 관념으로는 청소년의 문화를 규정하거나 이해하는 시각은 수용되기 어렵다. 적어도 사회적 시각에서 청소년문화의 담론을 결정한다는 점은 그들이 표현하는 외형적 모습으로 결정짓는 어리석음에서 벗어나야 한다는 의미이다.

4) 청소년의 특성에 대한 객관적 시각 이해와 담론의 변화

청소년은 근본적으로 성인으로 성장하려는 연속과 불연속의 혼합체이다. 그렇기 때문에 청소년의 문화적 태도를 분석하고자 할 때는 공간보다는 시간의 연속선상에서 찾아야 한다. 청소년문화는 성인과 동떨어진 문화라는 시각이 아니라 문화 간 서로의 연계가 이루어진 잡종화(metissage) 현상이 있음을 이해해야 한다. 잡종화는 에듀아르도 글리센트(Edouard Glissant)가 제시한 의미로서 퓨전(fusion)이라고도 하는데 결과가 더 확장되고 예측 불가능한 것의 잡종을 만들어 내는 개념으로 설명하고 있다. 퓨전의 모습은 사회 전반에 다양하게 걸쳐 있다. 서구문화와 동양문화, 형식문화와 비형식문화, 토속신앙과 비토속신앙 등 상당히 많은 차이로 다양성이 발견된다. 어떤 것은 문화생성에 도움이 되기도 하며, 어떤 것은 문화소멸을 이끄는 주체가 되기도 한다. 인종의 다양성을 혼합하기도 하고 신앙이나 교육, 심상, 미디어 등 수많은 모습으로 포괄되어 일컬어지기도 한다. 그런데 이러한 잡종화는 청소년이 주체적인 문화로서 독자성을 만들어 내기 위한 과정에서 일종의 모방과 융합의 재발견을 위한 시도라고 할 수 있다. 이러한 행동은 청소년이 문화적 잡종화를 통해서 단순한 표현양식이 아니라 집단의 규범을 만들어 가기 위한 행동의 표현으로서 소속감, 일상생활의 의식화, 계층화, 소통화 등을 통해서 청소년만의 정체성을 발현해 내려는 행동주의적 태도이다. 왜냐하면, 정체성은 청소년에게는 매우 중요한 화두인데 모든 대상이 정체성적 동일시의 힘이 있는 것은 아니기에 유사한 특성을 가진 집단적 모습으로 쏠림 현상을 크게 갖는 청소년이야말로 정체성을 표현하여 문화적 혼용을 강화하려는 시도에 앞장서기 때문이다. 즉, 문화담론에서 반드시 이해되어야 할 부분은 바로 청소년의 특성이자 그들이 행동을 하려는 결과 중심적 모습이다.

청소년기의 사회심리적 관점이나 행동주의적 관점을 재구성한 문화담론을 재편성하고 재구성하여 기존에 우리가 본질로 파악해 왔던 사회문화적 장면에서 인간의 행동을 과학적으로 연구하였다는 고정적 시각의 변화를 꾀해야 한다.

청소년의 문화담론 중 가장 중요하게 여겨야 할 것은 사회와 청소년 개인 간의 상호작용을 규명하는 점에서부터 출발해야 한다는 것이다.

청소년이 사회적 환경 속에서 직간접으로 타인과 관계를 맺고 살아가면서 삶의 기준에 어떠한 적응을 하는가에 대한 영향을 규명하는 것이 청소년문화의 출발점이 되어야 하며, 문화, 규범, 제도의 규제와 탈피라는 고정적이고 형식적인 부분에서 벗어날 수만 있다면 청소년문화는 청소년기를 넘어서 사회를 주도적으로 이끄는 역량 있는 청소년이자 인적 자원으로 성장하는 디딤돌이 될 수 있으며, 바로 그러한 성장을 이끌어 주는 동력으로 청소년문화가 활용될 수 있다.

청소년문화담론의 재편성은 청소년과 청소년, 청소년과 사회제도 속에서의 상호교환하는 삶의 방식과 상호작용, 즉 환경 속의 나, 사회적 인간에 대한 과학적 해명이자 청소년의 동조, 대인유대, 인과적 속성, 이타적 행동, 태도와 행동에 대한 주요 관심을 청소년 중심으로 전환할 수 있다는 가능성에서 출발한다.

여기에서 더 나아가 청소년과 청소년문화를 둘러싸고 있는 환경의 문제를 거론함으로써 청소년이 자신만의 고유한 문화를 형성하면서 사회화되는 과정이나 반사회화과정을 거치는 문제에 동시에 주목하게 되어 적어도 청소년이 만들어 가는 문화를 균형감각으로 유도하는 점과 기성세대가 상생의 문화도출 기회를 만들어 가야 한다.

그래서 청소년문화의 새로운 담론화는 청소년이 사회적 관계 속에서 자아에 대한 논의가 주가 되는 것으로서 내면의 실체적 자아가 아닌 타자와의 관계에 역점을 두면서 자아개념을 수용한다. 사회심리적 관점에서의 청소년은 의사소통의 존재라는 점을 중시하면서 소통의 구조 속에서 자신의 사회문화적 행위를 이끌어가는 대상으로서 얼마나 자리매김을 잘하는지가 향후 청소년문화의 새로운 방향성이 되어야 한다.

C · H · A · P · T · E · R 02

청소년문화의 특징과 성향의 이해

01 청소년기와 문화의 중요성

청소년을 이해해야 한다는 시각은 수없이 많다. 이를 문화적 특성과 연계한다면 적어도 청소년이라는 존재의 다양성에 대한 인식으로부터 출발해야 한다.

최근 청소년기에 왜 이러한 행동을 해야 하는지 그리고 할 수밖에 없는지를 설명하는 시도가 많아지고 있다. 이러한 차원의 접근은 청소년의 문제행위를 현상학적으로만 바라보는 시각에서 벗어나 왜 그들이 이러한 행위를 할 수밖에 없었으며, 그 행위를 지원하기 위한 구체적 접근이 어떠해야 하는가의 시각의 전환점에서 필수적이다.

1) 청소년의 행동주의적 속성

통상적으로 바라보는 청소년의 특징은 에너지와 성장의 결집체이다. 청소년기는 인간의 성장과 발달과정에서 가장 큰 외형적 변화를 이루는 시기로 세포의 분열과 성장의 확산이 놀라울 정도로 이루어진다. 신체 성장이 최고조에 달하며, 급격한 변화가 이루어지는 만큼 자신도 모르는 사이에 행동의 폭이 커진다.

청소년기의 신체발달은 외모를 중심으로 신체의 변화에만 그치는 것이 아니라 자아개념 등 인지와 정서적 변화를 이루는 내면의 속성에도 큰 영향을 주는데 이전과 다른 신체적 경험과 차별적 상황에 직면하게 되고 발달의 개인차는 타인과의 비교를 통한 정상과 비정상을 스스로 판단하게 되어 많은 고민을 하게 한다.

신체의 변화를 이루는 내적 변화는 호르몬의 급격한 분출을 들 수 있다. 10대로 지칭되는 청소년의 행동을 보면 정상적이지 못하다는 판단을 하게 될 때가 많다. 주어진 틀을 거부하고 형식적인 범주 속에서 생활하는 것 자체에 어긋나는 것을 마치 청소년기의 주어진 행동양식이자 특권으로 여기는 경향이 있다.

통상적으로 청소년의 사회적 행동양식은 청소년기의 발달양식으로 설명되어 왔다. 유아 및 아동의 행동특성과 다른 양상을 보일 수밖에 없는 신체적 변화나 가족관계 구조의 변화는 곧 또래집단의 구성에 초점을 맞추는 새로운 집단성을 보이게 된다.

청소년의 행동적 특성을 이해한다는 것은 그들이 어떠한 모습으로 변화해야 하는가에 대한 가능성을 열어 두는 것과 같다. 사실 청소년이 보여 주는 각종 행동은 사회적 규범에 순응하는 경우도 있으며, 그렇지 않은 경우도 존재한다. 예를 들면, 사회적 규범과 질서에 순응하는 행동으로 각종 봉사활동, 자기계발활동, 문화체험, 동아리활동 등 사회적 공동체 양식에 근거한 준거집단(reference group)의 형성에 도움이 되는 행동양식으로 나타나는 모습을 보이는 경우가 있다. 반면, 사회적 질서양식과 반대되는 행동을 표명하면서 일반적 발달경로(developmental trajectory)와 다른 경향을 나타내는 모습을 보이기도 한다. 이러한 행동을 보이는 그 자체만으로도 우리는 이들을 문제행동 또는 위험행동의 대상으로 간주해 버린다.

물론, 위험행동을 하는 이들의 모습은 다른 행동으로 전이되는 행위를 예측 가능하게 한다. 예를 들면, 성적 행동이나 폭력적 행동은 음주 및 흡연 등과 밀접한 개연성을 가지고 있으며, 그렇지 않은 다른 청소년에 비해 무분별한 행동을 할 가능성이 큰 것은 사실이다. 하지만 청소년의 문제행동 역시 정상적 발달과정의 한 맥락으로 볼 수 있다는 견해가 있으며, 성인으로 성장하는 이행기 과정에 놓여 있다고 본다면 이들의 문제행동을 무조건 비하하거나 사회적으로 격리되어야 할 행동으로 폄하해서는 안 된다.

사실 청소년이 만드는 각종 문화 형태는 그들의 생각과 하고자 하는 열망을 담은 결과물이다. 오히려 문제행동이라고 비판받는 행위조차도 역설적으로는 청소년 시기이기 때문에 가능한 행동인 것이다. 예를 들면, 청소년비행의 척도로 지칭되는 음주, 흡연과 같은 관문약물(gate drugs)조차도 청소년기라는 특성이기에 행동으로 표출되는 경향이 있다. 상당수 청소년은 청소년기 이후에 오히려 음주나 흡연의 비정상성을 떠올리며, 당시의 행동에 대해 '아이 같음'이라는 표현을 제시하는 경향도 있다.

따라서 적어도 청소년의 행동적 관점에서 이들이 표현하는 여러 양식이나 행위는 청소년기에 반드시 거쳐 가는 행위적 시각으로 볼 수 있는 힘을 길러야 하며, 적어도 청소년의 문제행동으로 규격화하거나 단정하는 문제의 우(遇)를 범해서는 안 될 것이다.

청소년의 행동반경은 기껏해야 가정, 학교 또는 지역사회에서 떠돌이 상태에 머물러 있는 문화창조적 특성을 보인다는 점에서 작은 행동반경만큼 문화개발의 역량이 낮을 수밖에 없다. 경제적 자유성이 낮은 상태에서 독립적 행태를 근간으로 하는 문화를 유발하려는 시도는 곧 행동과 생각의 자유를 속박하게 되는 여건에 처할 가능성이 커지기 때문에 어른에 비해 행동반경이 상대적으로 낮은 수준에서 머물게 된다. 청소년의 문화적 행태가 파괴력과 조직력, 결속력, 집행력 등이 낮을 수밖에 없는 한계가 있음을 지각하고 이해해야 한다.

2) 청소년의 인지 · 정서적 변화 속성

청소년의 비정상적 행동으로 규정된 모습은 심리적 · 정서적 불안정성의 관점에서 열거하였다. 정신분석학적 관점이나 사회심리적 측면에서 청소년의 행동을 설명하였지만, 최근의 뇌공학적 관점에서 청소년의 비정상적 행동의 원인이 많이 밝혀지고 있다. 청소년기의 두뇌발달은 계속 성장을 이루어가는 과정에 있으므로 전두엽의 미성숙은 여전히 사고력, 판단력, 기억력 등에서 한계를 보인다. 하지만 무엇보다 청소년기의 특성을 설명하는 데에는 급속하게 확장되었던 신경세포가 점차 안정화 경향을 보이며, 필요 없는 신경이나 사용 빈도가 낮은 부분은 제거되고 자주 사용되는 신경계는 강화되는 선택과 집중의 시기를 겪게 된다는 점이다. 자신도 모르게 의미 있고 가치 있는 것으로 받아들이는 정보는 인지 · 정서적 특성을 강화하는 유복한 시기로 성장하게 되며, 곧 성인기에 적절한 판단력을 이행할 준비를 거친다는 점이다.

청소년기의 기본적 전제는 발달적 성숙의 과정을 거치는 대상이라는 점이다. 여기서 말하는 성숙이란 성인처럼 이성적인 행동을 적절하게 하는 행동을 말하기보다는 그러한 과정으로 나아가려는 이상적 과정을 말한다. 그렇기 때문에 발달의 여러 과정에서 불균형을 보이는 것은 지극히 당연한 과정이며, 그것 자체 때문에 부정적 행동을 할 가능성이 크고 인지적 특성에 대한 불균형은 도덕적인 발달의 영역에서 모호한 특성을 나타낼 가능성이 크다.

무엇보다 청소년기가 된다는 것은 이전에 가졌던 수많은 정보의 해석능력이 급증하면서 자신에게 주어진 정보를 받아들이는 역량이 극단적으로 확장된다는 것이다. 어릴 때 받아들였던 주변의 정보가 동일한 상태에서 큰 변화가 없더라도 청소년기가 되면 이러한 정보에 반응하는 형태의 자극이 급속하게 늘어나게 된다. 정보를 선택적으로 수용하던 상황에서 벗어나 호기심과 같이 만들어진 정보에 대해서 무조건적인 반응을 하게 되는 상황으로 전이가 이루어진다. 그 과정에서 문제에 대한 정보를 파악하여 감정을 알아내고 관련 분야에 대한 해결책을 찾으려는 대안적 행동을 하게 된다. 그러면서 이전에 느끼지 못하였던 새로운 해결과 대안의 선택을 하게 되는데 안타깝게도 아직은 이러한 대안의 해결을 합리적으로 선택하는 데 일시적 장애를 가지고 있다.

그래서 자신이 경험하고 필요하다고 받아들이는 정보, 즉 주변의 신뢰하는 대상으로부터 받아들이는 정보가 가장 최적인 정보라고 믿게 된다. 이러한 상태가 또래나 친구의 관계에서 특정인이라면 더욱더 제한된 정보로서 기능을 하게 된다. 그런데 청소년기는 안타깝게도 다른 시기에 비해서 급격한 인지·정서적 조절력에 큰 어려움을 겪는다. 아예 근본적인 문제행동으로 이어질 우려가 상시적으로 배여 있음이다.

여기에 한 사회로부터 부여하는 정서조절력을 해치는 사안이 많아진다면 그들의 행동이 자연스러운 행동으로 이어지기는 어렵다. 청소년기는 우울, 불안, 절망감 등과 같은 스트레스 요인이 급증하는 시기라는 데 이론의 여지는 없다. 안타깝게도 청소년기는 건강한 삶을 영위하여 성공적인 사회인으로 성장하려는 인지와 정서조절능력이 아직은 미흡하다는 점에서 불안감이 존재한다. 그래서 스트레스는 높아지고 적응적이지 못한 조절력을 다른 행동을 통해서 적절히 통제하고 수정하여 자신 스스로가 내재화 또는 외현적으로 형상화하려는 모습이 자연스럽게 나타나게 된다.

우울과 불안 등 심각한 스트레스로 인한 정서조절력의 실패는 생리적 변화를 급격하게 초래하여 극한적 행동을 되풀이하는 모습을 보이거나 자신도 모르는 충동적 행동에 빠지는 것이 당연한 모습으로 나타난다. 누구나 갖고 있는 불쾌한 정서적 조절 미흡을 벗어나려는 행동을 다른 성인이나 전혀 성향이 다른 사람들과 행동을 맞춘다는 것은 쉽지 않은 일이다. 더욱이 청소년과 같이 동일시의 대상이 또래집단에 머물러 있는 경우에는 더욱더 자신과 유사한 집단의 소속을 통해 인지와 정서적 조절력을 키우려는 행동이 자연스럽게 나타날 수밖에 없다.

결과적으로 청소년의 성장과 발달의 의미는 단조로운 생활방식에서 복잡하고 다면적 특성으로 전환되어가는 과정이라는 점에서 사고가 안정되지 못한 특성이 자연스럽게 나타난다.

02 청소년문화의 특성

청소년문화를 바라보는 시각에서는 청소년의 표현과 상징의 관계를 적절히 이해해야 한다. 청소년이 문화를 만들거나 문화적 행태를 하는 것은 그들만의 차별화된 상징을 표현하는 것이기 때문이다.

상징은 무의식적 배경에 대한 어떤 단서를 제공해 주는 의식의 내용이다. 그래서 프로이트는 무의식적 본능에 숨어 있는 어떤 억압을 상징으로 보여 주는데 이를 기억, 꿈, 상징적 모습 등으로 현재화하여 내면의 문제가 어디서부터 유발되었으며, 누적된 결과를 어떻게 해소해야 하는지를 잘 보여 주었다. 따라서 상징이라는 것은 자신도 모르는 사이에 무엇인가를 하고자 하는 기억을 표현해 주는 매우 효과적인 방법이다. 청소년이 만들어 가는 문화적 상징에 어떠한 내재화된 의미가 있는지를 파악하는 것은 청소년문화의 본질을 이해하는 필수불가결한 조건이다.

청소년이 좋아하는 문화에는 자신이 추구하는 목적, 삼고자 하는 가치, 대상화의 형상을 추구하는 것과 동일시하려는 목적, 계급과 지위의 조절 등 수많은 형식으로 구조화하려는 노력이 담겨 있다. 따라서 상징을 통한 청소년문화가 주는 내면의 가치를 이해하는 시도가 매우 중요하다.

1) 청소년의 문화접촉은 상징화의 표현

청소년이 문화라는 수단에 접촉하는 순간 새로운 경험의 기회를 만들어 가게 된다. 접촉의 효과성을 보면 단순히 청소년이 문화를 만드는 수단에 그치지 않고 상당한 의미를 부여하게 됨을 알 수 있다.

(1) 느슨한 연계와 조직화 이행으로서의 상징

청소년은 문화연대를 통해서 집단적 조직화를 이룬다. 조직화는 인간이 꿈꾸는 계급과 서열화를 이루는 최종의 목표로서 계급화가 이루어지는 순간 권력화를 구성하는 핵심요소가 된다.

통상적으로 성인은 공공 및 민간의 조직적 구조에서 벗어나 생활하는 것이 불가능할 정도로 조직의 계급 구조에 익숙해져 있다. 물론, 청소년도 이러한 과정을 향해 나아가고 있기는 하지만 계급과 조직 구조가 상대적으로 느슨한 연대를 이루고 있다. 계급화에 대한 변화를 추구해 가고 있기는 하지만 위계적 구성이 상대적으로 미약하다. 그렇기 때문에 청소년은 상대적 결속력이 약한 모습에서 여러 가지 실험을 이행해 나가게 된다. 누구든 조직 속에서 집단을 이끌 가능성이 큰 사람이 될 수 있다는 기대감도 존재하며, 다른 한편으로는 자신이 선망하는 고귀한 사람을 추종하게 됨으로써 조직구성원으로서의 소통이라는 방식을 선호한다.

(2) 표현의 다양화 기회로서의 상징

청소년은 구조적인 억압을 경험하며, 이를 벗어나려는 상시적 기회를 엿본다. 억눌린 욕구를 외현하기 위한 기회를 만끽하는 통로로써 문화를 이용하기 좋아하게 되는 경우도 있다. 청소년은 일상으로부터의 일탈을 꿈꾸는 경향이 강하다. 공식적이든 비공식적이든 학교라는 제한된 틀을 벗어나려는 잠재적 욕구를 항상 가지고 있다. 하지만 실제 현실에서 이를 구현하기는 쉽지 않기 때문에 상상으로 일탈을 꿈꾸는 경우가 많다. 그러므로 현실을 벗어난 일탈을 이행하려는 도구나 환경의 다양성은 청소년의 문화상징성을 표현하는 최적의 도구가 된다.

사이버 공간처럼 청소년의 억압을 통로화하지 않는 공간의 구성, 다시 말해 청소년이 현실적 규범으로부터 벗어날 수 있는 통로는 물리적 구성요소, 즉 학교, 교사, 부모, 성인, 조직, 기타 기득권세력이라고 할 수 있는 대상으로부터 제약을 받지 않아도 된다는 점에서 청소년에게는 절대적인 상징이자 다양성을 표출시킬 수 있으며, 최선의 만족감을 주는 의사소통의 장이 된다.

의사소통 행위란 상황에 대한 해석적 합의를 통해서 이루어지고 조정되는 상호작용의 마당이다. 따라서 청소년의 의사소통은 자신과 동일한 사고를 가진 집단

구성원과 정당한 합의를 제시하고 있다는 증명의 과정이라고 할 수 있다.

청소년의 문화적 관점에서 의사소통 행위는 목적달성의 유효성(목적합리적 행위)보다는 의사소통적 행위(대화를 통한 상호이해와 인격적 관계의 구현)에 더 초점을 두고 있다. 따라서 청소년 관점에서 이루어지는 의사소통은 성취나 도구적 목적이기보다는 합리적 사고표현에 더 중요한 관점을 두고 있음과 같다. 이는 청소년문화의 특이성으로 설명된다.

문화에는 인격의 장이 존재하며, '인격'은 한 주체로 하여금 언어능력과 행위능력을 갖출 수 있게 해 주며, 이해과정에 참여할 수 있도록 해 주고 거기서 자신의 정체성을 주장할 수 있는 중요한 매개체임을 고려한다면 적어도 청소년문화의 다양함은 반드시 고려되어야 할 핵심요소임을 알 수 있다.

(3) 자기만족감 표현으로서의 상징

청소년은 다른 어떠한 대상보다 자신을 표현해 보고 싶은 엄청난 욕망의 대상이다. 청소년기의 대표적 상징인 개인적 우화나 상상적 청중은 자신을 남에게 드러내 보이고 싶은 욕망의 도구이자 표현이다. 남이 나를 보고 있다는 것, 그리고 남의 앞에서 우뚝 서 있다는 그 자체만으로도 청소년은 가슴속 뭉클한 성장감을 느끼게 된다. 청소년은 누구나 꿈을 꾼다. 그 꿈속에서 자신이 원하는 모든 것을 실현하고자 하는 이상향을 추구하고 그 과정은 여러 가지 형태로 나타나게 된다. 외모나 신체적 특징으로 발현되거나 성격 및 사회적 특성, 정서, 감각 등 유·무형의 본질적 차이에 의하여 다른 점을 청소년 스스로가 의미를 부여하고 내재화시킨다.

결국, 옷, 외모, 성격 등 유형화된 것으로 형식화함으로써 자신의 내면과 본질에 집중하여 특징을 연상시키게 하는 점으로 이어지는 것을 〈표 2-1〉에서와 같이 확인해 볼 수 있다.

〈표 2-1〉 청소년의 색채에 대한 상징성과 자아연상의 관계

구분	색채와 자아상징의 연계성
외모/신체	교복 색의, 남자다운, 머리 색의, 멋진, 성장하는, 아름다운, 얼굴이 하얀, 여성스러운, 열이 많은, 나의 옷 색, 피부색, 색이 잘 어울리는
성격, 사회성	긍정적인, 단순한, 활발한, 잘 웃는, 차분한, 친근한, 단순한, 돕는, 밝은, 바른, 열정적인, 잘 어울리는, 쿨한
정서	강력한, 기대되는, 기분 좋은, 느낌이 좋은, 순한, 외롭지 않은, 자유로운, 좋아하는, 편안한, 호감 있는, 화난, 힘찬
분위기	깨끗한, 맑은, 산뜻한, 자연의, 파릇파릇한, 푸른, 하늘 같은, 화사한, 환한, 휴식, 심플한
감각	더운, 깊은, 시원한, 진한

출처: 한지운 · 나건(2015).

2) 청소년의 구별짓기로서 문화화

청소년문화의 속성을 살펴보면 다른 문화와는 다른 차별성이 매우 강하다. 집단의 특성, 개인의 특성, 표현의 특성, 관리운영의 특성, 억압과 분출의 특성, 비형식화를 추구하려는 특성, 자유로움 등과 같은 점에서 강한 성향을 나타내기도 한다. 특히, 전통이나 계급, 사회적 지위, 경제적 역할 등의 본질적인 사회적 규격화를 유지하기보다는 청소년 자신이 좋아한다는 단순한 특성, 즉 취향이라는 점을 선호하며 따르게 된다.

이러한 청소년문화의 특성을 구별짓기로 설명하기도 한다. 구별짓기는 부르디외가 그의 저서 『구별짓기(*La Distinction*)』(1979)에서 설명한 개념으로 기본적인 함축의미는 "남들로부터 자신을 구별하여 두드러지게 하는 것으로 구별은 계급 구조를 유지하는 기본원리 중 하나"라고 설명하였다.

이러한 의미가 쉽게 밖으로 표출되는 것 중의 하나가 외형적 변화이다. 과거 상류계급은 패션을 통해 외양에 정성을 쏟았고 그 과정에서 일반 하층민과의 구별은 쉽게 나타나는 형태적 요인이었다. 어떠한 옷을 입고 어떠한 장신구를 착용했으며, 어떠한 장소에 나갔을 때 취하는 형식은 자연스럽게 귀족계급과 일반 계급을 구분하는 상징적인 요소였기에 계급을 구분하는 철저한 수단으로 이용하였다. 그

래서 계급화를 나누는 형식으로서의 패션과 복식은 매우 중요한 구별짓기의 하나였다. 오늘날 청소년과 성인을 구별하는 가장 중요한 구분 중의 하나로 자리 잡은 교복은 상징적이고 구별짓기의 철저한 형식화를 초래한다.

사람은 누구나 집단 속에서 다른 점을 만들어 가려는 속성을 보인다. 의도적이든 그렇지 않든 간에 집단적 차별성을 가지려는 점에서 구분은 자연스럽게 이루어진다. 다만, 형태적인 구별짓기로 이루어지거나 양식과 규범 중심으로 이루어질 때 형상화로 인한 문화적 차별성은 외형적으로 다르게 보이는 것이다. 다만, 청소년의 문화적 구별짓기에서는 이러한 문화적 외형에 덧붙여 내면적 구별짓기에 대한 형식화를 고려하는 노력이 매우 중요시되어야 한다. 청소년 심리적 차별성에서 나타나는 구별짓기는 바로 그들의 심리적 이유(離乳)라는 점으로 이해되어야 한다. 다른 대상과 달리 집단적 특성에 호불호가 강조되는 청소년은 심리적으로 불안함을 보여 주고 있기 때문에 더욱더 구별짓기라는 모양새를 선호하게 된다. 형식화된 모습으로 집단화된 규정을 만들어 가는 이들은 어떤 상징적인 구별짓기에 그들의 심리적 가치를 두고 있는지를 파악할 필요가 있다.

예를 들어, 의복과 패션을 통한 문화적 형식화는 나를 타인과 구별하는 중요한 수단으로 보았으며, 어떠한 옷을 입을 수 있는가에 대한 형태와 경제적 수준 등을 구분해 내는 것으로 자리 잡았다. 그래서 이러한 가치의식이 내재화된 오늘날에는 교복이나 브랜드 등의 의미로 사람을 평가하는 것에 익숙해진 자신을 발견하게 된다.

구별이란 자신이 가진 다양한 자본을 기반으로 타인과의 차별을 시도하는 실천으로, 그 안에 이미 계급과 경제력에 따른 차이 혹은 차이에 관한 인식이 잠재되어 있다. 구별은 자신을 타인과 차별하겠다는 의식적인 의도를 함축한다(김소영 · 양희영, 2008). 청소년이 교복을 입음으로써 학생이 되고 학생이 되는 순간 다른 집단이나 사람과는 구분이 되어야 하며, 적어도 교복에는 청소년 이외의 학생이라는 학생됨됨이의 의미가 부여된다. 동시에 사회적으로 부여되는 지위와 역할이 공유되는 만큼 또 다른 굴레와 구분으로서의 구별짓기가 가능해짐을 상징으로 파악해 볼 수 있다.

또한, 상징에는 단순한 구분이 아닌 기호적 가치가 있으므로 이를 소비하려는 욕구가 강하게 나타난다. 특별한 물건을 소유하였을 때에 느끼는 행복, 안락함, 성공, 위세, 권세 등은 청소년에게는 특별하게 자존감을 높여 주는 도구적 기능을 하는 것이다.

이처럼 구별짓기는 제도적 틀 속에 규격화된 범주를 포함하게 하는 어떤 상징적 요소를 포함시킴으로써 서로에게 다른 의미를 부여하게 하는 규정이 가능해진다. 물론, 구별짓기가 무조건 차별화나 상징적 폭력만을 의미하는 것은 아니다. 집단원으로서의 소속감이나 집단의식을 느끼기 위한 수단으로써 동질적 패션이나 규율 등이 필요하게 될 때 여기서의 상징은 어떠한 차이가 내재되어 있는가이다. 즉, 청소년 스스로 선택한 규율과 소속의 동질성을 높이기 위한 의복이나 복식, 패션 등은 의미를 지우기 위해 덧씌워진 규율로서의 상징과는 다른 의미를 내재한다.

3) 청소년 간 소통을 위한 문화

청소년문화의 속성 중의 하나는 집단 구성원 간의 폭발적 소통 구조를 지니고 있다는 점이다. 통상적으로 청소년이 문화적 행태를 하는 것은 특별한 의미 부여라기보다는 청소년 스스로가 좋아서 흥미를 느끼는 순간 자신이 스스로 선택하게 됨으로써 문화라는 구조로 편승하게 된다. 또한, 누가 특별한 계급적 발판을 구축하여 조직적으로 전승하려는 의도와 목적을 가지고 있지 않더라도 구전을 통해서 또는 자신이 선택한 시각적 또는 감각적 욕구에 의하여 충족이 되면 문화라는 범주로 포괄되게 된다.

청소년의 여가행태를 보면 자신이 좋아하는 문화요소에는 오락실, PC방, 당구장 등이 있다. 어떤 것은 성인이 권장하는 시설도 있는 반면 어떤 것은 그 반대의 경향도 두드러진다. 하지만 청소년에게 이러한 시설의 구분에 대한 관점은 큰 의미가 없다. 자신이 좋아하는 대로 선택하여 즐길 수 있다면 그 순간 문화가 되든 그렇지 않든 행복을 느낀다. 그런 의미에서 청소년이 그들의 문화적 특성에서 무엇을 가장 크게 느끼고 있는지를 보면 바로 서로 간의 소통에 대한 실제적 의미에 큰 비중을 두고 있음을 알 수 있다.

그래서 청소년의 문화적 특성으로 자리 잡은 소통은 어떠한 의미를 전제로 하는가의 이해가 필요하다. 청소년이 문화적 차별성을 추구함에 있어서 가장 큰 비중을 두는 것은 계급 분화와 계급 구조를 유지하는 기본원리로써 취향을 들 수 있다. 부르디외는 "취향이란 라이프 스타일의 기초에 놓여 있는 평가, 판단, 습득, 인지의 성향으로 행위자의 실천형식을 생성하고 이를 상호관계 속에서 인지할 수 있도록 해 줌으로써 행위자의 사회적 지위를 상징적으로 드러내 준다(Bonnewitz & Patrice, 1997, 문경자 역, 2000)"라고 하였다.

청소년은 취향을 즐기고 자유시간 그리고 쉼이라는 단순성을 통해 구성원, 즉 또래집단과의 소통 구조를 갖고자 하는 데 중점을 둔다. 따라서 공식적 · 비공식적 의사소통을 통해서 문화적 동질성을 느끼는 대상과의 만남 그리고 소통을 통한 사고의 공유, 생각의 정리, 표현의 다양성 등을 이끌어내는 방식의 구조야말로 청소년이 원하는 가장 큰 문화적 흡인력을 이끄는 구조인 것이다.

4) 청소년문화 속성의 이해

청소년에게 문화는 상당한 영향을 미칠 수밖에 없는 현상학적 특성을 보인다. 이는 청소년이 움직이며 집단적 속성을 보이는 행태가 바로 문화라는 모습으로 나타나기 때문이다. 청소년문화에 어떠한 속성이 있는지를 알아보면 다음과 같다.

청소년문화는 청소년 개인의 특성에 대한 변화의 출발점이라고 할 수 있다. 청소년기에는 [그림 2-1]에서와 같은 본질적 속성의 변화를 경험하고 있으며, 그러한 변화를 내적으로도 요구하지만, 단순히 내적인 변화를 추종할 능력의 부족으로 인하여 외부의 도움이 절실하다.

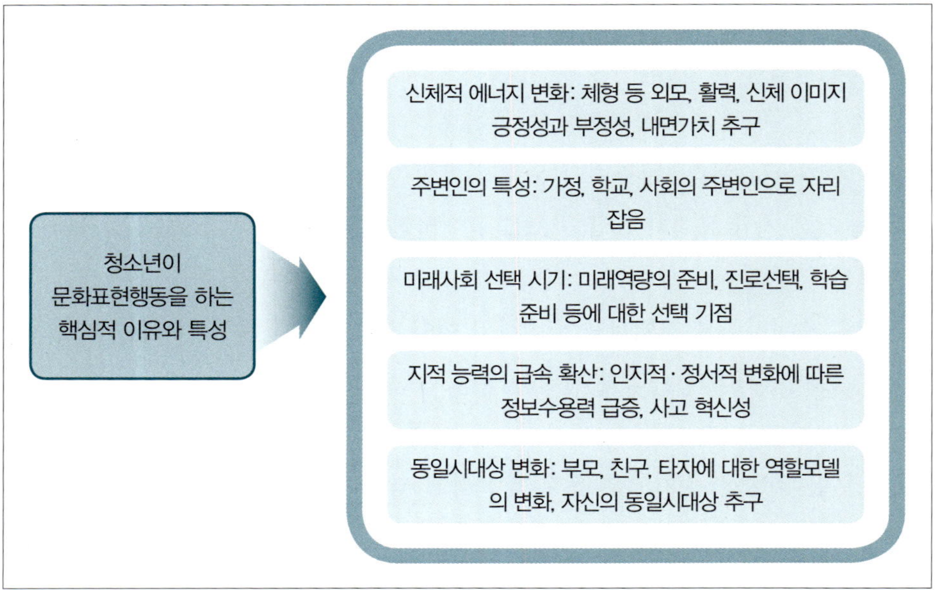

[그림 2-1] 청소년문화에 대한 청소년의 변화추구 및 인식 구조의 속성

첫째, 청소년문화는 청소년의 내적 변화에 대한 관점에서 정체성이라는 요소와 밀접한 관련이 있다. 청소년문화를 이해하기 위해서는 청소년기에 청소년 스스로가 원하는 정체성의 변화가 무엇인가를 이해하려는 시도가 선행되어야 한다. 단순히 외형적인 모습을 통해서 청소년의 문화적 행태만을 바라보는 식견을 넘어 청소년기에 이러한 변화를 수반할 수밖에 없는 상황이 의미하는 바가 무엇인지를 깨닫고자 노력할 때 진정한 의미의 청소년문화이해에 한 발 더 접근할 수 있다.

청소년이 여기저기 배회하는 모습을 보이는 형태를 단순히 그들의 일탈과 비행이라는 관점으로 바라보면 청소년의 속 깊은 내면을 찾아내기 어렵다. 그 이유는 청소년이 성인의 삶을 어떻게 살아가야 하는가의 깊이 있는 마음의 준비를 의도적이든 그렇지 않든 스스로 깨달아 가는 과정에서 일명 정체성이라는 마음의 병을 앓고 있는 대상이기 때문이다.

사람은 누구나 자신의 존재감에 대해 고민을 한다. 그런 고민을 통해 자신의 역할과 해야 할 일에 대한 동기화가 이루어질 수 있다. 왜 학업을 해야 하는지, 학업을 통해서 이루고자 하는 분명한 목표는 무엇인지, 자신이 살아갈 미래는 어떠한 모습으로 그려질 것인지 등을 고민하다 보면 정서적으로나 인지적으로 충분치 못한 정보는 혼란과 가치관의 부정적 태도를 초래할 수 있다. 그렇지만 이러한 혼란스러운 생각과 과정을 거치게 될 때 객체로서의 자아와 주체로서의 자아를 균형있게 유지하게 됨으로써 건강한 삶을 지향하게 되는 것이다.

그런데 이 과정에서 누구나 원하지만, 항상 동기화가 이루어지고 목표지향적이며, 긍정적 자아상을 위한 결정적 태도를 끝없이 이끌어 가기는 결코 쉽지 않다. 이는 사회 내에서 자신의 역할을 수행하기 위한 균형적 기대감을 추구하기 위한 조건이 녹록지 않기 때문이다. 따라서 청소년이 주체적 자아를 인지하고 확고한 자아정체성을 만들어 가는 과정에서 동료나 또래집단과의 행동이 자칫 기성세대가 보기에 몰이해적인 행동으로 비추어질 개연성이 항상 남아 있다. 그러므로 기성세대가 바라보는 청소년문화인식에서는 이러한 자아정체성을 찾으려는 노력으로 이해하려는 전향적 태도가 필요하다.

둘째, 청소년문화를 만드는 청소년은 주변인(marginal)이 되어서는 안 된다. 자신이 스스로 의사를 결정하여 선택하도록 하는 기회는 사실상 몇 가지 되지 않는다. 그럼에도 제도라는 틀과 사회적 규범이라는 요소 속에서는 청소년은 주변인적 특성을 더욱 심하게 경험한다. 마땅히 갈 곳 없는 이들이 주변을 배회하는 모습에서 여전히 주변인으로서의 모습을 보여 주며, 그러한 행태는 항상 주류문화를 거부하는 사회의 이방인으로 비추어진다. 가정을 벗어나려는 충동적 욕구가 커지는 반면 가정 밖은 이들에게 결코 안전하지 않다. 경제적 여유나 사회적 지위를 부여받지 못한 이들에게 학교 이외의 사회적 공간은 마치 맹수의 먹이로 노출되어 있는 순한 동물이 존재하는 정글과 같다. 청소년은 언제든 날카로운 대상에게 큰 피해를 받을 우려가 큰 대상이기에 쉽사리 자신만의 독립적 생각을 표현하는 행태를 적극적으로 만들지 못한다. 그만큼 주변 상황의 영향을 강하게 받는다. 그런데 나름 안전하다고 하는 학교는 청소년의 입맛에 적합하지 않다. 제도적으로 규율과 규칙, 서열과 갖추어야 할 특정의 행위를 지배하고 있는 곳에서 오히려 숨 막혀 하는 모습에서 주변적 태도는 더욱 커질 수밖에 없다.

셋째, 선택의 시기에서 결정을 항상 강요받는 이들이기에 청소년문화의 특성도 지속적·장기적이기 어렵다. 청소년의 미래는 자신의 진로와 직접적으로 연결되어 있음에도 어느 것 하나 확실한 것이 없다. 학생으로서 열심히 공부해야 하지만 분명한 미래가 보장된 것은 아니다. 그래서 스스로 무엇인가를 선택하기 위한 행동을 해야 하며, 그러한 태도가 적절한지에 대한 판단도 자신의 몫으로 남아 있다. 그러한 행동을 바라보는 성인이나 부모는 여전히 선택을 한 청소년의 행동에 적절한 지침이라고 간섭을 시작한다. 그러나 때로는 간섭이 강요로 받아들여져 숨쉬기 어려운 행동을 하면서 극단적 모습으로 표출되기도 한다. 청소년기는 궁극적으로 해야 할 것인가, 하지 말아야 할 것인가의 선택이 아닌 오직 해야만 한다는 선택을 강요받는 시기에서의 반발력이 상대적으로 큰 시기이다.

넷째, 지적 역량의 확산은 새로운 생각을 끊임없이 만들어 가게 한다. 청소년은 자신이 속하거나 누가 만들어 준 것이라도 그대로 하고 싶어 하지 않는다. 뭔가 다른 방식으로 조율하고 수정하며 독립적 행위로 변화시키고자 애쓴다. 그런 행동은 좀 더 나은 공간, 장소, 영역에서 자신의 생각을 여과 없이 펼칠 수 있다면 더할 나위 없이 즐거워한다. 하지만 지적 역량의 본질적 요소가 논리적이고 철학적이어야 한다는 식의 규정은 그다지 반갑지 않다. 그저 생각나는 대로 흥얼거리고 표현하며 자유로움을 만끽할 수 있다면 그것으로 만족한다. 이것이 성인기의 지적 역량과 청소년기의 지적 역량의 차이이다.

다섯째, 동일시의 대상을 유사한 사람과 동료로부터 찾으면서 청소년문화를 스스로 완성해 나간다. 집단 내에서 자신의 생각과 같은 목소리를 내거나 동료의식을 공유할 수 있는 사람을 만난다는 것은 매우 행복한 일이다. 무엇보다 주어진 공간의 특성을 버리고 생각을 자유로이 나눌 수 있는 사람이 있다면 그 자체로 행복한 청소년이 되기 때문이다. 따라서 청소년의 문화에는 이러한 비슷한 범주의 사람들로 만들어 가는 문화적 동일시가 매우 강하다. 자유로운 공간에서 생각을 나누는 연결고리를 찾을 수 있는 대상이 있다면 그 자체로서 청소년의 모든 것이 설명이 가능하기 때문에 청소년문화에는 이러한 개인주의적 특성 또는 집단주의적 특성을 모두 공유하는 동일시적 특성이 강하다.

무엇보다 청소년문화의 특성을 이해함으로써 청소년문화의 접근양식과 태도에 대한 균형성을 갖는 것이 필요하다. 따라서 향후 청소년문화의 현장에서 청소년이 행하는 문화적 행태에 대해 이해하기 위해서는 특성과 함께 속성에 대한 인식변화를 추구해야 한다. 이러한 속성의 변화는 문화담론을 새롭게 규정하는 데에도 큰 영향을 미친다. 따라서 일반적으로 대부분의 사람이 인식하는 [그림 2-2]와 같은 청소년문화의 속성의 오류에 대한 문제를 파악하고 이를 제거하는 노력을 반드시 강조해야 한다.

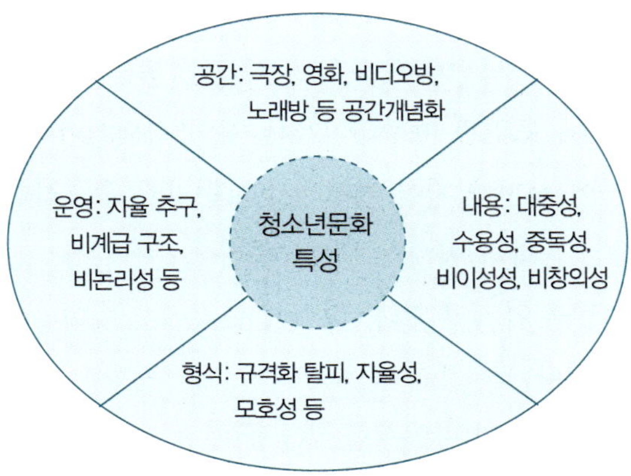

[그림 2-2] 청소년문화의 속성인식

첫째, 청소년문화를 공간적으로 규정하는 차원의 탈피가 필요하다. 우리가 청소년문화를 이해할 때 주로 언급되는 시각은 바로 공간에 대한 개념이다. 적어도 공간을 만들어 주면 청소년문화를 위한 노력을 다했다고 보는 시각과 같다. 하지만 공간은 청소년이 문화를 구성하기 위해 필요한 최소한의 범주이다. 그런데 공간도 어떠한 형식의 공간이냐가 매우 중요하다. 청소년이 가장 많이 다니는 각종 공간은 기성세대가 별로 좋아하지 않는 공간이 주류를 이룬다. 공간의 물리적 개념으로서의 이해가 아니라 왜 이러한 곳을 청소년이 찾으며, 무엇을 목적으로 공간을 이용하게 되는지에 대한 분석이 필요하다. 영화관, 비디오방 등의 공간을 찾는 청소년에게 이들의 문화를 재인식해 보면 이는 그들이 무엇을 만들고자 찾는 행위가 아니라 그저 즐겁고 편리하며 재미를 수용하는 신나는 쉼이 있으며, 자유롭기 때문임을 알 수 있다.

둘째, 청소년문화의 내용적 요소에 한정하는 시각의 변화가 필요하다. 청소년의 문화는 대중성에 좌우된다. 통상적으로 오늘날의 문화는 대중과 같이 호흡하지 않으면 생존이 어렵다. 청소년문화 역시 인기, 상징, 대중성 등에 매몰되어 있다. 이러한 대중성, 중독성, 수용성이 강한 형식을 표출하여 비이성적이고 비창의적 사고로 통칭하는 시도가 있다면 사고변화가 필요하다.

셋째, 청소년문화의 형식적 틀에 얽매여서는 안 된다. 청소년문화는 말 그대로 다양성을 기본으로 한다. 그런데 문화를 말하는 대부분의 사람은 형식적 요소를 매우 중요하게 여긴다. 도입과 마무리가 어떻게 구성되어야 하는가의 형식, 누가 참여하고 누가 만들어 가며 의전이 어떠해야 하는가가 중요하다고 여기는 사람은 자유로운 비정형화된 문화의 이해가 불가능하다. 그런데 청소년문화는 비교적 자유로운 비정형화된 틀을 가지고 있다. 형식적 논리에서 벗어나려는 획기적 시각이 필요한 이유가 여기 있다.

넷째, 청소년문화는 운영의 다양성을 추구해야 한다. 청소년문화는 최대한 자율성을 보장해야 한다. 누군가가 간섭하고 누구에게 보여 주기식의 형태에 만족해서는 안 되며, 다소 거칠더라도 청소년 스스로 만들어 가는 자율적 행태를 최선을 다해 인정해 주어야 한다. 그런데 이러한 자율에 대해 대부분의 사람은 거부감이 크다. 자신의 주도하에 만들어 가는 자율을 원하는 경우가 많기 때문이다. 대부분의 사람은 형식적 교육을 받아 왔기 때문에 형식과 규격에서 벗어난 자율은 상식적인 수준에서 받아들이기 어려운 행동으로 간주한다. 이러한 규격화된 틀을 벗어나 진정으로 청소년이 자율과 비계급적 태도를 표현하도록 만들어 주는 것이 필요하다.

5) 청소년문화의 대중적 특성과 가치

청소년문화와 대중문화는 청소년의 흥미와 관심을 끄는 도구와 수단으로써의 기능이 효과적으로 적용되므로 밀접한 관계가 있다. 무엇보다 대중문화의 여러 장점과 기능이 청소년문화와 혼재되면서 청소년의 문화를 통칭하는 수단으로 활용되는 경향이 크기 때문에 대중문화와 청소년문화의 관계성을 파악하는 것은 매우 중요하다. 무엇보다 기능적 차원의 문화가 대중으로 확산되는 과정에서 청소년에게 미치는 영향이 크므로 대중성과 청소년문화의 관계를 파악해 보는 것은 매우 중요한 관점이다.

(1) 대중문화의 이해

문화의 대중성을 파악해 보고자 할 때 대중문화의 의미는 다수가 참여하는 문화가 대중문화인가 아니면 대중이 좋아하기 때문에 대중문화인가의 규정을 정하기 매우 어렵다. 통상적인 개념에 의하면 대중문화의 정의에서도 앞서의 문화적 차별성을 그대로 용인하면서 문화적 퀄리티를 구분하는 차별성을 보여 왔다. 보편적인 시각에서 대중문화라는 의미는 불특정 다수에 의해 향유되는 문화로서 열등한 집단의 저속한 문화라는 기본적 태도가 내재되어 있었다. 그 근본적 시각에는 대중의 의미가 고립과 분산을 거듭하며 주체성이 없으며, 비합리적인 열등한 집단이라는 관점에서 문화의 생산과정에서 주체적 역량을 발휘할 능력이 없는 사람이나 집단으로 규정하려는 시각이 존재했기 때문이다. 물론, 이러한 시각은 옳고 그름의 판단을 하려는 것이 아니라 기본적으로 대중문화에 대한 차별적 특성 그리고 문화를 바라보는 시각에서 소수나 특정의 선택받은 사람이 가지고 공유하는 시각이 문화적 계급론, 위계론 등 다양한 구조 속에서 각인되어 왔음을 나타낸다.

그렇다면 대중문화라는 개념에는 어떠한 의미가 포함되어 있으며, 구분을 할 수 있는 범주는 무엇인가를 간단히 살펴보고자 한다.

대중문화는 크게 대중문화(mass culture), 파퓰러문화(popular culture), 전통문화(folk culture) 등으로 나눌 수 있는데, 이는 서로 구분하거나 혼용된 개념으로 사용된다. 여기에서 대중문화(mass culture)는 서구의 통념상 비인격적이며 경멸적 의미로 '대중'이라는 말이 포함되어 사용되었다고 볼 수 있다. 즉, 문화의 생산자 관점에서 대중은 귀족계급에 속한 사람의 시각에서 전혀 독특하고 창의적인 문화를 만들어 갈 수 있는 능력을 보유하지 못한 존재로 여겼었다. 아마도 이러한 생각에는 대중을 바라보는 문화학자들의 엘리트주의적 비판론이 다수를 차지하고 있었기 때문이 아닐까 한다.

❶ 계급 관점에서 대중 취향은 저급하다는 시각

귀족계급이 바라본 대중은 학문과 예술을 중심으로 행동하거나 존재하는 대상이 아닌 학문과 예술을 싫어하며, 주된 활용을 하는 대상이 아니었다. 그들은 인간의 삶을 밝히기보다는 어려운 삶을 잊게 하는 것을 찾고, 새로운 것보다는 익숙한 것을 원하며, 스릴이나 비이성적 폭력과 천박한 것을 원한다는 생각으로 점철된 경향이 강하였다. 또한, 스스로 현실도피적 상태를 희망한다고 보는 생각이 컸다. 이들의 삶은 엄청난 비용을 투자하여 자신의 삶을 재편성해 보고 삶의 목가적 정신을 투영하여 아름다움을 표현한다는 것은 사실상 불가능한 상황이었다. 밀레(Millet)의 「만종」(1857~1859)이나 「이삭 줍는 여인들」(1857) 그림을 보면, 귀족계급은 이러한 작품 속에서 평민의 삶에 대한 목가적 풍경을 이해하고 정서적 안위를 찾는 관점을 추구하고 있지만, 그림 속의 농민이나 추수하는 여인은 그저 하루하루의 삶을 살아가는 팍팍한 모습의 여정임을 보여 준다. 다른 시각으로 볼 때 이들은 그 삶을 즐기는 모습이 아니라 벗어나고 탈출하려는 의도나 생각을 더 강하게 하고 있다고 볼 수도 있다. 그래서 오늘의 삶을 잊고 밝은 미래보다는 하루하루 아무런 문제 없이 무탈하게 지내는 일상적 태도 속에서 살아가는 것 그 자체가 대중성의 표면적 이유였는지도 모른다.

❷ 문화생성 관점에서 대중 취향은 저급하다는 시각

민속문화는 하위 계층이 자신의 필요에 의해 자발적으로 살아가면서 생성된 것임에 반해 대중문화는 특정의 목적을 가진 사람이 자신이 원하는 바를 선택적으로 환산하고 받아들이도록 하는 과정에 있기 때문에 정보의 확산이 위에서부터 아래로(top down) 제공되는 초기모형을 띤다. 기업인이 고용한 기술자에 의해 가공되어 위에서부터 만들어진 문화로 인해 대중은 수동적이고 그들의 선택은 상품의 구입을 할 것인가 말 것인가를 결정하는 것 이외에는 없다고 극단적으로 표현되어 왔다.

그렇기 때문에 특정의 목적을 통해서 선택하도록 하는 목적성은 동질화의 문화를 유발시키고 다양한 문화를 획일화함으로써 종래에는 대중의 생각을 수정하여 이성과 과학의 개념을 변질시키고 타락시키는 문제를 발견하게 된다. 결국, 오랫동안 누적되어 온 민족문화나 전통문화와는 달리 대중성이 강한 문화는 특수한 목적으로 지향되면서 가치지향성을 생각할 겨를이 없이 흥미와 관심 중심으로 전환되는 모습을 띤다. 그래서 대중문화의 호불호가 극명하게 갈리는 태도를 통해서 결과적으로 대중의 취향은 의도한 사람의 목표대로 문화를 수용하게 되면서도 이를 저열한 취향으로 몰아가는 경향을 보이기도 한다.

특히, 대중문화는 역사적 흐름에서 사회발전을 주도하거나 영속적인 변화를 이끌기보다는 단기적이고 당대적 시각에서 단명에 그치는 경향을 띠기 때문에 문화의 지속성과 영속성의 차원에서 다소 한계가 크다고 보는 시각이 많다.

❸ 문화 수준 관점에서 대중문화는 차별을 유도

문화를 위계적 수준에 따라 크게 세 가지로 구분하였고 이를 통해서 대중문화는 집단적 차별화를 유도하게 만든 형태이다.

첫째, 우수한 문화이다. 우수한 문화는 대상의 우수함, 산출물의 우수함 등 여러 측면의 가치가 고결하다는 전제하에서 문화를 다루는 사람도 집요하고, 문화를 다루는 사람의 날카로운 지적, 그리고 해당 문화를 보거나 이용하는 계층 자체도 정교하고 풍부한 안목(시, 건축, 음악 등의 산물)을 가졌다고 하면서 이들을 문화지식인이라고 지칭하기도 한다.

둘째, 범속함의 문화이다. 동일한 장르로 이루어지나 우수함에 미치지 못해 모방성이 강한 산물(뮤지컬, 코미디 등)로서 중산층이 주로 수용하고 받아들이는 문화적 장르라고 규정한다.

셋째, 저속함의 대표성이 있는 문화로서 이를 대중문화로 규정하였다. 대중문화는 상징성 수준이 초보적 단계(게임, 관람 등)로서 주 이용 계층이 노동자 계층, 농촌인, 하층인, 또는 문화적 유아 상태에 있는 사람(아동, 청소년, 여성, 기타)으로 규정해 버리는 경향이 있다. 주로 경제적 차이에 의한 구분으로 많이 대상화하기도 한다.

결국, 대중문화의 정의를 보면 심미적 기준을 근간으로 하여 고급과 대중의 차이를 구분해 내고 있음을 알 수 있다. 그래서 일상생활 속에서 쉽게 받아들이기는 어렵고 특정의 집단만이 이루는 문화로서 가짜가 아닌 진품을 주로 수용하는 대상이 선호하는 문화라는 점에서 이를 고급문화로 규정하기도 한다. 대중문화는 심상이나 마음속에서 오랫동안 잔상이 남거나 여운을 만들어 가는 문화가 아니라는 전제로 설명하고 있고, 오직 많은 사람이 흥미와 즐거움으로 활용되는 문화라고 규정하는 경향이 강하다.

(2) 대중문화의 핵심기능

과거의 문화결정을 보면 특정 집단이 문화를 생성하고 결정하는 태도를 보였지만 지금은 누구나 문화를 결정하는 대상이고 생성자요, 이용자이며 활용자이자 전파자가 될 수 있다는 점에서 과거처럼 특정 집단의 문화창조는 거의 무의미하다.

대중문화의 통념적 시각에서 바라본다면 대중문화의 대중성은 누가 정하는 것인가? 과거에는 특정 문물을 통해서 정보를 제공하는 사람들에 의하여 정해졌다면 현재는 기구나 도구의 중요성보다는 도구를 이용하여 어떠한 메시지를 가공하고 전달하여 확산시키는가의 기능성과 확장성, 활용성 등에 더 문화창조성의 영향력이 커진 사회이기에 오히려 누가 얼마나 적극적으로 정보를 새로이 생성할 수 있으며, 확산 가능한 능력을 지니고 있는가에 더 큰 비중이 주어진다. 초기 대중문화의 생성자로서 차별화를 이루는 데 있어서는 주로 문화생성자가 대중이 아닌 기획자의 의도에 의하여 결정된다고 믿었다. 특별히 결정적인 매스 미디어나 홍보 수단을 이용하여 특정의 계급이 만들어 내는 문화가 보편적인 상황으로 확산되면서 점차 널리 유포됨을 대중문화의 발현으로 규정하였다. 그래서 문화확산을 이루는 도구나 기구의 발전은 대중문화의 발현에 핵심적 요소였고 매스 미디어의 발전과 대중문화의 발전이 궤를 같이해 왔다.

한편, 대중문화의 문화적 특성은 여러 관점에서 장단점이 교차될 수 있으나, 우선적으로 대중문화의 장점을 살펴보면 다음과 같이 규정할 수 있다.

① 기존 문화의 전승 · 보급 기능(세대 간의 문화전수가 용이하게 나타남)을 한다. 예를 들면, 컴퓨터나 스마트폰의 발달로 청소년은 능수능란하게 도구 이용이 가능하지만, 어른은 이에 미치지 못할 때 세대 간 하나의 주제로 소통이 가능하게 하는 과정에서 어른과 청소년의 문화수용 가능성과 전파의 공유가 용이해진다.

② 새로운 문화의 창출 기능(새로운 매체의 도입으로 문화향유의 보편화 유도)을 한다. 대중이 선호하는 문화는 곧 시대의 흐름을 선도하는 경향을 보인다. 특히, 기술과 혁신을 바탕으로 하는 통섭과 융합의 문화기능이 신 매체에서는 쉽게 이루어지므로 전혀 다른 문화적 콘텐츠를 구성하는 데 큰 도움이 된다.

③ 다양한 문화의 통합 기능(지역 간, 성별 간, 세대 간 문화 통합이 가능)을 선도한다. 대중문화는 지역 간, 계층 간, 대상 간 차이가 물리적으로 있다고 하더라도 이의 간극을 최소화하는 기능을 부여한다. 예를 들면, 지역의 격차로 인하여 소통이 이루어지지 않는다 해도 대중매체는 이러한 구조적 모순을 쉽게 해결하여 전국적으로 어디에서나 같은 문화향유의 조건을 만들어 낸다.

④ 문화를 간접적으로 체험(사실에 간접적으로 접근하도록 하기도 하지만 허구를 사실로 받아들이도록 하기도 함)하도록 한다. 대중문화의 가장 큰 장점은 직접 현장에 가지 않아도 될 현지의 문화를 경험하게 만드는 역할을 한다. 동해의 푸른 물결을 직접 눈으로 보는 장관을 체험해야 하지만 TV를 통해서 보는 것만으로도 과거의 경험과 연계한 느낌을 공통으로 느낄 수 있다.

하지만 여전히 대중문화는 문화적 가치 관점에서 볼 때 단점이 있어 이의 대응을 적절히 해야 할 필요가 있다.

① 수용자를 획일화(다양성은 탈선으로 간주)시킨다. 대중문화의 특성은 수많은 사람이 문화라는 이름으로 통일성과 획일성을 추구하는 경향을 지닌다. 팬덤과 집단 내에서의 규범이 그렇다. 하지만 이러한 집단성에서 벗어나고자 할 때 집단의 동의가 쉽게 일어나기 어렵다. 적어도 대중문화를 스스로 포기하거나 집단 내에서의 동질성을 느끼지 않겠다는 자신의 의지가 수반되지 않으면 자신의 특성을 최소화하는 시도를 해야 한다.

② 실제가 아닌 허구의 세계(TV라는 창문을 통해 시각적인 실상 중심의 세계만을 전달)를 보여 준다. 경험의 사례를 통해서 현장의 느낌을 직접 느낄 수 있지만 실제적 행함이 아닌 허구적 경험이 지배하게 된다. 눈으로 보는 현상과 TV를 통해 배경의 시야를 보여 주는 범위가 매우 제한적이라는 의미이다. 아무리 좋은 점이라고 해도 선택의 폭은 매우 제한적일 수밖에 없다.

③ 가치관 혼란 야기와 물질주의(소비절약 vs 과장광고를 통한 소비 조장)를 조장한다. 대중문화는 다수의 사람이 참여하고 활용하는 만큼 경제성에 민감하다. 누군가는 상업적 성향을 보이며, 그 결과에 대중은 일희일비하게 된다. 따라서 대중문화에 참여하기 위해서는 자신이 지불해야 할 대가가 분명하므로 이를 획득해야 할 조건을 충족시켜야 한다. 아무리 좋은 문화라 해도 경제적 지원을 거부한다면 참여할 수 없음을 깨달을 때 문화의 순수성은 변질된다.

④ 모방행위와 사회범죄(모방범죄 야기, 범죄학교 역할, 아노미 현상 증가)를 조장한다. 세상에 알려지는 새로운 일을 대중이 느끼고 참여하게 됨으로써 자신도 해 보고자 하는 경우가 발생한다. 특히, 사회적으로 큰 반향을 일으킨 문제행동이나 특별한 사안에 대해서 유사한 범죄행위나 모방사례가 급증하는 경우 대중문화가 갖는 커다란 사회적 해악이 될 수 있다.

(3) 청소년문화의 대중성

청소년에게 대중성이 강한 문화는 매우 중요한 의미가 있다. 청소년의 문화참여 특성이 곧 대중성을 발판으로 이루어지고 있으며, 대중의 의미는 다수의 참여도 있지만, 개인의 독자성을 축소시키며, 다수와 더불어 문화참여를 느낄 수 있는 현실적 특성이 강하다. 그렇다면 이러한 대중적 문화가 청소년에게 어떠한 영향을 주고 있는지를 살펴보자.

첫째, 대중문화로서의 청소년문화는 청소년 구성원의 욕구를 충족시키는 기능을 부여해 준다. 대중문화를 통해 개개인은 스스로가 특정 집단에 속해 있으면서 자신이 표현하고자 하는 욕구나 즐거움, 생활의 다양성을 추구할 수 있는 소속감과 더불어 다양한 욕구를 충족하는 활동이 가능한 곳임을 알게 된다.

둘째, 대중문화로서의 청소년문화는 청소년의 사회화를 촉진하는 기능을 부과한다. 개인이 특정한 사회가치를 내재화하는 과정으로 청소년 개인은 문화를 통해 사회 일원으로서 개인에게 부과되는 역할과 지위를 자각하고 그로부터 사회적 책임과 권한을 가진다.

셋째, 대중문화의 참여청소년은 사회 구성원 행동의 준거성을 제시하는 기능에 도움을 얻는다. 청소년이 사회성을 획득하는 공간은 학교나 특정 집단 내에서 이루어지는 경우가 대부분이다. 따라서 집단적 사회성을 경험하는 데 매우 어려운 상황에 처할 가능성이 크다. 하지만 대중문화에의 참여는 이러한 비사회적 태도를 개선하고 참여를 통한 자신의 내적 사회성을 강화하는 데 큰 도움이 된다. 조직

내의 참여는 자신이 즐거운 행태를 습득하려는 원인이자 동기가 되므로 집단 내에서의 규칙을 준수하는 과정에서 자신도 모르게 사회적 태도가 올바르게 형성된다. 청소년은 문화를 통해 자신의 행동이 옳은가 그른가를 판단하게 되는데, 이러한 문화적 준거는 개인을 사회 구성원으로 인정하거나 아니면 불인정함으로써 직접 지지 혹은 제재를 받게 된다. 참여를 거부하면 자신의 표현이 거부되거나 제약을 받게 되는 것도 대중문화의 인식에 도움이 된다.

넷째, 대중문화는 청소년의 사회변동성 원동력의 기능을 통해 새로운 사회적 관계 형성에 도움이 된다. 대중으로서의 문화참여는 자신의 생각을 공유하는 새로운 집단의 의견을 전폭적으로 얻는 계기가 된다. 자신의 생각을 공유하고 함께하면서 적어도 자신의 생각과 비슷한 사람이 많음을 깨닫게 되면 행동의 적극성이 보장되기 때문이다.

하지만 청소년의 대중문화라고 해서, 또한 청소년이 다수 참여한다고 해서 대중문화로 규정되거나 발전하는 것은 아니다. 적어도 청소년의 대중문화가 되기 위해서는 다음의 전제가 수반되어야 한다.

첫째, 대중매체를 움직이는 힘은 누구인가(청소년은 주체인가, 객체인가)? 적어도 문화주체인 청소년이 존재해야 한다. 청소년문화의 전체적 관점에서 본다면 청소년 스스로 문화의 대중성을 표방하기 위해서는 미디어나 도구를 통해서 문화를 움직이는 주된 힘을 누가 보유하고 있는지에 대한 생각을 스스로 느낄 수 있어야 한다. 물론, 모든 청소년문화라고 해서 청소년 스스로가 주도할 수 있는 것은 아니다. 하지만 대중문화 내에서 청소년 스스로 문화를 주도하는 힘이 무엇이며, 어떤 수준에서 만들어 가고 있는지에 대한 생각을 항상 공유하는 노력이 필요하다.

둘째, 대중매체는 청소년 대중문화에 어떠한 영향을 주는가를 청소년 스스로가 판단해야 한다. 청소년은 대중매체를 주로 이용하는 주체이다. 하지만 대부분 수동적인 차원에서 이용하고 활용하는 수준에 그치고 있다. 진정한 청소년 대중문화를 만들기 위해서는 도구를 이용하되 전체적 문화상징에 청소년의 생각을 도입하고 있는지를 판단하는 시도를 해야 한다.

셋째, 대중문화로서의 청소년문화는 고급문화가 되지 못한다는 생각을 바꾸는 노력을 해야 한다. 대부분의 청소년문화에 대해서는 고급문화를 보는 시각보다는 청소년문화의 문화대중성을 보는 시각이 상대적으로 미숙한 관점을 당연하게 여기는 경향이 있다. 낮은 수준의 문화생성은 항상 결과가 비정상적으로 왜곡되는 경향이 강하다.

무엇보다 청소년문화가 대중성에 노출되기 위해 고려되어야 할 점은 지금까지 우리가 당연하게 수용한 문화인식의 관점에 대해 청소년 스스로 인식 개선을 할 수 있도록 해 주는 노력이 필요하다. 문화인식적 관점에서 우리는 지배와 피지배의 관점을 자연스럽게 받아들이면서 성장하였기에 청소년문화를 바라보는 시각이 자연스럽게 자기통제 메커니즘을 가지고 있는 것은 아닌지 생각해 볼 필요가 있다.

사회를 규정하면서 지배와 피지배의 관점은 상식적 수준에서 보편화되어 있어 학생은 학생답게, 노동자는 노동자답게, 여성은 여성답게라는 말로 표현된다. 우리는 알게 모르게 상식의 주입을 통해 지배를 반복적으로 받아들이도록 하는 경향이 있는데 이를 지배의 호명(呼名)이라고 하면서 사회화라는 호명에 적용되는 순응의 자세가 자연스러운 주체(subject)의 형성이라고 인식해 버린다. 자신은 주체가 된다고 하지만 결과적으로는 지배의 내용에 복종한다는 의미가 되는 것이다.

교칙의 주체는 교육의 복종이며, 경찰에 대한 움츠림은 공권력의 복종임에도 불구하고 대부분의 사람은 복종을 한다는 생각 대신 주체적으로 그런 생각과 행동을 한다고 오인(착각)하는 것을 주체적 문화형성이라고 생각한다. 자신이 지배의 편에 서지도 않으면서 지배 집단의 주체라는 점을 이상하게 여기지 않는 경향을 가짐과 같이 피지배의 주체를 순순히 만들어 내는 사회적 제도를 이데올로기적 사회장치로 칭하는 모순 속에 살고 있다. 우리는 이를 깨달아야 한다.

대중문화적 속성에는 청소년의 행동을 억압하거나 표현하는 서로 다른 방법들로 인해 청소년을 주체로 발전시키는 요소가 더욱 많다는 점에서 청소년에게 대중문화는 중요한 정치성을 나타낸다.

(4) 청소년의 대중문화 몰입 이유

대중문화에는 청소년기의 특성과 욕구의 방향을 수용하는 최적의 매체가 잘 정비되어 있다. 청소년은 자아개념 획득, 성적 역할의 인식, 가정에서의 분리, 직업 선택 등에 의한 정체감의 욕구 등과 같은 새로운 인생의 방향을 모색하고자 교우 관계 등 자기만의 독특한 특성을 형성하려는 욕구가 충만하다.

특히, 청소년은 자아의 하부구조와 기능이 하나의 전체로서 통일된 목표를 지니려는 자아통합의 욕구가 강한 세대이므로 타인에게 의지하지 않고 자신의 의지를 표현하며, 스스로 통제할 수 있는 능력과 자발적인 행동을 취하려는 독립의 욕구를 원한다. 청소년은 이러한 자신의 부족한 부분을 충족해야 한다는 강박적 태도는 오히려 문화 따르기를 주도하지만 그나마 신화 속의 보편성을 따를 수밖에 없는 현실에서의 탈피를 주도해낼 수 있는 공간과 표현의 장만 만들어지면 다른 세대의 문화에 비해 더욱 몰입할 수 있다.

대중문화를 표현하게 하는 시공간적 특성은 청소년 모두가 원하는 평등, 균등, 성취 등의 성취지향적 문화 속성의 강한 특징이 있다. 보통의 문화는 사회갈등, 통합과 일탈, 융화와 대립, 지배와 저항의 대립 구조가 형성되어 있어 청소년에게는 상당한 거부감과 심리적 압박감을 주는 문화요소가 많다. 하지만 대중문화로서의 청소년이 참여하는 대중적 공간은 청소년이 소비와 의미 생성의 주체자로 인식될 수 있으며, 소비는 사회적 권력을 나타내거나 정체성을 드러내는 수단(청소년은 무엇을 가지며, 무엇을 소비하는가에 따라 정체성 형성을 강화)인데 오히려 기성세대보다 더 잘할 수 있는 개연성이나 동기가 있다는 점에서 대중문화 몰입의 기회는 더 커진다.

일반적 문화인식은 부르주아의 미학적 관점에서 지고(至高)의 진선미(眞善美)를 추구하는 횡포가 있으므로 문화를 미, 선의 예술적 관점에서만 바라보게 되고 문법과 코드에 입각한 대중미학적 관점에서 다양성과 관계성 등의 영역으로 인한 불편한 관계를 경험한다. 하지만 청소년문화는 대중적 특성을 나타내는 공간이나 시설의 특성이 더 잘 나타낼 수 있다는 점에서 청소년에게 대중성이 강한 문화는 곧 그들의 문화로 자리 잡을 수 있다. 특히, 대중문화는 다음과 같은 심리적 안정감을 주는 데 우호적이라는 점에서 청소년은 대중문화에 심취하게 된다.

❶ 바넘효과

어떤 일반적인 분석이 마치 자신을 묘사하는 것이라고 받아들이는 현상이 대중문화에서 매우 강하다(혈액형 신드롬에 대한 인식). 청소년은 심리적으로 관계의 불안을 경험하고 확실한 정보를 얻기 곤란할 경우 복잡하고 형식적인 것보다 단번에 사람을 판단하는 습성이 강하다. 일반적으로 문화체험에 있어서 자신의 선호에 대한 결정성이 매우 큰데, 대중문화에서 청소년은 자신이 중심이 되어 잘할 수 있을 때 모두에게 선망의 대상이 될 수 있다고 본다. 즉, 청소년 스스로 자기중심적 태도를 표현하는 최적의 문화요소가 된다.

❷ 쿨 코드와 멘털테인먼트의 결부 가능

진지함, 엄숙함도 쿨한 태도로 변화시켜 즐거움을 추구하고, 심리적 불안과 무서움을 외부의 대상에게 돌림으로써 극복하려는 본능적 대응이 가능하다. 청소년은 다른 집단에 비해 가장 흥미와 오락적 요소를 희망한다. 그 이유는 청소년은 이 시기에 원초적으로 느끼는 공포감, 미지의 세계에 대한 두려움 등이 있기 때문에 자신과 비슷한 사람과 함께 지내면서 생각을 공유할 때 문제를 극복하고 통제감을 얻는 좋은 결정상황이 된다.

❸ 청소년 스스로의 저항문화심리적 욕구 발현

변화가 없는 정태적 사회에서 일종의 질서붕괴(왕따, 친구 사귀기, 적응 등)가 일어나면 청소년은 공포를 느낀다. 그러나 불안감을 준 대상에서 벗어나 공감을 할 수 있는 집단적 특성을 경험하면서 스스로 적응을 위한 보편화를 추구하게 된다. 대중은 심리적 불안과 공포를 느끼는 대상을 문화로 전환시키는 경향이 있다. 기성세대의 공포는 대개 이야기 등으로 고정되지만 청소년은 잡종화, 퓨전 등으로 결합·융합할 수 있다. 매스 미디어나 인터넷 등의 도구는 이러한 상상력을 통해서 자신의 문제를 극복하는 중요한 수단이 된다.

❹ 대중문화에서만 가능한 판타지와 패러디효과

패러디가 문자로만 이루어져 있는 문학에서 탄생하였다면 대중문화에 몰입되어 있는 청소년은 문자에서 그림으로 전환되는 이미지의 전환세대가 주는 특이성을 가지고 있다. 패러디는 웃음, 고상, 진지, 엄숙 등을 가볍게 제치며 도덕과 교리에 대한 해학과 비유로 저항과 전복의 범주화가 가능하다. 또한, 사회적 욕구불만이나 불안을 판타지로 승화시키며 고급과 대중, 사실과 허구, 현실과 환상의 퓨전화를 이루게 하는 데 효과적이다. 대중문화에서는『아라비안나이트』,『어린 왕자』,『걸리버 여행기』,『돈키호테』,『파우스트』,『이상한 나라의 앨리스』,「해리포터」,「반지의 제왕」,「아바타」 등과 같이 환상적인 상상과 판타지를 통해서 자신의 꿈을 표출하는 것이 가능하기 때문이다.

❺ 대중문화의 색깔이 주는 아름다움과 시각의 다원성

청소년은 색의 심리적 기능에 누구보다 능숙하게 적응이 된 이들이기에 다양한 색채는 안전하고 즐거움, 행복감을 주는 공간이 된다. 어려서부터 화장과 색채표현에 익숙해진 청소년은 매스 미디어와 같이 컬러풀한 도구를 개성과 집단, 사회적 의미를 표현하는 수단으로 잘 활용한다. 색채는 청소년의 자아실현과 개성의 다양성, 개별성을 중시하는 감성세대의 시각이자 다품종을 생산하는 창조성을 표현하는 중요한 수단으로 무엇보다 미디어를 통해 강한 색채 표현을 얼마든지 구현할 수 있다. 청소년이 화장에 심취하는 이유도 여기에 있다.

❻ 키덜트화의 중요한 수단으로써의 매체효과

대중문화에는 어른이 되기 싫은 중간 계층의 새로운 문화 장르 구축이 가능하다. 입시나 사회적 압력이 거셀수록 문화신드롬을 만드는 대상이자 한편으로는 어른이 되기를 꺼리는 아이들의 불안한 심리를 반영한 수단을 찾게 된다. 나만이 아니라 보편적으로 그러한 문제에 빠져도 괜찮다는 점을 사실적으로 알려 주는 다수의 청소년이 존재함을 깨닫게 되면 청소년은 기성세대보다 더 어린 시절의 추억에 가깝게 근접해 있으므로 쉽게 추억을 떠올리며, 피터팬신드롬에서 벗어나기 어려움을 느끼는 심리적 자아의 불안정성을 갖게 된다.

사회불안으로 인해 느끼는 불안감은 문화자본을 확대 재생산하려는 기업의 동화적 상상력과 결부되어 프로슈머, 쇼핑 노매드, 메트로섹슈얼, 콘트라섹슈얼, 슬로비, 딩펫, 와인족(Well Integreated New Elder), 욜로(You Only Live Once) 등과 같이 전혀 새로운 방식의 자본화가 이루어질 수 있다.

❼ 팬픽과 팬덤

대중문화에는 창작자와 독자, 화자와 청자가 따로 구분되지 않는 경우가 많아서 새로운 장르화로 변화 가능성을 만드는 기회가 많은데 이는 청소년에게 새로운 발전의 기회로 얼마든지 활용될 수 있다.

청소년 스스로가 스타와 동일시를 통해서 타인과의 공존의 꿈을 만들기도 하는데 특별한 사람과의 사랑 이야기로 즐거움을 주려는 태도는 청소년이 꿈꾸는 환상과 절묘하게 맞아 떨어진다. 대중스타가 가장 많이 공존하는 대중문화는 사적 상상과 유희를 꿈꾸는 공간이자 스타의 사생활을 자신만이 알고 지낼 수 있다는 착각으로 선호된 사적 소유심리와 놀이성의 결합을 통해서 자신의 우상과 같은 생각, 심리, 생활을 통해 자신의 통제감 급상승으로 즐거움을 느낄 수 있는 최적의 기회이다.

❽ 대중문화의 나르시시즘

대중문화는 Me보다 I를 강조하는 특성에 의해 청소년이 쉽게 적응하게 된다. Me는 타인이 나를 어떻게 보는가의 일련의 태도와 생각(대상 또는 객체적 개념)이며, I는 내가 어떻게 생각하고 행동하는지를 강조하는 개념이다. 사회가 집단적 공동체에서 개인주의적 사회로 이동하고 있다는 점에서 이에 대한 자기중심적 적응을 표현해야 하는데 대중문화에는 내가 스타가 될 수 있고 내가 꿈꾸는 대로의 상황 설정이 얼마든지 가능하다.

C·H·A·P·T·E·R 03

청소년문화이론

01 보편적인 청소년문화이론의 접근

문화의 보편적 이론을 형성하게 된 시기는 통상적으로 19세기 후반으로 볼 수 있다. 이전에는 문화의 이론적 맥락이 없었다기보다는 사회적 현상을 종합적으로 보고 이를 문화사조나 흐름을 형성하게 된 이유와 종합화하여 제시하였기 때문에 형식과 내용이 구체적이지 않았다는 점으로 보아야 할 것이다. 일반적으로 청소년 문화에 적용되었던 문화이론과 문화사조의 구조적 틀을 이루고 있는 관점을 간단히 언급해 보면 다음과 같다.

1) 문화진화론적 관점

초기 문화이론의 출발점은 진화론적 관점에서 찾아볼 수 있다. 문화는 당시의 지배적이었던 생물학적 진화라는 관점에서 영감을 얻어 시간이 흐름에 따라 저차원적 형태에서 고차원적 형태로 진화한다는 문화적 진화모델을 구축하였다.

문화를 진화론적 관점으로 이해하려는 시각은 사람들의 생활문화가 살아 있다는 가정하에서 이전에 살던 사람들의 행동양식이나 특성이 점차 덧입혀지면서 새로운 가치관과 형식이 층을 이루고 그 형태가 점차 굳건한 형태를 이루게 된다는 점으로 해석된다. 이는 문화를 시계열적인 관점에서 볼 수 있어야 하며, 단기간이나 어느 특정의 관점을 전체의 문화로 인식하거나 정당화하는 것은 올바른 문화를 바라보기에는 다소 큰 제약이 존재할 수밖에 없음을 설명하고 있다.

하지만 이러한 대전제에는 문화진화론의 시각을 구성함에 있어서 과거의 문화에 대한 야만성과 진보를 전제로 하는 발전과 성숙이라는 문명의 과정을 연속적으로 파악해 보려는 시각이 존재할 수 있다. 아마도 이러한 문화이론의 시각에서는 형식화된 문화를 판단하는 규정으로 인해 오늘날 문화의 서구와 비서구라는 이분법적인 차별화, 서구문화를 따라잡아야만 하는 문명의 진화론 등을 당연하게 여기는 문제를 안고 있다.

진화는 사회적 관점에서 반드시 필요하지 않은 것은 퇴화할 수밖에 없다는 전제가 필요하다. 사용하지 않는 어떠한 수단, 행위, 도구 등은 투자나 지원이 이루어져야 할 이유가 없으며, 결과적으로는 긍정적 방향을 전제로 하고 있음을 명시하고 있다. 진화의 과정은 자연선택[1]이라는 메커니즘을 중시하므로 선택과정을 통한 차등적인 번식을 당연하게 여겨 생명의 진화를 설명한다.

싱어(Singer)에 따르면 혈연 이타성과 호혜적 이타주의를 갖추고 있던 초기 인류는 두뇌의 발달에 따라 이성적인 사고능력을 획득하고, 이와 더불어 언어와 반성능력까지 갖추게 되었다. 인간은 이러한 능력의 도움으로 진화 및 유전에 기초한

1) 자연선택이란 생물 집단의 개체들이 지니고 있는 생존 · 생식 능력이 제각각이어서 경쟁력이 없는 개체는 도태되고 경쟁력이 있는 개체는 보다 많은 후손을 낳아 퍼지는데, 그 선택의 방향은 생물이 환경에 적응하는 과정으로 결정된다는 뜻이다. 자연선택은 자손의 모습, 색깔, 크기, 생화학적 특성, 습성 등 모든 것에 변화를 가져온다. 이 변화는 유전자 변이에 의해 누적되고 자식에게 전달된다. 변화한 개체가 다른 지역으로 이주하거나 새로운 생태적 지위에 오르면 어버이 집단과는 사뭇 다른 특성을 갖게 된다. 시간이 흘러 이렇게 이질화된 집단 사이에 교배가 불가능하게 되면 서로 다른 종이 생겨나는 것이다(김기중, 2009. 2. 11.).

관행을 규칙과 계율 등의 체계로 전환시킬 수 있었고, 마침내 인간만이 가지고 있는 도덕체계가 탄생할 수 있었다는 것이다(김성한, 2001).

진화의 부단한 노력은 인간 스스로가 도덕적 규율과 사회적 기준에 합당한 가치체계를 세우고자 하는 일련의 과정이고, 이러한 현재의 시점에서 판단하는 도덕적 체계에 근거한 시각이 과거의 틀을 규정함으로써 적정한 수준에 이르지 못한 대상의 사회체계나 특성은 바람직하지 못하다고 규정하는 것과 같다.

여기에서 진화의 구성요소가 지니는 세 가지 관점을 이해해야 한다. 자연선택론적 관점에서 진화는 변이(variation), 유전(inheritance), 그리고 선택(selection)이라는 과정을 거친다. 어떠한 구성요소가 제시되면 그대로 유지되는 것이 아니라 일정한 형태로 변형이 일어나야 한다. 이러한 변형은 타고난 기질적 요인에 의하여 다음 세대로 넘어가는 유전적 과정을 거치게 되고 종국에는 가장 중요한 선택을 받는다. 하지만 변이와 유전, 그리고 선택을 진화론적 관점에서 받아들인다는 점은 결국 어떠한 형태로든 긍정적 변화를 자연스럽게 이행해야 함을 의미하며, 그렇지 못할 경우에는 도태라는 자연적 거부 형태를 갖게 된다.

결과적으로 진화론적 관점으로 문화를 바라본다는 점은 개별적 특성을 가진 문화를 이해하여야 한다는 특성과 배경성을 수용하지 않는다는 시각의 편향성이 존재할 수 있다. 만약, 청소년이 만들어서 하고 있는 문화가 진화하지 않는 수단이라고 한다면 기성문화나 주류문화의 본질에 청소년문화는 존치하기 어려운 상황에 처할 수밖에 없게 된다.

진화론적 관점에서 청소년문화는 과거의 청소년문화를 기점으로 지속적으로 변화하여 종국에는 사회적 질서를 유지발전하려는 당위성을 전제로 하는 진화를 유지해야 하는 점을 명제로 삼아야 한다. 모든 문화를 좋은 문화, 긍정적 문화인식을 대전제로 한다면 특정의 문화요소가 싹을 틔우며, 이 행위를 거친 후 점차 사회를 지탱하는 굳건한 모습으로 유지해야 함을 당연시해야 함과 같다.

진화론이란 과거를 말하는 것이 아니다. 과거의 모습이 어떠했는지를 논하는 것이 아니라 "현재의 모습이 어떻게 이루어졌느냐를, 그리고 현재 우리가 어떻게 진화하고 있으며, 내 주변이 어떻게 변화하고 있는가?"를 고찰하는 것이 진화론적인 사고이다(이명진, 2011). 그럼에도 이러한 의식의 이면에는 진화가 가치중립적이고 진행형이라고 함에도 불구하고 성공한 모습으로만 비추어지고 있다는 점에서 적어도 청소년문화의 관점에서는 우리의 의식을 지배하는 진화의 의미가 상당히 왜곡될 우려가 크다.

진화론적 관점의 실제적 의미는 인류가 생존을 위한 과정에서 상호 간의 협력과 문제를 조화시키는 능력으로써 문제해결력을 습득하기 위한 사회적 본능을 타고났다는 관점에서 생각해 보아야 할 것이다.

2) 문화기능주의적 관점

기능주의적 관점에서는 문화가 이루어지는 사회 전반의 총체적 특성을 구체화하여 문화를 바라보았으며, 1970년대까지는 보편적 문화이론을 설명하는 데 큰 부정적 영향은 없었다. 기능주의적 관점에 입각한 문화이론은 실증주의를 체계화한 프랑스의 콩트(Comte)나 사회유기체설을 제시한 영국의 스펜서(Spencer)에 의하여 기초가 형성된 것으로 문화수용은 사회화와 동일시하면서 사회 전반의 구조는 존립과 영속성을 위해 존재하는 점을 강조하였다. 특히, 뒤르켐(Durkheim)에 의해 이론이 본격적으로 발전되었으며, 고전사회학의 논의들을 종합하고 1950년대 이후 사회체제로서 사회화와 사회적 선발 및 배치를 주창한 파슨스(Parsons)에 의하여 기능주의 이론이 더욱 공고하게 구축되었다.

기능주의적 관점에서의 문화관점은 사회체계의 구성은 전반적인 사회질서를 흐트러뜨리지 않고 유지하려는 기본적 체계욕구가 전해지고 있다는 점을 대전제로 하고 있다. 기능주의에 따르면 하나의 심적인 상태는 그것이 지닌 고유한 입력-출력 관계에 의한 다른 심적인 상태와 구분된다. 기능주의적 관점은 개인은 조직의 목표를 위해 기여함으로써 개인적 만족을 얻게 되고 그 결과는 곧 자발적 협력이라는 의미로 이행되게 된다는 것이다. 결국, 기능주의적 관점은 상호의존과 균형을 위한 사회체계이론의 뼈대를 형성하는 의미이다.

개인의 육체적 욕구와 사회적 욕구의 조화, 공식조직에 있어서의 효율의 논리와 비공식조직에 있어서의 감정의 논리 사이의 조화 등은 상호의존과 균형의 틀을 유지하게 하는 것으로 기능주의적 시각에서 강조하고 있다. 균형이 흐트러지면 균형을 회복하기 위한 여러 가지 대안이 나타나게 되며, 결국 사회조직은 이러한 균형을 유지하는 방향으로 움직이는 모습을 보이게 된다.

1920~1930년대에 사회발전이 두드러지면서 강력한 영향을 미쳤던 사회체계론은 발전과 수구 사이에 대한 갈등적 논쟁이 첨예하게 대립되었으나, 종국에는 발전의 변화에 대해 초점이 맞추어지면서 사회체계론의 안정성을 희구하게 된다. 이 과정에서 균형적인 사회체계는 당연시되었으며, 당시에 유행하였던 행태론이나 결정론적 접근 방법을 벗어나 파레토(Pareto)[2]법칙으로 알려진 균형체계모형이 사회적 질서를 유지하기 위한 방편으로 나왔다.

청소년기를 사회 전체 기능의 한 부분으로 파악하고 전체와의 접목에 관심을 두었던 파슨스나 콜먼(Coleman) 등의 구조기능론적 입장은 청소년문화를 부분문화, 하위문화의 관점으로 파악하였고, 문화의 역동적인 측면을 고려하지 못한 문제를 낳았다. 무엇보다 청소년문화를 정체적인 현상으로만 바라봄으로써 결과적으로 청소년문화를 미성숙한 문화, 미숙한 문화로 고착화하거나 경시하는 문제를 나타내게 되었다.

사회체계를 유지하기 위한 모습은 기성세대의 관점에서 볼 때 매우 자연스러운 현상이며, 청소년이 급격한 행동변화를 유발하는 모습은 사회체계의 안정성을 희구하는 형태에서는 바람직하지 않아 보인다. 사회체계를 거부하는 모습은 비논리적 행태라는 점에서 기능주의는 문화를 이해하기 위해서 그 문화의 모든 측면을

2) 이탈리아 경제학자인 파레토가 제시한 법칙으로 이탈리아 부유한 인구의 20%가 전체의 부를 소유하고 있거나 경제적으로 상층부의 해당하는 사람 20%가 80%의 부를 차지하고 있다는 법칙이다. 또한, 노동시장에서 일을 함에 있어서 대부분의 사람에게 같은 업무를 부여해도 20%가 80%에 해당하는 업무를 수행한다는 논리를 말한다.

연구해야 한다는 관점, 즉 총체론(holism)[3]과 맞물려 있음을 알 수 있다.

하지만 청소년은 이러한 총체론적 시각에서 행동해야만 한다는 사회적 구성을 전적으로 수용하는 데에는 거부감이 크다. 청소년의 문화행태를 그들의 자연스러운 행동양식이자 표현의 다양성을 인정해야 한다는 관점에서 볼 때에 사회체계를 유지하려는 기능주의적 관점은 다분히 형식적이고 올바른 행태의 관점에서는 부적합하다고 보인다. 무엇보다 기능주의적 관점에서 바라보는 사회는 생리적 · 물리적 기능과 역할만을 수행하는 유기체에 비유하는 것으로써 이는 지나친 단순논리(정신적 · 문화적 차원을 배제하는 문제 발생)로 접근을 하게 된다.

기능론적인 사고는 사회가 원래 조화롭고 안정적이고 통합된 체계라는 점을 지나치게 과장하여 설명함으로써 자칫 사회질서, 사회통합, 사회화 등에 대한 관심은 사회의 현상유지만을 추구하는 이론으로 보수화 현상을 당연시하게 된다. 더 나아가서는 사회를 바라보는 시각이 과거-현재-미래의 연결선이 아닌 현재만 중심으로 봄으로써 사회를 다양하게 분석하고 다양한 관점의 시각의 혼재성이 이루어져야 하는 점을 수용하지 못하게 만들어 버리는 약점이 크다.

청소년문화를 사회를 긍정적으로 유지하기 위한 수단으로만 바라보면 고정적 관점으로 실재화하는 문제를 갖게 됨으로써 사회 구성원 간 존재하는 역동성에 대한 관심이 부재(가장 큰 문제)되는 문제를 야기시킨다. 만약, 사회가 그렇다면 청소년의 입장에서는 더욱더 숨 막히는 공간이 될 수밖에 없기 때문이다. 전체의 사회를 강조하면서 개인의 존재하는 특성의 의미를 상실하게 만들고 개인은 사회의 수동적 존재이면서도 능동적 존재인데 이를 인정하지 않는 한계가 있다.

성인문화를 주류문화로 보는 시각이 바로 사회학적 관점에서 기능주의적 시각이 토대가 된 것임을 반성해야 한다. 또한, 기성세대의 문화파시즘(문화를 독점하는 권력)에 의해 청소년문화를 주로 비난적 관점으로 보았는데 이는 문화소외를 보편화하는 한계를 발생시킨 아쉬움이 크다.

3) 문화는 경제, 사회조직, 이념 등을 포함하는 상이한 구성요소들에 주목하지 않고서는 온전히 이해될 수 없는 복잡한 체계라는 관점이다.

3) 문화갈등론적 관점

갈등론적 시각은 사회적 관점에서 기능론과 유사한 출발점을 갖고 있지만, 사회의 본질을 갈등의 관점에서 보았다. 인간의 삶에서 갈등은 피할 수 없는 본질이므로 당연시되어야 하는데 갈등론적 시각에서는 갈등을 어떻게 극복해야 할 것인가의 사실을 강조함으로써 사회구조적 모순에서 발생한 모순의 해결에 초점을 두고자 하였다. 갈등이론의 궁극적 지향점은 사회평등을 지향한다. 재생산이론적 관점에서 본다면 지배계급의 존재 자체가 모순이므로 재생산은 지배계급이 재생산되는 것임을 말하고 있다.

성인이 청소년문화를 혼란스러운 상태라고 비판할 경우 갈등론자는 사회적 갈등에 문제가 있는 모순적 사회구조를 타파해야 한다는 점을 강조한다. 즉, 청소년문화 자체의 문제가 아니라 문화를 표현해 내는 형상, 사회구조 등의 갈등관계에 있는 구조적 문제점이 더욱 강하다는 점에서 청소년문화의 본질에 대한 문제점을 제기하고 있음과 같다.

특히, 갈등이론은 갈등과 갈등 극복을 지나치게 강조하여 사회적 혼란을 허용하는 분위기를 조성하게 되고, 무엇보다 경제구조에 의해 일방적으로 결정된다는 점을 강조(정신적 · 문화적 · 심리적 구조의 요인을 단순화)한 것이다. 하지만 갈등이론은 사회 전체보다는 단면을 보았다는 점과 갈등의 해결절차를 정확하게 제시하지 못하는 문제가 있으므로 청소년문화 문제 이전에 성인문화의 자체적 모순이 있음을 인정해야 하는 전제에서 출발해야 한다.

4) 문화상대주의적 관점

문화상대주의는 특정한 문화적 관습에 의한 윤리적 판단을 포함해 타 문화에 대한 평가의 모든 기준을 상대화하는 시각을 말한다. 문화는 다양한 환경적 · 역사적 맥락에 적응하는 과정에서 발생하는 것인 만큼 각기 고유한 내적인 특성과 의미를 지니고 있는 것으로 보아야 하며, 동시에 우리 문화를 상대하는 타 문화의 관점 역시 그 문화의 인식과 행동에 대한 여건과 상황을 고려하여 맥락과 특성을 이해하고 평가해야 한다는 논리적 의미이다.

문화인류학자에게 문화상대주의적 논리는 인류학의 발달 초기에서부터 기본적인 공유철학이었다. 하지만 문화상대주의적 시각이 곧 도덕적 · 윤리적 상대주의나 가치관의 혼란을 정당화하는 것은 아니다. 문화상대주의적 시각에서의 기준을 이해하는 전제에는 문화는 상대적이며, 그 문화의 이면을 이루는 가치와 윤리도 상대적이어야 한다는 논리까지 포함한다. 하지만 이에 대한 구체적이고 적극적인 해답을 추구하는 데에는 답을 제시하지 못하고 있다.

문화상대주의적 시각에서는 크게 두 가지 차원의 의미를 이해해야 한다.

첫째는 적어도 자신이 속한 문화 속에서 자란 사람은 타 문화의 가치를 이해하지 못할 가능성이 크다는 점에 대한 이해이다. 그래서 문화상대주의적 시각에는 무엇보다 타 문화를 연구할 때 인식론의 이해가 필요하다. 즉, 모든 문화는 특수한 환경적 · 역사적 배경에서 형성된 고유한 의미체계를 지닌다는 것으로서 사람들이 생각하는 의식과 행위는 이러한 의미체계와 밀접하게 연관되어 있음을 파악해야 한다.

둘째는 문화에 대한 가치상대적 의미 또는 윤리상대적 의미를 이해해야 한다. 즉, 문화의 가치가 서로 다르므로 옳고 그름은 그 행위주체가 속한 특정 문화체계의 잣대에 의해서 파악되어야 한다는 입장이다. 그래서 개별문화의 특수성을 넘어서 모든 인간의 행위를 판단할 수 있는 가치판단의 보편적 잣대는 존재할 수 없게 된다(정진웅, 2011).

문화상대주의적 관점은 문화우열과 인종우열을 부정하는 사상의 제시로 '미개인의 심성', '인류학과 현대생활' 등을 통해 각 문화는 환경과의 관계나 이주 경험, 인접한 타문화로부터의 차용 등 나름의 고유한 역사가 쌓여 형성되는 것이므로 단순히 진화도식으로 자리매김할 수 없음을 주장해야 한다. 보아스(Boas, 1965)는 기존의 진화론이나 인종론에서 규정한 다른 영역에서도 가치 있는 문화가 존재할 가능성을 부정한 것을 비판하고 가치 있는 문화는 다른 영역에서도 얼마든지 존재할 가능성이 있음을 깨달아야 함을 제시하였다.

무엇보다 문화상대주의적 시각에서는 타문화의 개입을 실천함에 있어서 개입하는 행위의 정당성은 상당한 허점이 있음을 야기하게 된다. 하지만 문화상대주의적 관점에서 모든 문화를 동등하게 파악하거나 이해하는 것이 어렵다고 해도 인류의 공통된 가치, 즉 인간성이나 존엄성, 인성과 권리, 올바른 대우 등과 관련한 기본적 요소에 대해서는 균형적 시각을 가질 수 있다는 점에서 문화상대주의적 시각은 기본적 존엄성과 인성의 근본적 가치에 대한 수용을 전제로 문화의 보편성을 찾고 이행하는 데 어려움이 없게 만든다.

다만, 청소년의 문화적 특성을 상대주의적 관점에서 보았을 때 이러한 기본적 요소와 가치의 균형성을 보려는 시각은 매우 미흡하였다. 청소년의 문화요소에 대해서 그들이 의미하는 바가 권리와 존엄적 태도에 대한 욕망, 표현 방식과 차이 등을 의미하고 있음에도 애써 이러한 의미를 파악해 보는 데 구체적이지 않았으며, 외형적 요소에 의한 상대적 가치에 중점을 두었던 사례는 매우 아쉽다.

따라서 청소년문화의 상대주의적 시각에서 논의되어야 할 것은 청소년은 온전한 인간 이전에 무언가를 채워 가려는 존재로서의 타자 그리고 인격적 대우를 받아야 하는 이성적 존재라는 가치기준의 재정립이 필요하다. 무엇보다 중요한 점은 외형적 판단에 근거하지 않은 문화적 가치판단의 기준을 요하는 대전제는 많은 경우 사회적 삶에 내재하는 일종의 차원이며, 피해갈 수 있는 성격이 아닌 것이 많다. 일상생활에서 누구나 다 상충하거나 갈등적 모습을 보이는 수많은 가치를 선택하고자 매 순간 집요한 과정을 거치며, 특정한 가치에 끊임없이 마주한다. 따라서 타문화에 대해 관습적으로 비판적인 평가를 해서는 안 된다.

사람은 자신의 기준으로 비판적 평가에 의하여 타문화를 자동적으로 규정하려는 모습에 익숙해 있다. 특정 사회의 관습이 윤리적으로 문제가 된다고 해서 다른 사회가 자동적으로 이를 개입하여 판단할 때에는 문화 간 실천의 윤리적 핵심을 벗어날 우려가 크다.

무엇보다 청소년과 성인문화의 이종(異種) 간 특성을 분석하면서 기성세대가 바라보는 문화적 속성의 차이를 규정하고자 할 때 기성세대 개입의 정당성을 당연시하고 있다는 시각이 있음을 우려하고 이에 대한 상식적 탈피를 하려는 노력을 해야 한다.

02 새로운 청소년문화이론의 출발

문화에 대한 정의를 재해석하자면 문화는 주어진 유산이 아니라 수많은 투쟁과 사고의 집적을 이룬 역사적 소산물이다. 모든 사회 구성원이 공동의 범주 속에서 자신이 적합한 관계성을 유지하거나 오랫동안 축적시켜 온 자신만의 역사적 구성물(historical construction)로 규정할 수 있다.

특히, 청소년문화에 대한 본질은 어느 이론이나 틀로 규정되거나 형식적으로 묶으려는 시도는 바람직하지 않다. 곧 문화이론으로 인식하기 위한 기존의 틀은 특정한 사회집단, 계급 구조, 조직, 텍스트를 통한 기호화, 본성과 특성 등 다양한 관점을 저마다의 규율적 속성에 대입시켜 문화이론이라는 규준을 만들어 왔다.

물론, 문화의 이론은 이러한 기준에 근거하여 사회적 태생을 개념화하고 특징을 유형화하는 데에는 큰 일조를 하였지만, 청소년의 문화를 설명하는 데에는 한참 모자랄 수 있다. 오히려 청소년은 일정한 이론으로 그들의 속성을 설명하기보다는 스스로의 삶을 구축해 나가는 인간발달적 측면이나 존재론적 관점에서 문화적 속성을 파악해 보는 것이 필요하다.

더 나아가 청소년의 문화이론을 생성할 때에는 청소년이 행동하는 근본적 이유에 대해서 자율과 참여 독자적 생태환경의 차별성을 강조하는 문화적 이론의 수용이라는 형태가 더 바람직할지도 모른다. 청소년 스스로 왜 존재해야 하는지 그리고 삶의 방향은 자신에게 어떠한 가치로 형성되는지를 생각해 본다면 이전의 문화이론의 대부분이 물상화를 통해 만들어진 성과나 결과 중심으로 표현된 이론으로 설명하는 데 한계가 있기 때문이다.

청소년의 문화표현에서 얼마나 자신만만한 생각을 논의하고 그러한 기회를 얻고 있으며, 그 기회가 청소년 자신의 성장에 얼마나 큰 도움을 주는지의 관점에서 청소년문화이론의 발달을 논한다면 청소년문화이론은 청소년의 생각과 사고를 표현하고 집행하는 확산적 관점의 이론이 더 어울릴 수 있다. 특히, 청소년문화이론의 규정에서는 창조적인 사고의 혁신, 표현의 다양성 등을 자율적으로 노출함으로써 변화를 주도하는 청소년의 변화관점이라는 이론으로 접근하는 것이 더 타당하다.

C · H · A · P · T · E · R 04

청소년의 사고(인식)문화

01 청소년인식문화의 출발점

문화를 바라보는 시각에서 그 문화가 표현하고자 하는 바를 분석하되 가치→의식화→영웅화→상징화를 이루는 문화구성요소를 접목시켜 그 문화 속에서 이떻게 녹아들어 있는지를 판단해 보는 노력이 필요하다. 청소년은 문화를 접할 때 외형과 형태적 접근을 우선한다. 외형적으로 어떠한 현상이나 모습을 접하는 것은 청소년도 동일하다. 하지만 외형적 의미에 부가하여 청소년 스스로 문화라는 시각에 자신만의 인지적 · 정의적인 가치를 중시하는 모습을 보이게 된다. 따라서 청소년의 사고에서 문화가 의미하는 것을 우선적으로 고려해 보아야 한다.

첫 번째로, 가치기준의 명시 관점에서 청소년문화의 수용성과 태도가 어떻게 이루어지는지를 알아야 한다. 청소년이 생각하는 문화에는 어떠한 가치가 내재되어 있는지를 파악해 보는 노력이 선행되어야 한다.

두 번째로, 가치가 규정되면 이를 기반으로 의식화가 이루어지고 그 저변에 집단성의 포괄적 태도가 이루어진다. 아무리 좋은 문화적 속성을 보인다 하더라도 청소년은 자신의 특별한 가치를 얻는 것을 우선시하게 된다. 어떠한 가치로서 의미가 점철되고 있는지 그리고 자신은 그러한 가치에 의미를 부여함에 있어서 어떠한 수준으로 이해가 가능한지에 대한 우선순위를 먼저 생각한다. 그렇기 때문에 청소년의 문화는 가치지향적이고 가치 중심적이라는 것을 먼저 이해해야 한다. 그런데 대다수는 청소년문화의 가치선택적 의미 파악에 주저하게 된다. 그 이유는 가치가 주는 사회적 통념과는 많이 다른 여러 가지 이유로 핵심가치를 파악하는 것에 어려움을 겪기 때문이다.

그러므로 청소년이 문화활동을 함에 있어서 어떠한 인지적 태도를 바탕으로 가치를 형성하는지를 파악해 볼 필요가 있다.

02 청소년문화환경과 인지적 특성

청소년이 지각하는 문화에는 어떠한 가치가 가장 클까? 그리고 이러한 가치가 과연 청소년에게 어떠한 영향을 주는가는 우리가 청소년의 문화인식을 파악해 내려는 차원에서 가장 먼저 이행되어야 할 핵심요소이다.

청소년을 둘러싼 환경은 다양하다. 그 환경은 청소년의 사고와 가치관, 그리고 세계관에 영향을 주고 청소년은 그 영향을 받은 관점으로 사회를 바라보게 된다. 청소년은 사회가 청소년을 어떻게 생각하고 있는지를 인식하며, 자신만의 시각을 만들고 그 시각을 통해 자신의 주위를 받아들인다.

청소년기는 형식적 사고에서 추상적 사고로의 전환이 일어나는 시기이다. 청소년은 여러 현상에 대해 가설을 설정할 수 있으므로 구체적이고 실제적인 아동기 사고의 한계에서 벗어나 가능성에 대해 생각할 수 있다. 가능한 모든 변인을 탐색할 수 있는 청소년은 여러 명제 간의 논리적 추론을 다루는 명제적 사고는 물론 추상적이며 융통성 있는 사고 역시 가능하다.

청소년의 인식이나 사고에 따라 가치관이 다르게 나타난다. 첫째, 사회구조 및 현실에 대한 인식에 따라 직업관, 교육관, 경제관, 가정생활관, 종교관, 결혼관, 국가관, 사회관 등이 달라진다. 둘째, 자기, 타인, 인간에 대한 인식에 따라 자아관, 부모관, 교사관, 교우관, 이성관, 인간관 등이 달라진다. 셋째, 기타 인식으로는 세계관, 역사관, 여성관 등이 다르게 나타난다. 환경의 변화는 청소년의 새로운 문화를 만들고 그들의 인식과 사고를 바꾸기도 한다.

따라서, 청소년이 만들어 가는 문화 형태에서 인식문화는 그들이 청소년문화 자체에 대해 어떠한 사고를 바탕으로 문화규정을 하고 있는가에 초점을 두어야 한다. 특별히 인식적 사고문화를 파악한다는 것은 문화표현양식의 첫 단계에서 인식적인 가치를 청소년은 어떠한 차별성으로 두고 있으며, 만들어 가려는 행동의 가치가 어떠한 부분에 놓여 있는지를 분석해 보아야 한다.

03 청소년 인식의 시대적 변화

1) 인성, 인격 및 자아 성장관

청소년기에는 많은 생각을 하게 되는데, 특히 자아에 대한 생각이 다양하게 일어난다. 나를 찾아가는 시기로 사람에 대해, 사람이 가진 특성과 품성에 대해, 자신에 대한 고민을 통해 스스로의 성장을 꾀한다.

청소년의 긍정적 자아관은 생활만족도에 긍정적인 영향을 준다. 단순히 생활 전반에 영향을 미치는 것에 그치는 것이 아니라 청소년 스스로에게도 사회적인 여건이 사람을 바라보고, 자신을 바라보는 관점에도 영향을 미칠 수 있다(곽수란, 2009).

이전에는 도덕과 대의명분을 중시하였고, 사람이 가진 인성과 인격이나 자아에 대해서도 보편적인 것을 추구하였으며, 좋은 것이 좋은 것이라는 식의 사고방식이 더 강했다. 그런 의미에서 인간과 인격에 대해서는 사람에게는 의지와 옳은 일을 하는 것이 중요하다고 하면서 의지가 있으면 무엇이든지 할 수 있음을 강조하고, 사회적으로 용납되고 착하다고 생각하는 것을 따라 살아가는 것이 중요하다고 생각하였다. 그러나 지식정보화 사회가 되면서 틀에 박힌 인간보다는 기존의 방식에서 벗어나 새로운 방식으로 지식과 정보를 해석하고 생각하는 창의적인 인재가 필요하므로 사람에게 창의성이 중요하다고 여기고 그 연장선상에서 창의적인 능력 발휘를 위해서 하고 싶은 일을 하는 것이 중요하다고 본다. 하고 싶은 일을 할 때 좀 더 깊이 고민하고 새로운 사고를 통해 다양한 방식의 접근을 시도하면서 창의성을 얻을 수 있기 때문이다. 이러한 창의성은 융통성 있는 사고를 동반한다. 그런 의미에서 유연하고 융통성 있는 사고가 자아를 성장시키게 됨을 경험하게 된다.

전통적인 사고방식에서 자아는 고통과 인내를 통해서만 성장이 가능하다. 원하는 모습이 되기 위해 치러야 하는 고통이 있다면 그것을 참아내야 그만큼 도달할 수 있으므로 고난이 닥쳐오고 그 고난을 극복하기 위한 인내가 성장을 촉진한다고 본다. 또한, 모나지 않고 무난하게 적응해 나가는 것이 잘 성장한 것으로 인식되어 보통 사람, 색깔 없는 사람이 좋다고 여겼다. 그러나 시대가 바뀌면서 자기주장을 잘하고 자신만의 모습을 갖는 것이 중요하다는 인식이 강하다. 청소년도 외부 상황이나 요구에 순응하는 사람보다 자신만의 색깔을 가지고 세상을 바라보고 미래를 준비하는 것이 필요하다는 인식을 갖고 있다.

〈표 4-1〉 인성, 인격 및 자아 성장관

구분	전통적 의식	현대적 의식
인성, 인격 및 자아 성장관	• 사람에게는 의지가 중요하다. • 사람에게는 옳은 일을 하는 것이 중요하다. • 고통과 인내는 인간을 성장시킨다. • 보통 사람이 가장 정상이다. • 색깔이 없는 사람이 좋다.	• 사람에게는 창의성이 중요하다. • 사람에게 중요한 것은 하고 싶은 일을 하는 것이다. • 유연하고 융통성 있는 사고가 인간을 성장시킨다. • 개성이 있는 사람이 되고 싶어 한다. • 색깔이 있는 사람이 좋다.

2) 사회생활 및 사고방식

과거에는 나 개인보다는 공동체가 우선되고 공동체의 유지를 위해 최선을 다해야 함을 덕목으로 생각하고, 다른 사람에게 피해를 주면 안 된다는 생각이 강하게 지배했었다. 그러나 현대에 와서는 내가 좋으면 된다는 의식이 더 강하게 지배하고 있다. 집단이나 공동체, 사회의 질서 유지를 위해 노력하는 것이 우선시되어야 한다는 생각보다는 나 자신을 우선하여 생각하며, 나에게 도움이 되는 것을 먼저 생각하는 경향이 강하다.

또한, 과거에는 미래를 생각하며 현재의 고생을 견딜 수 있어야 한다는 생각이 지배적이었으며, 젊을 때 고생은 필요하다고 생각하였다. 하지만, 현재에는 고생 자체는 안 하는 것이 좋다는 생각이 강하다. 그래서 굴곡진 생활보다는 되도록 고생을 피할 수 있으면 피해 가고자 하는 욕구가 나타나고 있다. 이는 청소년의 현실만족주의적인 문화의 특성이 영향을 주는 것으로 볼 수 있다.

이전에는 삶을 살아가는 데 있어서 깊이 사고하고, 이상적인 것을 추구하며, 철학적인 생활을 하고자 하는 경향이 있어 철학책을 읽으며 뭔가 가치로운 것을 찾아가고자 노력하였으나, 현대에는 미디어나 영상이 발달하면서 형이상학적인 추구보다는 단순하고 감정적인 생활이 지배적이게 되었다. 그리고 그 생활이 더 재미있다고 여기는 경향이 나타나고 있다.

그리고 다른 사람들과 다른 가치관과 생각을 가지고 접근하는 것은 좋지 않다고 생각했었으나, 지금은 다른 사람들과 차이 나는 사고방식을 가지는 것에 대해 나름의 멋을 인정해 주는 경향이다.

또한, 어른을 바라보는 시각에 있어서도 어른은 청소년인 자신보다 삶을 먼저 살았기 때문에 지혜가 있으므로 그 경험에 대한 존경을 담아 대해야 한다고 생각했다. 그러나 현대에는 어른도 어른다워야 존경하지 무조건 어른이라는 이유로 존경하는 것은 아니라고 생각한다. 어른이 가져야 하는 덕목에 대한 기대감이 있는데, 그 기대감을 충족시켜 주는 어른이 진정한 어른으로 존중받아야 한다는 것이고, 어른으로서의 대접만 받으려고 하는 어른은 어른으로 인정하기는 어렵다는 시각이다.

이처럼 사회생활과 사고방식에 있어서 다르다는 것에 대한 인정이 쉽게 이루어지지 않았다가 점차 개성을 인정하고 새로운 형태의 모습을 받아들이는 경향성으로 변화하고 있음을 발견할 수 있다. 이를 정리하면 〈표 4-2〉와 같다.

〈표 4-2〉 사회생활과 사고방식의 비교

구분	전통적 의식	현대적 의식
사회생활 및 사고방식	• 나 자신보다는 집단이나 사회를 우선한다. • 젊었을 때의 고생은 가치 있다. • 감성적인 생활보다는 철학적인 생활이 더욱 가치 있다. • 괴짜는 고달프다. • 어른은 어른이기 때문에 존경한다.	• 집단이나 사회보다는 나 자신을 우선한다. • 고생 자체는 안 할수록 좋다. • 형이상학적, 철학적 생활보다는 감성적 생활이 더욱 재미있다. • 괴짜라고 고달프지 않다. • 어른이라는 이유로 존경하지 않는다.

3) 행복 및 성공관

행복과 성공을 바라보는 관점에도 변화가 있다. 행복은 사람의 궁극적인 인생의 목표로 볼 수 있기 때문에 모든 사람은 행복하기를 원하면서 끊임없이 어떻게 하면 행복해질 수 있을지 고민한다. 청소년기는 그 발달단계에 따라 학업 성취, 신뢰의식, 사회적 지원, 자기효능감이 행복을 결정하는 요인이 된다(성보훈 · 윤선아, 2010).

그러나 과거에는 이런 행복도 미래의 성공을 위해서는 희생할 수 있다는 생각이 지배적이었고, 현대에는 오늘의 행복이 중요하므로 미래의 성공을 위해 현재의 행복을 담보하지 말아야 한다는 생각이 현대에는 더 지배적이다. 청소년은 오늘 현재도 행복해야 하고, 미래 또한 잘 준비하여 조화로운 성인으로 성장해야 한다. 기성세대는 현재의 행복을 뒤로 미루고 미래에 좋은 대학을 나와 남들이 인정하고 돈을 많이 버는 직장에 다녀야 한다며 미래의 행복을 중시하였다. 그러나 우리나라 청소년의 삶의 만족과 행복이 OECD 국가 중 최하위로 나타나면서 청소년의 행복과 삶의 만족을 위한 현재의 삶에 대해 관심이 증가하면서 현재의 행복이 중요하다는 생각으로 변화하고 있다.

행복의 개념 또한 변하고 있다. 이전에는 작은 추억이 하나하나 쌓여 행복을 구성한다는 생각이 강했지만, 이것은 현대로 오면서 자신이 하고 싶은 일을 하면서 즐겁게 사는 것이 행복이라는 개념이다. 현재의 즐거움 추구와 연결된다. 덴마크는 2015년 OECD '더 나은 삶 지수'와 2016년 유엔세계행복보고서 '국민행복지수'에서 1위를 차지하였다. 마이크 비킹(Meik Wiking) 행복연구소장은 덴마크 사람의 행복 비결로 '휘게(hygge)'를 들었다(Meik Wiking, 2016, 정여진 역, 2016). 휘게는 따뜻함, 친밀함, 단란함을 말한다. 휘게를 통해 느낌을 강조하면서도 현재에 충실하라고 권한다. 이전의 추억도 여기에 해당하지만, 현재에 충실하게 집중하여 얻는 즐거움이 행복에서 중요하다는 것을 역설하고 있다. 이러한 내용이 우리 청소년에게도 행복의 개념으로 자리 잡아 가고 있다.

또한, 성공에 대해서도 전통적으로는 자신의 능력이 아무리 뛰어나더라도 때가 맞아야 한다는 생각이 강했다. 능력은 있지만, 운이 따르지 않아 실패한 것으로 생각하면서 쉽게 포기해 버리고 어쩔 수 없음을 말하였지만, 현대에는 자신의 노력을 통해 때와 기회를 잡아야 한다는 생각으로 변하고 있다. 그래서 할 수 있는 다양한 방법을 생각해 보고 그 방법 안에서 할 수 있는 것을 쟁취해 나간다. 그러한 집요함이 성공으로 이끌어 준다는 것을 믿고 기회를 잡기 위해 최선을 다하는 것이다. 이런 생각이 청소년을 더욱 강인하게 만들며, 개척정신을 가질 수 있게 한다.

행복 및 성공관에 대한 인식 변화를 정리하면 〈표 4-3〉과 같다.

〈표 4-3〉 행복 및 성공관

구분	전통적 의식	현대적 의식
행복 및 성공관	• 능력이 있어도 때와 기회가 맞아야 성공한다. • 미래의 성공을 위하여 오늘의 행복은 희생할 수 있다. • 행복은 아름다운 추억으로 구성된다.	• 때와 기회는 주어지는 것이 아니라 잡는 것이다. • 미래의 성공보다는 오늘의 행복의 중요하다. • 행복은 하고 싶은 일을 하는 즐거움이다.

04 청소년의 인식에 영향을 주는 요인

현재의 청소년문화는 다양하여 그 특징을 하나로 점철하기는 어렵다. 다양한 문화양상을 이해하기 위해서는 청소년이 그들을 둘러싼 환경을 어떻게 인식하고 있는지를 아는 것은 중요한 일이므로, 각각의 양상에 대해 가지고 있는 인식을 알아보는 것이 필요하다.

1) 학업, 진로, 진로인식과 청소년문화가치영향

우리나라 청소년 대부분은 학업을 스트레스라고 인식한다. 공부를 하는 아이나, 하지 않는 아이 모두 학업 스트레스가 있다. 고등학생들에게 '나와 공부의 관계'를 주제로 그림을 그리라고 했더니, 학업성적이 낮은 학생 한 명은 도저히 이루어질 수 없는 로미오와 줄리엣 커플을 그렸고, 또 다른 학생은 같은 극(S극 또는 N극)끼리 마주해 서로 밀쳐 내는 막대자석을 그렸다. 상위 1% 모범생은 국어, 영어, 수학, 과탐, 사탐이라는 다섯 수레가 목과 팔다리를 찢으며 능지처참하는 장면을, 다른 학생은 엄마가 개목걸이를 채운 채 대학까지 질질 끌고 가는 모습으로 묘사했다. 대학에 들어가서 직장을 구하느라 비슷한 지옥을 겪고, 또 채워질 수 없는 돈과 권력을 좇아 계속해서 지옥을 견디는 것이다. 학벌 · 돈 · 권력만 바라보는 목적지향적 사회에서는 이 경로를 벗어나는 순간 낙오자와 패자가 되고 소수만 승자가 될 뿐이다.

이런 상황이 청소년에게 영향을 미친다. 장래에 어떤 삶을 살고 싶으냐는 질문에 부자로 살고 싶은 것을 최우선으로 꼽는 요즘 세대다. 2019년 13~24세 청소년이 직업을 선택할 때 가장 중요하게 고려하는 요인은 수입이 적성 · 흥미를 앞질렀다. 13-19세 청소년은 2017년 적성 · 흥미(36.3%)가 높았으나 2019년에는 수입(32.3%)을 가장 고려하는 것으로 나타났고, 20~24세 청소년의 2017년, 2019년 수입(33.4%)을 가장 크게 고려하는 것으로 나타났다(통계청, 2020).

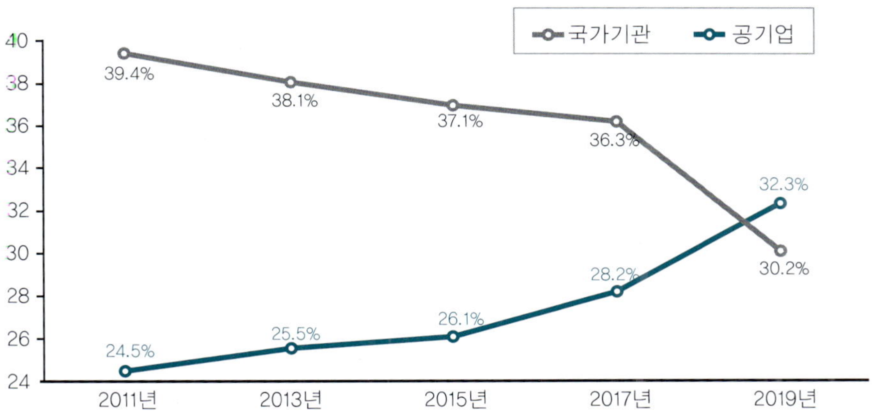

[그림 4-1] 연도별 직업선택 요인(13~19세)

출처: 통계청(2020).

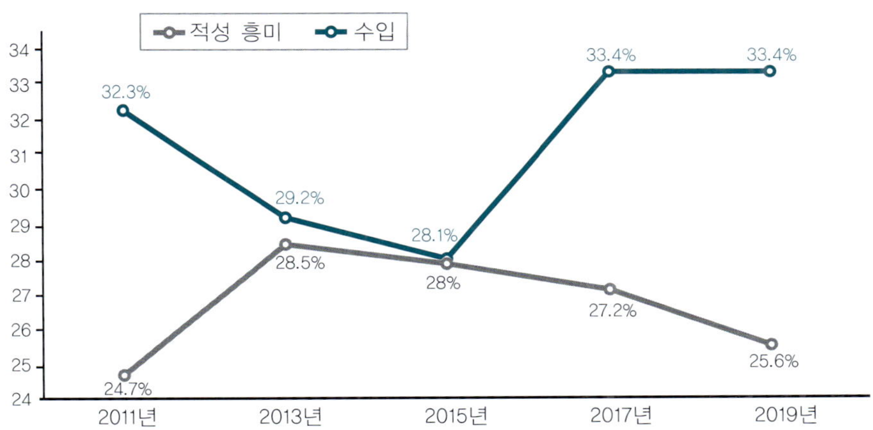

[그림 4-2] 연도별 직업선택 요인(20-24세)

출처: 통계청(2020).

〈표 4-4〉 직업 선택 요인(13-24세) 변화

(단위: %)

년도		계	수입	적성 흥미	안정성	발전성 장래성	보람 자아실현	명예 · 명성	근무시간 (1)	기타 (2)
2011	**합계**	**100**	**27.4**	**33.9**	**20.3**	**6.7**	**6.1**	**3.8**	**0**	**1.7**
	13~19세	100	24.5	39.4	17.5	6.1	6.5	4.3	0	1.8
	20~24세	100	32.3	24.7	25.1	7.8	5.6	3	0	1.5
2013	**합계**	**100**	**27**	**34.2**	**21.3**	**6.1**	**6.4**	**3.6**	**0**	**1.4**
	13~19세	100	25.5	38.1	18.6	5.1	6.9	4.2	0	1.6
	20~24세	100	29.2	28.5	25.3	7.5	5.6	2.8	0	1.2
2015	**합계**	**100**	**27**	**33.2**	**22.8**	**5.4**	**6.7**	**4.1**	**0**	**0.8**
	13~19세	100	26.1	37.1	19.9	5.1	6.2	4.6	0	1
	20~24세	100	28.1	28	26.6	5.7	7.5	3.5	0	0.6
2017	**합계**	**100**	**30.5**	**32.2**	**20.8**	**5.7**	**5.7**	**3.7**	**0**	**1.4**
	13~19세	100	28.2	36.3	17.6	6	6	4.2	0	1.7
	20~24세	100	33.4	27.2	24.8	5.4	5.2	3.1	0	0.9
2019	**합계**	**100**	**32.8**	**28.1**	**21**	**6.9**	**4.2**	**3.8**	**2.1**	**1.1**
	남자	100	34.3	26.8	20.1	7.2	3.5	4.7	2.3	1.1
	여자	100	31.4	29.3	21.9	6.6	5	2.8	2	1
	13~19세	100	32.3	30.2	19.7	6.7	4.2	4.3	1.3	1.3
	20~24세	100	33.4	25.6	22.5	7.1	4.3	3.1	3.1	0.8

주: 1) 근무시간 : 2019년 신규 추가 항목
2) 기타 : '모르겠음' 포함

출처: 통계청(2020).

2019년 13~24세 청소년이 선호하는 직장으로 국가기관이 22.3%로 가장 높게 나타났으며, 공기업(19.5%), 대기업(19.1%)의 순으로 공기업과 대기업 선호도가 거의 비슷한 수준으로 나타났다.

2017년에 비해 국가기관은 감소하였으나 공기업, 대기업, 중소기업의 선호도는 증가하였다.

〈표 4-5〉 청소년이 선호하는 직장(13~24세)

(단위: %)

연령별	시점	계	국가기관	공기업	대기업	중소기업	벤처기업	외국계기업	전문직기업	해외취업	자영업(창업 등)	기타
13~18세	2011년	100	30.3	9.5	24.9	2.7	3.7	4	11.2	2.6	7.6	3.5
	2013년	100	29.7	12.7	24.2	2.7	3.2	4.8	9.8	2.8	6.5	3.6
	2015년	100	25.5	14.4	22.8	2.8	3.6	6.1	10.6	3.6	8.1	2.5
	2017년	100	26.3	14.2	18.1	3.9	3.7	7.4	11	4.5	7.6	3.3
	2019년	100	22.9	16	21.8	5.6	2.8	6.5	8.9	4.7	9.1	1.8
19~24세	2009년	100	27	18.7	16.7	2.4	2.8	4.3	13.5	4.6	9	1
	2011년	100	25.8	17.6	20.3	2.5	2.6	7.2	8.9	3.5	10.7	1
	2013년	100	27.4	18.4	19.8	3.5	2.5	7.3	7.1	3.2	8.8	2.1
	2015년	100	21.9	21.7	17.3	3.5	3.8	7	8.3	3.8	11.4	11
	2017년	100	23.9	21.8	14.2	4.3	3	7.2	7.6	4.8	12	11
	2019년	100	21.7	23	16.4	5.9	2.2	7.7	6.3	4.8	11.1	1

출처: 통계청(2020).

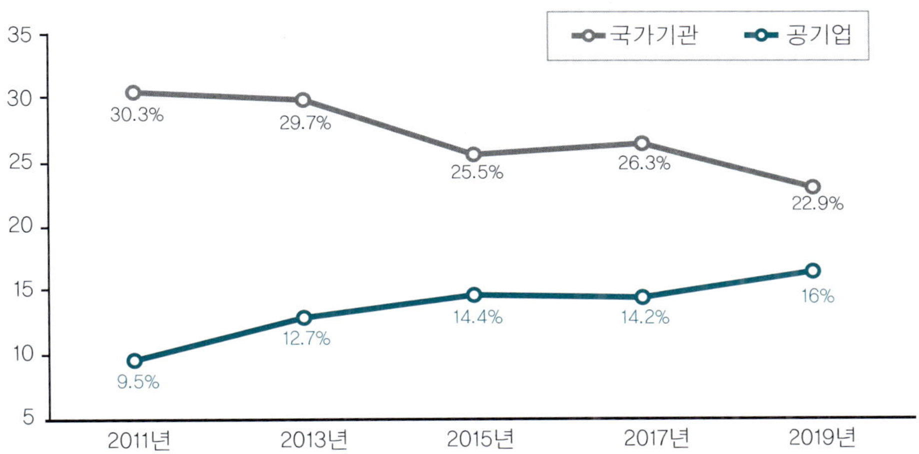

[그림 4-3] 청소년이 선호하는 직장(13~19세)

출처: 통계청(2020).

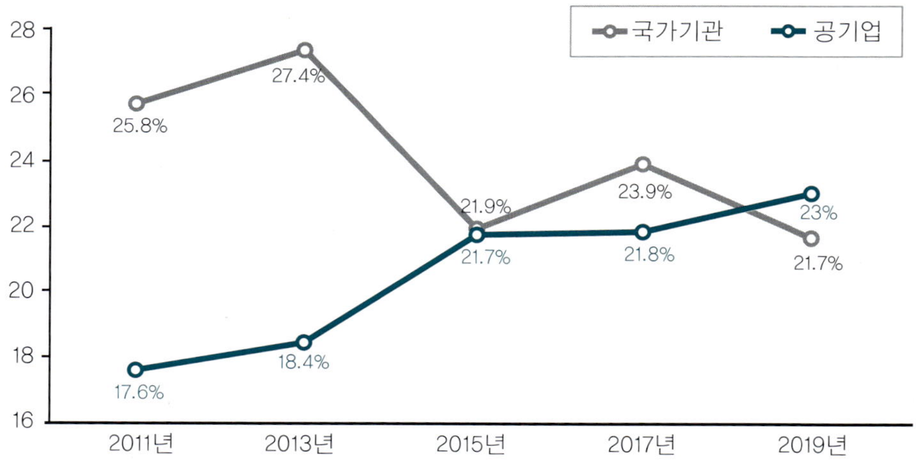

[그림 4-4] 청소년이 선호하는 직장(20~24세)

출처: 통계청(2020).

직업적 태도를 보면 청소년은 미래의 직업을 선택함에 있어서 외형적으로 보여지는 자격, 학력, 경력 등과 같은 요인의 중시보다 자신이 미래에 무엇을 해야 할 것인지와 동시에 자신의 역할을 가장 크게 부여받을 수 있는 조건을 만들 수 있는 기회로서 직업을 선택하게 된다는 점에서 매우 의미 있는 변화를 보여 준다. 이런 점에서 직업진로 선택의 자기주도적 가치관이 잘 형성되고 있음을 알 수 있다. 그럼에도 불구하고 최근 어려워진 직업 여건을 잘 보여 주듯이 국가직이나 대기업만을 선호하는 일방향적 사고는 여전하다는 점에서 청소년의 진로의식에 대한 강한 불균형(mismatch)현상은 안타깝다. 따라서 이러한 직업의식의 타파, 올바른 직업 여건의 개발과 확장 등의 종합적 노력이 필요한 상황이라고 여겨진다.

2) 청소년의 성가치인식과 문화적 영향

청소년의 성가치인식은 다른 어떠한 영역보다도 큰 변화와 혼동이 강한 영역이다. 신체적 변화만큼 본능적 에너지가 발현되기 시작하면서 이성과 동성에 대한 이끌립 현상이 강하게 나타나며, 다른 어떠한 영역보다도 가치중립에서 혼란스러운 모습을 보인다.

일명 폭풍의 시기로 불리는 이 시기는 양성성, 동성성, 이성성 등의 다채로운 성적 혼란이 가중되는 시기이기 때문에 다양한 성적 차별성에 노출되기 쉽고 성에 대한 올바른 가치의식을 만들어 가는 중간적 특성을 보인다. 따라서 성문화라는 시각에서 본다면 청소년에게는 성인과는 다른 성가치의식의 모습이 혼재되어 나타나게 된다.

일반적으로 성적 태도나 연대 등 성의식에 있어서 개방적인 태도가 형성되어 있다. 과거와 달리 스킨십이나 간단한 접촉 수준은 별다른 거부감이 나타나지 않고, 더 적극적인 애정 표시로 인식하는 경향이 강하다.

특히, 청소년의 성문화는 성의식의 차원에서 의식적 가치를 형성하는 데 가장 중요한 요소이다. 자신이 어떠한 가치를 지향하고 어떠한 생각을 이성 또는 동성과 공유하는가에 따라 집단적 공유감을 크게 형성하기 때문이다. 따라서 청소년의 성문화의식에 영향을 미치는 요소를 파악해 보면 다음과 같다.

(1) 연애 가능성

연애는 청소년이 이성에 대한 관심과 자신을 표현하는 맹목적 수단이 되기도 하며, 때로는 특정의 목적을 지향하기보다는 사람과 사람 사이의 이끌림을 표현하는 간단한 수단이 된다. 따라서 기성세대가 이야기하는 이성 간의 결혼이나 가정을 꾸리기 위한 방편으로써의 연애관이 아니라 사랑, 느낌과 관계성 지향 등의 관점에서 자신을 표현하는 핵심적 수단으로 작용한다. 청소년이 느끼는 연애관은 아직 정립되기 전의 사랑과 애정의 의식을 의미하는 것으로 기성세대의 관점과는 많이 다르다. 청소년에게 연애를 할 수 있다고 생각하는지를 묻는다면 대부분 '그렇다'라는 긍정적인 반응을 보일 것이다. 연애라는 가치에 대해 형식과 가치의 차이는 있을지라도 과거처럼 청소년이 이성적 태도를 보이는 것에 대한 거부감을 느낀다는 것은 청소년 사이에서는 말도 안 된다는 표현이 더 적절하다.

이는 오늘날 청소년이 생각하는 연애관이나 사고에서 개방적 태도를 보이는 시도는 지극히 자연스러운 모습으로 규정되어 있다고 말할 수 있다. 번화한 거리를 지나갈 때 자연스럽게 서로를 껴안고 애정표현을 하는 10대를 심심치 않게 맞닥뜨릴 수 있다. 여기에는 성에 대한 개방적 태도는 물론이지만 그동안 각종 매스컴이나 사회적 풍조 속에서 성에 대한 인식적 개방성이 주는 영향도 적지 않다. 이제 청소년은 무조건 애정표현을 금지하거나 표현해서는 안 된다는 사고방식은 진정으로 고루한 표현이 된 것이다.

(2) 스킨십의 표현

사귀는 친구와 손잡기나 포옹 등의 스킨십을 하는 것은 자연스러운가에 대해서는 '그렇다'라는 긍정적인 반응이 32.8%로 '아니다'라는 부정적인 반응 27.5%보다 많았다. 세부적으로 보면 '그렇다'가 21.8%로 많았고, '매우 그렇다'는 11.0%였다. 반면에 '아니다'는 16.5%, '전혀 아니다'는 11.0%였다. 성별 차이를 보면 남자보다 여자가 스킨십에 대해 더 허용적으로 나타나기도 했다(서울시립청소년성문화센터, 2013).

사랑하는 사람이라 하더라도 신체적 접촉이 싫을 때는 거부할 수 있는가에 대해서는 '그렇다'라는 긍정적인 반응이 73.3%로 '아니다'라는 부정적인 반응 8.8%보다 많았으며, 남자보다 여자의 신체 접촉 민감성이 더 높은 것으로 나타났다(서울시립청소년성문화센터, 2013).

스킨십에 대한 호기심이 있지만, 모든 것에 허용적이지는 않은 것으로 보아 청소년들이 신체접촉에 무분별하지 않고, 어느 정도는 나름대로 기준을 정하고 행동하기를 원하는 것을 알 수 있다. 한 예로 FGI 인터뷰에 참여한 초등청소년이 좋아하는 사람과의 스킨십을 다음과 같이 말했다.

Q: 좋아하는 사람하고 손을 잡거나 스킨십을 하고 싶다고 생각한 적은 없어?
A: 있죠. 많죠. 손잡는 거. 또는 안는 거까지는 괜찮은데... 안기까지만 해 보고 싶어요. 안으면 기분이 좋아진다는데 무슨 느낌인지 안겨 보고 싶어요. 심장이 막 뛸 것

같고. 슬플 때 안기면 기분 좋아질 거 같은데.
Q: 뽀뽀 같은 것은?
A: 아직 그 정도는 아닌 것 같아요. 중학교, 고등학교는 가야... 아직은 너무 이르죠.

(3) 성관계 가능

사랑한다면 성관계를 할 수 있다고 생각하는가에 대해서는 청소년뿐만 아니라 성인 모두가 그렇다고 동의하는 것은 아니다. 물론, 성관계의 단순한 의미보다는 성문화에 대해 나름의 기준을 제대로 가지고 있다고 보기 때문이다. 그렇다고 청소년의 성의식이 낮다는 점이 단순히 성에 대한 의식 미비, 성에 대한 책임성 미비로 이어진다고 단순화해서 설명하기는 어렵다. 청소년이라고 해서 무조건 성에 개방적이며, 성관계를 희망하고 그 결과에 대해서 무책임한 행동을 한다는 점은 아닐 것이다. 그들 스스로도 미래에 대한 책임의식이 강하고 성에 대한 서로의 배려도 충분하며, 동시에 건강한 성생활 등의 가치정립적인 태도를 가지고 있다. 다만, 올바른 청소년의 성문화나 가치의식의 제고를 위해서는 어떠한 점을 중시해야 하는지에 대한 스스로의 기준이 필요하다. 무조건적인 성문화나 가치를 제공하는 것에서 벗어나 청소년 스스로 성에 대한 책임을 강화하고 그로 인한 행위나 수단이 어떤 결과를 나타내는지 생각해 보는 것이 더 중요하다.

그렇지만 청소년의 성문화의식을 파악하는 데 있어서 가장 큰 걸림돌은 기성세대의 성에 대한 자기검열이 강하다는 점이다. 자기검열은 청소년의 주체성에 대한 표현을 가로막는 외적 요인이 되며, 폐쇄적이고 권위적인 집단이 표현하는 가치의식이 강할수록 스스로 이러한 검열에 동화되는 경향이 강하다. 특히, 표현의 자유를 제시하고 있기는 하지만 성적 표현과 같이 사회적으로 터부시하는 금기적 가치가 강한 경우에 성적 표현은 자기 스스로 한계를 노출시키며 사회적으로 강요하는 분위기에 강하게 압력을 받을 수밖에 없다.

청소년은 성적 표현을 하고자 하는 욕구가 강하지만 사회가 주는 외적 압력에

굴복하거나 표현하지 못 하는 경향을 나타내면서 성적 기대감은 더욱 음성화되는 경향이 강하다. 본래 성적 표현을 통해서 건전한 성문화를 만들어 가도록 해야 하지만 청소년 스스로가 지니는 성적 자기검열의 한계로 인하여 애정표현, 성적 가치관의 정립, 균형적 성표현의 가치인식에서는 많은 어려움을 겪는다. 그래서 청소년의 성문화가 다소 왜곡되고 편향적으로 흐를 가능성이 크다는 점은 기성세대의 자기검열의 한계로도 작용할 수 있다는 점에서 많은 인식 개선이 필요하다.

3) 청소년 또래에 대한 인식

청소년은 또래에게 어떻게 보이느냐가 그들의 삶에서 매우 중요한 부분이다. 청소년기의 특징 중 자아중심성의 상상적 청중은 청소년이 인기를 얻으려는 욕구를 가지고 있음을 보여 준다. 청소년은 또래에게 인기를 얻기 위해 사교성, 외모의 매력성, 협력의 태도 등의 자질을 갖추기 원한다.

또래끼리 함께 보내는 시간이 많을수록 서로에게 친밀감을 느끼고 괜찮은 아이와 별 볼 일 없는 아이, 믿을 만한 아이와 믿을 수 없는 아이를 자연스럽게 구분하면서 또래집단을 형성한다. 청소년은 또래집단에서 안정감을 느끼며, 학교에서나 학교 밖에서 함께 어울리는 사람이 존재하므로 외롭지 않고, 혼자 하지 못하는 행동도 할 수 있게 되고 교사나 부모님을 포함한 어른들의 안 좋은 시선 또한 두려워하지 않는다.

유영아(2007)의 연구에서는 중학생 또래문화의 특징으로 중학생은 또래 그룹을 형성하는 데 있어서 가시적 차별요인에 영향을 거의 받지 않는 것으로 나타났다. 용모나 학업성적, 가정의 경제적 조건보다는 성격이나 취미, 사고방식 등을 친구의 요건으로 생각하는 것으로 나타났고, 또래집단의 정체성 또한 외모, 성적 혹은 부 등으로 구성되는 것이 아니라 성격이나 가치관의 차이에서 형성되고 있음을 알 수 있었다.

또래문화는 학교 중심의 문화에 긍정적인 측면과 부정적인 측면이 있다. 긍정적인 측면은 학교에 대해 부정적인 느낌을 가지면서도 공부는 해야 하는 것으로 인식하고 있는 아이에게 또래문화는 놀이를 함께 공유하며 공동의 관심사를 공유하고 함께 시간을 보내는 친구들과 학교생활에서의 어려움(선생님의 잔소리, 학교규칙 어김 등)을 나눌 수 있어서 학교생활을 즐겁고 재미있게 인식하고 있다는 것이다. 부정적인 측면은 또래집단의 행동이 학교 전체 학생들에게 미치는 영향이 매우 크며, 이들의 정체성이 학교 안에서는 물론이고 학교 밖에서의 활동에서도 이루어진다는 점을 들 수 있다. 본인은 별로 하기 싫어도 또래집단이 함께 하기 원하면 동조하고 함께 행동해야 하는 압력이 작용한다는 것이다.

중학교 또래집단은 공부를 잘하는 친구를 가장 부정적으로 보았고, 외모와 스타일이 세련된 친구를 선호하는 것으로 확인되었다. 또래집단 내에서도 의사소통을 하다가 갈등이 생기면 무조건 자기 집단의 친구 편을 드는 경향이 많았고, 이런 이유로 그들은 서로 간의 결속이 타 집단보다 높았다.

또래집단의 자기 인식과 타 집단에 대한 평가에서는 전반적으로 자기가 속한 집단에 대한 인식과 평가가 긍정적임을 알 수 있다. 이성을 포함한 친구와의 원만한 교제, 스타일의 세련됨, 자신의 인간성에 대해서 긍정적으로 인식하고 있었고, 자기 자신과 행동에 대해서는 긍정적으로 보면서 다른 집단이나 다른 학생의 행동에 대해서는 부정적으로 인식하고 있음을 알 수 있다.

4) 청소년 언어에 대한 인식

청소년이 가장 많이 사용하는 언어는 비속어, 은어이다. 청소년 스스로도 비속어와 은어 사용에 대해서 문제점을 인식하고 있다. 국민대통합위원회가 '청소년 언어 사용 실태'와 함께 조사한 '언어 사용에 대한 국민인식결과'를 보면 알 수 있다. '언어 사용 문제 중 가장 심각한 분야가 무엇인가'라는 질문에 '청소년의 비속어, 신조어 사용'이라고 답한 사람이 전체(52.2%)보다 10대(64.8%)에서 높게 나타났다(국민대통합위원회, 2015). 청소년도 비속어나 은어를 사용하는 것이 잘못이라는 인식을 가지고 있으면서도 습관처럼 계속 사용한다는 것을 알 수 있다.

또한, 학년이 높을수록 언어표현의 규범성에 대한 인식이 낮다. 초등학교 4, 5학년 때는 욕이나 비속어를 쓰지 말아야 한다고 동의하지만, 학년이 높아질수록 그 비율이 낮아진다(국립국어원, 2015). 욕이나 비속어 사용을 꺼리긴 하나 지속적으로 사용하는 환경에 놓이다 보니 무덤덤하게 받아들이며, 중2 이후에는 규범성에 대해 동의하지 않는 경우가 많아지고 있다. 욕이나 비속어를 사용하지 않도록 직접적인 통제 이전에 그 언어 사용에 대한 생각을 스스로 하고, 규범적 언어 사용에 대한 인식을 내면화할 수 있도록 안내하는 일이 무엇보다 중요하다.

5) 청소년의 인식문화 판단의 조건

청소년이 인식문화를 규정한다는 것은 각종 문화적 특성 사이에서 어떠한 가치기준을 두고 있는지에 대한 명목화된 분석으로 가능하다. 청소년문화는 결과론적으로는 기성세대가 보는 반문화 · 저항문화적 인식이 강하다. 이는 보편적인 상황에서 바라보는 시각적 오류이다. 청소년은 그렇지 않다고 여기는데 서로의 차이가 존재한다. 언어나 행동의 사고를 기성세대와 다르게 해야 한다는 것은 그들의 문화를 차별적으로 바라보는 것이 아니라 어쩌면 청소년이라는 대상의 행동을 이해해야 하는 첩경이다. 그래서 청소년이 여러 문화의 조건을 얼마나 가치 있는 부분으로 인식하며 어떠한 가치기준을 두고자 하는지에 대한 세심한 발견이 필요하다.

무엇보다 중요한 점은 청소년의 인식을 이해하는 데에서 기성세대는 청소년과 같은 수준의 눈높이를 조율하고 맞추어 가는 시도를 해야 한다. 청소년 스스로 자기검열의 한계를 인정하되 자기검열이 강하면 쌍방향 커뮤니케이션이 불가능하다는 점에서 의견 공유나 사고의 나눔이 불가능해진다. 특별히 성교육이나 성의식과 같은 관점에서는 청소년과 함께 하는 문화 나눔의 가치정립이 필요하다. 그래서 무엇보다 중요한 것은 청소년문화를 이해하기 위해서는 청소년과 함께 하는 인식개선의 과정에 포함되도록 하는 열정이 수반되어야 한다.

사람이 하나의 시선만으로 사물을 보고 판단하는 것을 시선의 불균형이라고 한다. 시선의 불균형성을 인정하면, 나의 시선과 타인의 시선이 다르다는 점을 깨닫게 되고 서로 다른 관점으로 시선을 이해하게 되므로 나와 함께 타인의 공간도 쉽게 구경하게 된다. 하지만 오히려 자신의 시각에서만 바라보고 타인의 시선을 맞추도록 하게 한다면 타인의 시선은 더욱더 불편해진다. 우리가 청소년의 성인식을 기성세대의 시각으로 바라본다면 온전한 관계를 유지하기 어렵게 된다. 청소년문화 가운데 성문화에서는 더욱더 균형적인 사고나눔의 기준이 필요한 이유도 이 때문이다.

C·H·A·P·T·E·R 05

청소년의 표현문화: 언어, 패션

청소년이 문화를 표현한다는 것은 가치기준의 명료화 단계를 넘어서 영웅과 상징화의 단계로 접어듦을 의미한다. 상징에는 자신의 상징일 수도 있고 타인의 상징을 통한 수렴일 수도 있다. 이러한 표현과정에서 무엇을 상징하려고 하는지 그리고 그 상징에는 어떠한 가치기준을 내포하고 있으며, 그 기준을 어떻게 받아들이고 있는지를 분석하려는 태도가 필요하다.

문화가 표현되는 방식에 따라서 그동안 고급문화, 저급문화, 예술성, 심미성, 전통성 등 다양한 형태로 규정되어졌다. 이처럼 문화는 어떠한 형태로 형상화되는가에 따라 외부에 의해서 의도와는 다르게 형상화되기도 한다. 최근의 청소년문화 가운데 한류문화로 명명된 것도 이러한 표현의 양식이 어떤 하나의 형태로 격식화되면서 나타난 현상이라고 할 수 있다. 무엇보다 문화를 형식화하는 것은 타인에게 쉽게 보여 줄 수 있는 가치기준의 외형적 모습이 되기 때문이다. 그래서 물상화를 이루는 것이 마치 문화의 정형화된 모습으로 규정되기도 한다.

청소년문화의 표현은 크게 세 가지 차원에서 이루어짐을 파악해 볼 수 있다.

첫 번째는 상징적 의미 표현으로서의 청소년문화표현이다. 표현은 각기 다른 상호작용적 관계를 쉽게 전달하려는 양상을 보여 준다. 다른 사람에게 전달하고자 하는 사물, 지시, 명령, 자극, 신호, 물리적 힘 등에 포함된 은유의 의미는 늘 다르기 때문이다(박라미, 2009).

표현을 한다는 것은 누구나 마음속으로 꿈꾸고 있는 창조적 자아상의 노출을 의미한다. 프로이트가 말한 본능의 억압을 경험한 상황에서 이들을 분출시키려는 에너지가 확산될 때 누구도 억누를 수 없는 행태로서의 표현 방식은 그 형태가 문화 규정을 준수하든 그렇지 않든 간에 엄청난 가치 유지의 의미가 내재되어 있다는 점이다.

청소년이 상징의 표현을 통해서 나타내고자 하는 표상에는 다양한 의미가 내재되어 있다. 우선 [그림 5-1]처럼 상징을 통해서 주관적 및 객관적 상징성을 반영하여 내적인 의미까지도 밀접하게 관련시키게 된다.

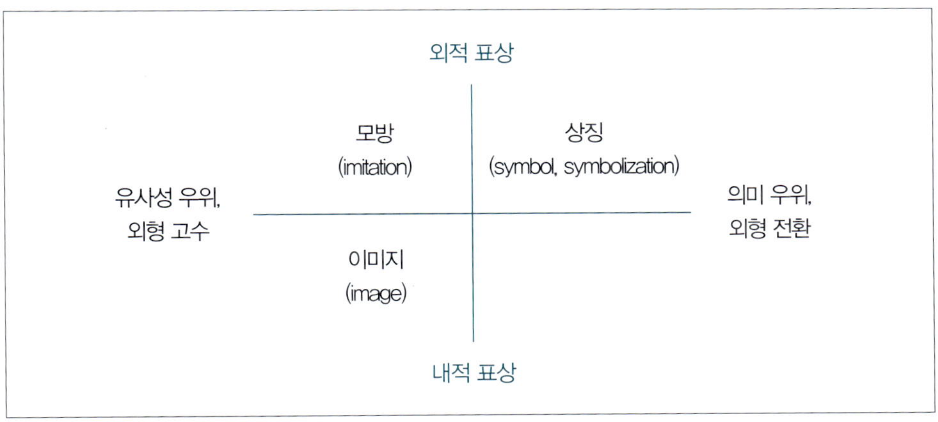

[그림 5-1] 상징과 구분의 이해

출처: 이종희(1998).

두 번째는 청소년문화 표현과정에서 청소년 간 영웅과 집단의 차이가 어떻게 나타나는지를 파악해 보아야 한다. 표현은 곧 상징이라는 과정을 거치면서 집단을 이끌어가는 대표성을 지닌다. 대표적 모습은 사람 또는 어떠한 표상으로 표면화되는데 이를 통해서 청소년은 동화되고 영웅이라는 모습을 마음속으로 내재화하여 자신도 닮아 가게 되는 것이다. 영웅과 같은 모습으로 상징이 표현되면 자신이 그 속에 포함된 것만으로도 스스로 깊은 감동을 얻으며, 동일시의 효과를 얻게 되고 청소년의 마음속에 주인공의 형상이 각인된다.

일반적으로 대부분의 청소년은 자신의 생활을 쉽게 벗어나지 못하면서도 탈피하려는 꿈을 꾼다. 그런데 자신이 형상화한 영웅이 만들어지면 그 영웅을 통해서 자신의 소망을 실현시키는 목표를 달성하고자 노력하게 된다. 때로는 꿈을 꾸며, 마음속에서 빚어진 일에 대한 환상을 갖게 되는데, 이는 바로 청소년기의 환상성과도 맥을 같이 한다.

청소년은 여전히 자아가 형성되어가는 과정에 있기 때문에 자신과 함께하는 집단 속에서 추앙받는 영웅의 모습을 통해 초인적이고 상상적인 이미지가 전략적으로 삽입되면서 자신도 충분히 영웅인 것처럼 행동하게 되는 것이다. 그래서 청소년문화의 표현에서는 영웅적인 가치가 어떠한 의미로 내재되는지를 파악해 볼 필요가 있다.

세 번째는 청소년의 표현을 통한 의식과 가치기준의 차별성은 무엇인지를 분석해 보아야 한다. 의미의 표현에는 어떠한 자신의 가치기준이 정립되어 있는지와 가치를 만들어 가고자 하는 노력이 얼마나 다양한지를 파악해 보아야 한다.

01 언어

1) 언어의 의미

언어는 사상, 감정을 나타내고 의사를 소통하기 위한 음성 · 문자 등의 수단이다. 언어는 그 음성이나 문자의 사회 관습적인 체계를 말한다.

언어란 정보를 전달하고 생각을 나누며 글을 쓰기 위한 도구이다. 언어를 통해서 자신이 알고 있는 정보를 다른 사람에게 전해 주고, 자신의 생각이 어떠한지를 나타내기도 하고, 그 생각을 글을 써서 표현하기도 한다. 이렇게 사람의 생각이나 신념, 심리 상태 등을 표현하는 도구가 언어이다. 이러한 언어는 일정한 형식과 체계를 가지고 특정한 시대와 공간을 함께 살아가는 사람끼리의 의사소통을 하는 매개체 역할을 한다. 그러므로 사회적으로 한 사회가 지향하는 문화적 정체성과 역사성을 그 언어 안에 담고 있다고 볼 수 있다.

인간은 태어나면서부터 끊임없이 언어발달을 이루는데, 그것은 인간이 가지는 감각운동능력을 바탕으로 하여 완성해 나간다(Bloom, 1970). 그래서 외부에서 들어오는 정보를 수용해 저장하고, 다양한 실수를 포함하여 표현해 나가다가 점차 체계적인 언어기술을 습득하면서 자신의 의사소통 스타일을 확립해 나가게 된다. 그렇게 될 때 사회 구성원으로서 자리매김하게 되는 것이다. 언어발달은 한 시기 안에 한 단계로 이루어지는 것이 아니라 오랜 시간 다양한 영역에서 이루어지는 능력이다(Owens, 2012).

언어는 사람이 자신의 뇌 속에 있는 생각을 다른 사람에게 나타내는 체계로, 인간의 사고를 담아 만들어지지만, 만들어 사용하게 되는 언어에 의해 인간의 생각이 형성되기도 한다. 언어와 사고는 양방향 상호작용을 하면서 의미를 발전해 나간다. 언어가 인간의 사고에 영향을 미치기 때문에 언어를 통해 사물이나 나타나는 현상을 공평하고 긍정적으로 바라보며 인생을 성찰하는 태도를 가져야 한다.

2) 언어의 특성

(1) 기호성

언어는 의사소통을 위한 체계적이고 상징적인 기호이다. 어떤 물체나 추상적 의미를 표현할 때 음성과 문자라는 기호를 통해 표현한다. '배'라는 과일을 나타낼 때 입으로 [배]라고 발음하고 글로 '배'라고 적는다. 이런 성질을 기호성이라고 한다.

(2) 자의성

언어는 음성과 의미의 결합으로 이루어져 있지만, 음성과 의미 사이에 필연성은 존재하지 않는다. 그것이 자의성이다. [그림 5-2]에서 보듯이, '책'을 나타내는 음성은 각각 다르지만, 의미로서의 개념은 한국, 중국, 미국, 일본 모두 똑같다. 언어의 음성과 의미가 자의적이지 않고 필연적이라면 동일한 의미를 나타내는 언어가 각각 음성에서 차이가 나는 것을 설명할 방법이 없게 된다.

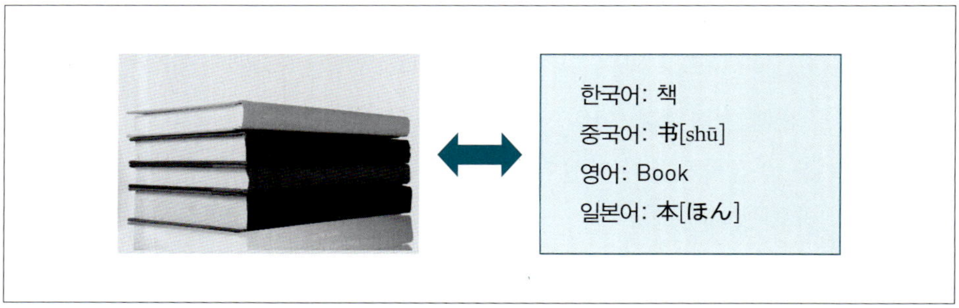

[그림 5-2] 책의 단어

(3) 사회성

언어는 사회적 약속체계이며, 어떤 개인이 마음대로 바꿀 수 없다. 언어가 그 사회에서 생명력을 얻으려면 언중들이 공인을 해 주어야 한다. 그래야 그 사회에서 그 언어가 효력이 생긴다. '노견(路肩)'이라는 단어는 한자말이다. 그래서 이것을 고유어로 표현하자는 노력으로 '갓길'이라는 단어로 사용하여 지금까지 '갓길'로 불린다. 이렇게 사회적으로 정한 것에 언중들이 공인하여 생명력을 불어넣어 지속하여 쓰이고 있는 것이다. 사회적으로 약속된 언어의 특성을 언어의 사회성이라고 한다.

(4) 역사성

모든 생명체는 태어나고 성장하고 죽는다. 이것이 자연의 순리다. 이처럼 언어도 생성, 성장, 소멸의 과정을 겪는다. 개별적인 말의 소리가 변하여 음운체계가 변하기도 하며, 그로 인해 문법적 요소와 형태도 변화의 과정을 겪게 된다. 지금 우리가 쓰고 있는 한국어도 시대를 거듭해 오면서 현재의 모습으로 변화해 왔다. 이러한 언어의 특징을 역사성이라 한다. 중세국어의 면모를 보이는 '훈민정음'에서 사용되었던 어휘나 문법, 의미가 변화되어 오늘날에는 쓰이지 않는 경우가 많다. 서문에서 '어린 백성이'의 '어리석다'는 의미의 '어린'이 오늘날에는 '나이가 젊다'는 의미로 바뀐 것을 확인할 수 있다. 이런 변화를 역사성이라 한다.

(5) 창조성

한정된 음운으로 수많은 형태소와 단어를 만들고 무한한 문장과 글을 생성할 수 있다. 인간은 새로운 단어와 문장을 끊임없이 만들어 낸다. 역사성에서 언급한 것처럼 훈민정음을 보면 지금의 말이 얼마나 달라졌는지 알 수 있다. 텔레비전을 봐도 어떤 단어는 쉽게 이해하지 못한다. 특히, 나이 든 세대가 어린 세대의 어휘나 표현을 이해하기란 무척이나 어렵다. 또한, 통신언어는 난해한 기호처럼 보이기도 한다. 들어 보지 못한 수많은 문장을 이야기하고 쓰는 인간의 언어능력은 창조성의 좋은 예가 된다. 동물은 새로운 단어나 표현, 문장을 만들어 내지 못한다. 단지 제한적인 의사소통 방식을 단순히 활용할 뿐이다. 새로운 단어를 만든다는 것은 학습이 가능하다는 전제가 있어야 한다. 내가 만들어도 다른 사람이 그것을 듣고 이해하는 과정이 있어야 하기 때문이다. 이렇게 한정적인 음운으로 새로운 단어와 문장을 끊임없이 만들어 낼 수 있음이 언어의 창조성이다.

(6) 분절성

동물의 의사소통에는 나뉨이 없다. 자음과 모음의 구별이 없고 품사와 어절의 구별이 없다. 하나의 소리가 하나의 의미를 나타낼 뿐이다. 반면에 인간의 언어는 자음과 모음의 구별이 있어서 이를 다른 음소로 바꾸는 것이 가능하다. 물론, 다른 음소로 바꾸었을 때 의미의 변화가 일어나기도 한다. 같은 계열관계에 있는 형태소의 경우도 교체가 가능하다. 이는 언어가 분절되는 특성이 있기 때문이다.

3) 언어의 기능

다양한 특성을 가진 언어는 어떤 기능을 할까? 한 사람이 말이나 글을 통해 의미를 나타내고 그 나타냄, 다시 말해 표현이 다른 사람에게 전달되어 같은 의미 또는 새로운 의미로 이해되어 다시 다른 사람에게, 또 다른 사람에게 연결되면서 언어는 여러 가지 기능을 한다.

일반적으로 언어의 4가지 기능은 말하기, 듣기, 읽기, 쓰기로 얘기된다. 말하기, 듣기, 읽기, 쓰기를 통해 언어가 사람과 사람 사이에 어떤 역할을 하는지에 대해 생각해 보는 것이 필요하다. 박진규(2015)는 언어의 기능을 5가지로 언급하고 있다.

(1) 의미 전달의 기능

언어는 형식과 내용의 결합을 통해 의사소통을 이루어 낸다. 사회 구성원들은 공유하는 기호체계를 통해 의미를 전달하여 소통을 한다. 이것이 언어가 가지는 기본적인 기능으로 말하기, 듣기, 읽기, 쓰기를 통해 이루어진다.

(2) 사고적 기능

우리는 언어를 통해 생각한다. 언어는 개인의 내면에 있는 사고활동을 구조화하고 활성화시키는 기능을 한다. 우리에게 언어가 없다면 생각의 발전이란 있을 수 없을 것이다. 언어가 우리의 사고활동을 촉진해 나가는 역할을 한다.

(3) 지시적 기능

무엇인가를 지칭하는 것이다. "이것은 교탁이다."라고 말한 것을 통해 사물을 나타내고, 세종대왕이 한글을 창제했다는 사실을 나타내기도 하고, 청소년문화의 현상이 어떠하다는 것에 명칭을 부여한다. 우리가 접하는 대상세계를 일반화하고 추상화하기도 하고, 구체적으로 분리하고 분류하여 범주화시키는 기능이다.

(4) 사회 · 문화적 기능

언어는 특정 언어를 사용하는 집단의 공통된 삶의 모습을 나타낸다. 사회마다 구성원끼리 약속한 언어를 사용함으로써 그들만의 독특함을 나타낸다. 그래서 같은 언어를 사용하는 집단끼리의 응집력을 형성하게 된다. 외국에 나가 우리나라 말을 쓰는 사람을 스치기만 해도 반갑고 인사하고 싶은 마음이 드는 것, 자라 온 지방의 언어를 들었을 때 고개를 돌려 한마디 거들고 싶은 것 등이 언어의 사회 · 문화적 기능이라고 할 수 있다.

(5) 예술적 기능

문학작품을 창작할 때 언어가 사용되어 미적 가치를 한층 더 올려 주는 기능을 한다. 시, 소설, 수필 등의 예술 작품에서 언어가 사용되는 경우가 언어의 예술적 기능이다.

02 청소년의 언어문화

1) 청소년 언어문화의 의미

청소년의 언어문화는 청소년이 사용하는 일상언어를 포함하여 청소년이 만들어 내는 언어로 이루어진 모든 문화를 말한다. 청소년 언어문화는 청소년 언어생활(언어표현 및 언어활동)과 언어의식(언어생활에 대한 인식 및 태도)을 포괄하여 정의한다(국립국어원, 2015). 청소년이 만드는 잡지 또는 신문 등의 언론, 문학작품 등도 포함된다. 일반적으로 청소년 언어문화는 청소년이 사용하는 언어로 여기에는 표준어, 비속어, 은어, 통신언어, 유행어, 욕설 등이 해당한다. 청소년은 자신만의 언어행동을 통해 집단 내에서 활발한 상호작용을 하므로 언어문화 자체가 의미 있는 사회적 실천 행위라고 볼 수 있다.

청소년 언어는 사회언어학적으로 연령 관련 변이어(varieties of language)로 간주된다. 청소년이라는 특정한 연령대의 언어 공동체가 사용하는 언어라는 것이다. 청소년 언어는 하나의 독립된 언어체계가 가지는 속성을 넘어 청소년 언어가 만들어지고 구사되는 실제 언어생활의 상황을 포함하는 실천 행위이기 때문에 개별 변이어로서 언어학적 구분을 강조하는 청소년 언어, 청소년어로 접근하기보다는 청소년 언어문화라는 청소년의 삶을 포괄하여 접근하는 것이 필요하다. 그런 의미에서 청소년이 그 시기에 특정한 언어적 행동을 통해 자신을 어떻게 구성하고 드러내며, 자신만의 언어 공동체를 어떻게 만들어 가는지 알아보아야 한다. 여기에서 더 나아가 교육적인 차원에서 어떤 방향성으로 접근해야 하는지에 대해 생각해 보는 것이 필요하다(김은성, 2014).

시공간을 넘어서 신세대라 일컬어지는 청소년은 항상 역동적 · 혁신적 · 창조적인 태도를 보여 왔다. 그런 까닭에 언어에서도 청소년의 언어가 가장 진보적이고 창조적이며 사회의 변화에 가장 민감하게 반응한다. 청소년의 언어는 사회의 각 측면을 적나라하게 묘사하고, 그들의 관습이나 관념, 사고를 잘 드러낸다. 그러므로 사회에서 청소년의 언어 사용을 이해하는 것은 그들의 사고와 관습을 이해하는 첩경이 되며, 사회의 변화와 양상을 이해하는 수단이 되고 나아가 우리나라의 미래까지도 생각해 볼 수 있는 주제이다(최화영, 2013).

청소년 언어문화는 청소년이 자신만의 성역을 만들기 위한 일환으로 자신만의 가치관을 드러내는 언어를 사용하여 그들의 가치관과 사고방식을 기성세대에게 드러내지 않으려는 노력을 통해 더욱 발전하고 있다.

그래서 다른 세대가 이해하지 못하는 고유한 언어를 더 많이 만들어 낸다. 물론, 이는 모든 청소년문화의 기저에 깔려 있는 것으로 볼 수 있다. 슈워츠와 메르텐(Schwartz & Merten, 1967)은 청소년의 언어 연구에서 미국 청소년이 자신의 사회적 지위를 나타내기 위해 사용한 용어가 어른이 쓰는 용어와 달랐음을 밝혔다. 이를 통해 그들과 관계되는 용어 사용과 사회적 구조와 현실을 받아들이는 방식에서도 기성세대가 사용하는 것과 받아들이는 방식에 차이를 나타냄을 알 수 있다. 청소년 언어문화는 이러한 차이를 확연하게 드러내 주는 하나의 도구이다. 그런 의미에서 청소년은 자신이 사용하는 언어를 다른 사람이 이해하지 못할 때 나름의 희열을 느끼기 때문에 지속해서 새로운 언어를 만들어 사용하려고 하는 경향을 나타낸다.

2) 청소년 언어문화의 특징

청소년 언어문화는 비속어가 차지하는 비율이 높아지고, 인터넷의 발달로 인해 통신언어가 일상화되면서 감각적인 언어 경향이 강해지고 있다. 이런 상황에서 기성세대는 청소년 언어문화의 심각성을 지적하면서 우려를 나타낸다.

청소년 언어문화가 가지는 특성은 그들이 살아가는 삶의 맥락 안에서 이해되고 찾아야 한다. 이런 생각에서 김민정 · 손정희 · 김현주(2013)는 청소년 언어 특성을 고찰하여 청소년의 언어문화는 기존 학교나 가정에서 청소년에게 허용하는 문화와의 단절 혹은 거부, 개혁 등을 시도하고 자신이 경험하는 청소년 언어에 적응하려 노력하면서 나타나는 또래집단 간의 친밀함을 지속하기 위해 무관심, 동경, 수용, 사용함 등을 보이거나 저항과 거부 등을 보이게 된다고 정리하였다. 청소년은 이렇게 적응하려고 노력할 때 나타나는 애매하고 두려운 점을 극복하기 위한 여러 행동을 보이는데, 그 유형을 자아성장형, 관심요구형, 동경형의 3가지 유형으로 분류하였다. 또한, 청소년 언어문화의 특성을 다음과 같이 밝히고 있다.

첫째, 청소년은 이중 언어를 구사한다. 여기에서 이중 언어는 청소년 또래집단에서 사용되는 언어와 학교나 가정 등 다른 집단에서 사용되는 언어를 말한다. 청소년은 이 두 언어를 명확하게 구분하여 사용할 줄 안다.

둘째, 청소년 언어는 또래만의 언어이다. 각각의 또래 소집단이 존재하여 그 안에서 동질성을 확보하여 개성을 드러낸다.

셋째, 청소년 언어는 감성을 단순화시킨다. 청소년 언어문화를 살펴보면 새로운 언어를 만들어 내어 창의성을 발휘하기도 하지만, 대부분의 언어가 나타내는 감정은 재미, 무관심, 분노, 차별화 등의 단순한 것들이다. 청소년은 자신의 감정을 표현할 때 짧은 문장으로 함축된 말과 욕설과 유행어, 통신어를 주로 사용한다.

박진규(2015)는 청소년 언어 형태의 특징을 집단적 소란 현상, 경음화와 고성화 현상, 은어, 속어, 욕설의 증가로 설명하고 있다.

첫째, 집단적 소란 현상이란 청소년이 집단으로 놀이나 대화를 할 때 필요 이상으로 시끄럽게 해 주위를 소란스럽게 하는 현상이다. 청소년이 버스에서 크게 떠드는 장면, 그것을 접한 어른들이 조용히 하라고 주의를 주는 장면은 우리 주위에서 쉽게 볼 수 있는 현상이다.

둘째, 경음화와 고성화 현상은 원래 말이 가진 부드럽고 온화한 느낌이 아닌 세고 강한 어조로 바꾸어 말하고, 옥타브를 올려서 말을 하는 현상을 말한다. '가, 다, 바'를 '까, 따, 빠' 또는 '카, 타, 파'로 발음하여 경음과 격음을 주로 사용하여 말을 하는 형태이다.

셋째, 은어, 속어, 욕설의 증가이다. 청소년은 끊임없이 새로운 언어를 만들어 내는데, 그들만의 비밀스러운 언어를 만들어 기성세대와 다른 언어를 사용하여 구분점을 찾으려 하고, 일상에서 욕을 빈번히 사용하여 자신의 강렬한 정서를 나타내고 서로 간의 친밀감을 형성하기도 한다.

이런 여러 특징을 통해 청소년은 비속어와 은어를 많이 사용하여 자기네 구성원들끼리만의 독특성을 나타내려 함을 알 수 있다. 또한, 줄임말과 신조어를 사용하여 새롭게 언어문화를 형성하면서 즐거움과 재미 그리고 그들만의 친밀감을 형성해 나간다.

특히, 청소년의 언어문화에 대한 속성을 살펴보면 기성세대는 언어의 파괴적 행태를 문제 삼고 이에 대한 불안감을 조성하는 경향이 짙으나, 청소년은 오히려 이러한 언어행태에 대한 자신만의 독특한 문화적 감각을 자랑삼아 표현하는 데 익숙해져 있다. 그 내용을 살펴보면 다음과 같다.

첫째, 규범과 제도로부터의 탈피 수단으로서 가장 손쉬운 언어를 선택한다. 청소년기에 사회적 규범과 질서체계를 벗어나고 싶은 욕망은 커지나, 이를 실현할 가능성이 없는 자기 자신에 대한 소극적 일탈행위인 욕설이나 언어파괴로 카타르시스를 경험하고 거기에 치중하게 된다. 언어는 청소년기에 느끼는 각종 억압, 스트레스(입시, 폭력의 가해 또는 피해 등), 일상의 탈출 등에 대한 자기만의 반항의식을 표현하는 손쉬운 방법이기도 하다. 또한, 욕설은 언어와 사고는 분리된 개념이 아닌 끊임없이 주고받는 상호의존적 과정이라는 점에서 비정상적 행동을 하게 만드는 원인을 제공하기도 한다. 언어는 사람이 생각하는 방식을 결정하거나 영향을 미치는데 욕설과 같은 특정 언어를 사용하면 그 언어가 바라는 고유한 방식으로 생각하고 기억하여 행동하게 만들기도 하는 부작용이 있다. 그러나 청소년은 이러한 문제행태를 크게 개의치 않는 모습이다.

둘째, 언어는 청소년 또래집단의 소속감 인식의 수단으로 작용하게 된다. 청소년이 말하는 방식과 행동은 그들의 문화와 사회적 배경을 형성한다는 생각을 가지는데, 상대적으로 저속하고 비속화된 모습일수록 친밀감을 형성하게 된다. 저속한 표현을 하는 사이일수록 감정적 동화와 동질감이 강하다는 잘못된 의식이 내재되어 있다. 문화적 상징의 모습에서 특정 지역에 거주하는 대상이 특정 언어를 사용하는 모습을 발견하게 된다. 단지 언어는 그들이 사용하는 의사소통의 수단이 아니라 그들의 삶을 결정하는 전통과 가치관의 내재성까지도 포함하는 것이다. 스마트폰 등 또래집단의 의사소통의 기제가 발달되어 있는 것 또한 짧은 욕설로 의사소통이 가능함을 상징적으로 보여 주는 것이다.

셋째, 언어에서 나타나는 욕설의 의미가 성차별주의적 사고와 지배주의적 욕구 발현의 수단이기도 하다. 때로는 욕설을 함으로써 타인을 지배하고 우월적 지위를 갖는다는 성적 우월성의 표시이기도 한데, 욕설에는 성적 특성과 함께 남성에 비해 여성비하적 특성이 강하여 성적 차별성을 부지불식간에 내재화시켜 지배욕구를 정당화시킨다는 문제가 크다.

03 청소년 언어문화의 실태

우리나라 대부분의 계층에서 우리나라의 언어 사용과 관련하여 가장 심각한 문제로 청소년의 비속어, 신조어 사용을 가장 우려한다는 의견을 내놓았다(국민대통합위원회, 2015). 이를 통해 많은 사람이 청소년의 언어문화를 심각하게 인식하고 있음을 알 수 있다.

국민대통합위원회가 2014년부터 2015년 4월까지 웹사이트에 올라온 게시글 13만 2,244건을 분석한 '청소년의 언어 실태 조사' 보고서에서 청소년이 온라인에서 작성한 글의 32.3%가 욕설이나 상처 주는 말, 폄하, 왕따, 또래끼리 사용하는 은어로 채워져 있음을 밝혔다(국립대통합위원회, 2015). 청소년이 온라인에서 은어와 비속어를 많이 사용하고 있음을 볼 수 있다. 인터넷에서 사용되는 언어가 청소년의 일상에 그대로 사용되면서 청소년 언어문화에 영향을 주고 있다.

1) 은어 · 유행어

은어는 사전적으로 어떤 계층이나 부류의 사람들이 다른 사람들이 알아듣지 못하도록 자기네 구성원들끼리만 빈번하게 사용하는 말이다. 상인, 학생, 군인, 노름꾼, 부랑배 따위의 각종 집단에 따라 다른데, 의태어, 의성어, 전도어(顚倒語), 생략어, 수식어, 음운 첨가, 경음과 격음 이용, 비유 사용, 연상법 활용, 외국어 이용 등으로 그 발생을 나눌 수 있다(네이버 국어사전, 국어국문학자료사전). 은어는 특정한 어떤 집단 안에서 서로 비밀을 유지하기 위하여 독특하게 사용되는 말이다.

은어는 같은 환경에서 같은 운명에 놓여 있거나, 공통된 생활을 영위하면서 어떤 고립된 집단을 구성하고 있는 구성원 사이에서 발달하는 것이 보통이다. 직업에 따라 특수하게 쓰이는 특수어(직장어)도 은어라고 할 수 있다. 거지, 범죄인 사회, 시장, 버스 운수업자, 혈액원, 군대, 대학생 등의 다양한 부류, 어쩌면 이 사회의 모든 부류에서 은어를 사용한다고 할 수 있다. 특히, 대학생과 군대의 은어는 속어와 구별하기 힘든 것이 많고, 외국어가 많이 이용되는 것이 특색이다(국어국문학자료사전).

위에서 언급한 부류에서 은어를 많이 사용하는 것 못지않게 청소년 사이에서는 타 집단, 특히 부모나 교사 집단의 기성세대에게 그 말뜻을 숨기기 위해 쓴다. 그로 인해 자신만의 독특성을 나타내며, 재미와 희열을 느끼면서 소속감과 집단의식의 강화, 욕구불만의 표출 등을 표현한다.

유행어는 그 당시에 모든 집단에서 같이 즐겨 쓰는 말이다. 이는 드라마나 예능 프로그램 등의 방송을 통해 전파된 말을 여러 사람이 따라 하면서 전체가 알고 쓰게 되는 경우가 대표적이다. 예를 들면, 2016년에 방영한 드라마 「태양의 후예」에서 '~하지 말입니다.'나 2017년 드라마 「도깨비」의 '너와 함께한 모든 시간이 눈부셨다.', '첫사랑이었다.'처럼 인기 드라마의 대사가 인터넷에서 유행어로 퍼지고, 일상에서 청소년을 비롯한 모든 연령대가 사용하게 되는 것이다. 또한, 은어가 청소년 사이에서 유행어가 되기도 한다.

은어 · 유행어의 사용실태를 살펴보면, 초등학생은 97%가 사용한 적이 있고, 고학년으로 갈수록 더 높게 나타났으며, 남학생이 여학생보다 더 높은 사용률을 나타냈다. 중 · 고등학생의 경우에는 응답자의 100%가 은어 · 유행어를 사용한다고 했다(김태경 외, 2012). 이같은 내용은 학년이나 성별에 상관없이 청소년 사이에 은어와 유행어 사용이 보편화된 현상임을 보여 주는 것이다. 은어 · 유행어의 사용은 부모의 언어폭력으로 인한 스트레스가 증가할 때 빈번하게 나타나고, 또래 간 응집성을 형성하기 위해 많이 사용한다. 그런 의미에서 은어 · 유행어를 사용하지 않는 청소년이 또래집단에서 소외되거나 친구 사귐에 어려움을 겪을 수 있다. 은어 · 유행어를 쓰는 청소년이 또래에서 주도권을 잡고 있기 때문이다.

은어 · 유행어는 청소년의 소속감을 높이고, 재미를 느끼게 해 준다는 점에서 긍정적이지만, 언어가 본래의 모습에서 벗어나 언어 파괴 현상을 나타내고 어른 세대와의 의사소통에 어려움을 겪게 하는 부정적인 부분도 많다.

청소년이 사용하는 은어의 주제는 외모에 대한 내용이 가장 높게 나타났으며, 문화 콘텐츠에 대한 내용이 그다음으로 나타났다(국민대통합위원회, 2015). 은어의 형태는 주로 줄임말/신조어와 도깨비 언어를 들 수 있다.

(1) 줄임말/신조어

언어는 역사성을 지닌다고 언어의 특성에서 언급했다. 역사성이란 언어의 변형이 이루어진다는 것인데, 여기에 창조성이 더해져 새로운 언어가 만들어지고 사용되고 있다. 특히, 청소년 사이에서 새로운 말이 만들어져 사용되는 경우가 많은데, 신조어 안에 줄임말이 상당 부분을 차지한다.

SNS가 활성화되면서 이제 청소년의 인간관계는 온 · 오프라인의 경계가 허물어지고, 온라인 내 또래집단 사이에서 사용하던 은어가 실생활에서 자연스럽게 사용되고 있다. 단어의 축약, 함축, 비약, 합성 등이 혼재된 온갖 신조어가 난무하는 그들의 대화는 언뜻 들으면 한국어라고 인식하지 못하는 경우마저 있다.

의사소통의 수단이자 문화를 전달하는 매체로서의 언어에는 다양한 형태가 있다. 대표적으로 음성언어, 문자언어가 있는데, 요즘에는 문자언어가 보편화되어 침대에 누워서나 차를 타고 이동할 때도 SNS 서비스를 이용해 글을 올리고 읽을 수 있다.

문자로 말하는 사람을 '엄지족'이라고 한다. 언론에서는 문자로 대화하는 것을 한글 파괴나 언어 오염 등으로 소개하고 있으나, 파괴만큼 새로운 창조도 많다. 그로 인해 줄임말, 신조어가 생겨나고 있다. 휴대전화에서 한글 문자를 단축시키려는 습관에 따라 새로운 축약단어도 늘고 있다. 애인이 안 생긴다는 뜻의 'ASKY', Case by case라는 뜻의 '케바케'는 글자 수를 줄이거나 한영 전환을 최소화하려는 노력으로 나온 것들이다. 이것도 귀찮아 아예 ㅇㅇ(응), ㅇㅋ(오케이) 등 초성 자음만으로 된 언어도 생겨났다.

이런 초성 놀이는 인터넷의 독특한 놀이문화가 되었다. 이것을 해석하기 위한 초성해석기 앱도 있고, 자음 해석을 전문으로 하는 사이트도 있다. ㅇㄱㄹㅇ(왜 그랬어), ㅂㄱㅍㄷ(보고프다), ㅎㄷㄱㄴㅁㄴㄷ(힘들고 눈물 난다) 등의 초성/자음 검색 결과를 모아 놓은 자료들을 볼 수 있다.

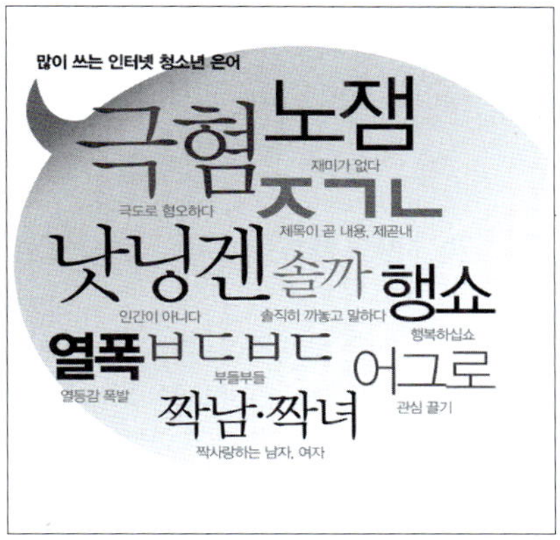

[그림 5-3] 많이 쓰는 인터넷 청소년 은어

출처: 대통령 소속 국민대통합위원회.

이렇듯 줄임말과 신조어는 짧게 말해서 빠른 의사소통을 하기 위한 이유도 있고, 표현과 발음의 편리성, 젊은 세대의 발랄한 표현으로 통신문화가 발달하는 상황에서 다양하게 나타난다.

국립국어원에서는 2014년에 일간지 등의 온·오프라인 대중매체에 등장한 새 낱말을 조사하여 2014년 신어를 발표하였으며, 그 양상은 다음과 같다.

첫째, 우리 사회의 모습을 반영한다(눔프족, 일자리 절벽, 뇌섹남 등).

둘째, 특정 행동 양상을 보이는 사람들을 가리킨다(모루밍족, 출퇴근 쇼핑족, 오포세대, 앵그리맘, 금사빠녀, 꼬돌남 등).

셋째, 주제별로는 사회·경제, 통신 언어가 많다(~절벽, 먹스타그램, 인생짤, 광삭 등).

넷째, 감정을 표현한다(고급지다, 심멎, 핵꿀잼, 노관심, 극혐하다 등).

〈표 5-1〉 2014년 신어 자료집에서 발췌한 언어

어휘	뜻풀이	용례
고급지다	고급스러운 멋이 있다.	채도가 낮은 영상 속에서도 우아하게 빛나는 피부는 그녀를 '고급진' 스타일 아이콘으로 만들기에 충분했다. (스포츠조선, 2014년 5월)
광삭	빛의 속도와 같이 매우 빠르게 삭제함.	'빛의 속도로 삭제'의 준말. 비슷한 말로 '광삭이' 있음. (이코노믹리뷰, 2014년 6월)
극혐오하다	아주 싫어하고 미워하다.	내가 가장 힘들었을 때, 내가 내 자신을 극혐오했을 때 피아노를 다시 칠 수 있게 해 줬고 내 마음을 읽어 줬다. (티브이데일리, 2014년 3월)
금사빠녀	'금방 사랑에 빠지는 여자'를 줄여 이르는 말.	이날 방송을 본 시청자들은…"OOO, 금사빠녀 등극.", "OOO, 새침한 모습 너무 귀여워." 등의 반응을 보였다. (엔에스피통신, 2014년 6월)
꼬돌남	'꼬시고 싶은 돌아온 싱글 남자'를 줄여 이르는 말. 사별이나 이혼 등으로 다시 독신이 되었지만 여전히 이성에게 매력적으로 느껴지는 남자를 가리킨다.	꼬돌남 OOO이 OOO의 속마음도 모른 채 화를 냈다. (국제신문, 2014년 3월)
노관심	관심이 없음.	누리꾼들은 이날 OOO의 열애설에 "OOO · OOO, 이제는 노관심."…등의 반응을 보였다. (스포츠동아, 2014년 7월)
뇌섹남	'뇌가 섹시한 남자'를 줄여 이르는 말. 주관이 뚜렷하고 언변이 뛰어나며 유머가 있고 지적인 매력이 있는 남자를 가리 킨다.	뇌섹남은 확고한 자신의 색깔과 주관을 지닌 달변가들이다. (매일경제, 2014년 8월)
눔프족	복지가 필요하다고 생각하지만 복지 비용을 위한 증세에는 반대하는 사람. 또는 그런 무리. '눔프(NOOMP, Not Out of My Pocket)'와 '족'(族)을 결합해 만든 말이다.	'복지는 좋지만 내 주머니에서 돈이 나가는 것은 안 된다'는 눔프족이 여론 조사 때마다 절반 가까이 된다. (서울신문, 2013년 8월)
돼지맘	은어로, 교육열이 매우 높고 사교육에 대한 정보에 정통하여 다른 어머니들을 이끄는 어머니를 이르는 말. 어미 돼지가 새끼를 데리고 다니는 것을 빗댄 말이다.	돼지 엄마 일명 '돼지맘'은…자녀를 명문대에 보내기 위해 자녀 교육에 투자를 아끼지 않는 엄마들의 대표를 뜻하는 은어다. (뉴스엔, 2014년 3월)
디 공포	통화량의 축소에 따라 물가가 하락하고 경제 활동이 침체되는 현상에 대하여 느끼는 공포. '디플레이션 공포'를 줄여 만든 말이다.	경기 회복에도 불구하고 각국 중앙은행은 내년에 디 공포를 우려하고 있다. (한국경제티브이, 2013년 11월)

어휘	뜻풀이	용례
맛저	'맛있는 저녁'을 줄여 이르는 말.	OOO은 지난달 12일 자신의 트위터에 "맛저!"라는 짧은 메시지와 함께 사진을 게재했다. (이데일리, 2014년 5월)
먹스타그램	자신이 먹은 음식 사진을 누리 소통망 서비스(SNS)에 올리는 일. 또는 음식 사진을 주로 올리는 누리 소통망 서비스.	이번 화보에서 OOO은 '셀스타그램',…'먹스타그램' 등 요즘 인스타그램에서 유행하는 주제로, OOO만의 톡톡 튀는 매력을 발산했다. (마이데일리, 2014년 8월)
모루밍족	제품을 오프라인 매장에서 자세히 살펴본 뒤, 모바일 쇼핑을 하는 사람. 또는 그런 무리. '모바일 쇼루밍'(mobile showrooming)과 '족'(族)을 섞어 만든 말이다.	모루밍족의 증가로 가장 큰 혜택을 보는 곳은 온라인 쇼핑 업체다. (경향신문, 2014년 7월)
부먹파	탕수육을 먹을 때에 튀긴 소고기나 돼지고기를 소스에 찍어 먹는 것에 반하여, 튀긴 고기 위에 소스를 부어 먹는 사람의 무리.	그리고 탕수육 찍먹파, 부먹파에 대한 질문 역시 남학생은 동표로 우열을 가릴 수 없었지만, 여학생들은 부먹파가 압도적인 표를 차지하는 등 상당히 대조적이었다. (오마이뉴스, 2014년 6월)
심멎	심장이 멎을 만큼 멋지거나 아름답다는 말.	이 영상을 본 시청자들은…"이러다 심멎.", "OOO은 안 봐도 우주 최고 매력남일 듯."…"눈 마주쳐서 떨려요. 완전 설렘." 등 뜨거운 반응을 보였다. (오에스이엔, 2014년 7월)
심쿵	심장이 쿵할 정도로 놀람을 이르는 말.	그리고 날마다 점점 더 멋있어지는 너를 바라보는 내 심정은 정말 심쿵! 나는 지금도 너의 모든 것이 다 좋아. (국방일보, 2014년 6월)
앵그리맘	자녀의 교육과 관련한 사회 문제에 분노하여 적극적으로 그 해결에 참여하는 여성.	더 크게는 향후 정치와 선거는 40대 여성을 중심으로 한 앵그리맘의 마음을 누가 잡느냐에 달려 있다고 해도 과언이 아니다. (한겨레, 2014년 5월)
오포 세대	생활고 때문에 연애, 결혼, 출산, 인간관계, 주택 구입을 포기한 세대. 연애와 결혼, 출산을 포기한 '삼포 세대'(2011년 신어)에서 인간관계와 주택 구입을 더해서 만든 말이다.	오포 세대는…구직난, 경제난에 따라 생겨난 신조어로, 팍팍한 경제 상황을 반영한다는 점에서 씁쓸함을 자아낸다. (뉴스컬처, 2014년 9월)
인생짤	그 사람의 인생에 한 번 있을까 말까 할 정도로 잘 나온 사진.	한 누리꾼은 "기자가 안티냐. 저런 걸 굳이 찍어서 올린 이유가 뭐지? 웃기려고 하는 거야?"라고 했고 또 다른 누리꾼은 "OOO 인생짤이다. OOO은 이제 이 사진만으로 모든 여자 가수들의 존경을 받을 것이다."라며 격한 반응을 보였다. (한국경제티브이, 2013년 11월)

어휘	뜻풀이	용례
일자리 절벽	구직자가 일자리를 찾기 어려운 현상을 비유적으로 이르는 말.	저자는 엄청난 학비가 필요한 한국 교육을 '교육 절벽'이라고 비판하고, '경력 단절 여성'이 일자리를 다시 구하기 어려운 현실에 대해서는 '일자리 절벽'이라고 지적한다. (연합뉴스, 2013년 9월)
임금 절벽	물가는 지속적으로 오르는 데 반하여 임금은 오르지 않아 경제적으로 어려움을 겪는 현상을 비유적으로 이르는 말.	우리나라는 인구 절벽 외에도 취업 절벽, 임금 절벽 등 다양한 절벽이 존재하는 사회다. (뉴스핌, 2014년 9월)
자동 봉진	2009년 개정 교육 과정에서 학생들의 창의성과 인성을 길러 주기 위해 도입한 창의적 체험 활동인 '자율 활동, 동아리 활동, 봉사 활동, 진로 활동'을 줄여 이르는 말.	그나마 가장 공신력이 있는 기록인 학생부의 자동봉진, 독서 활동, 과목별 세부 능력 기록란, 행동 발달 상황 등을 좀 더 심도 있게 참고해야 할 듯하다. (베리타스알파, 2014년 7월)
재벌 절벽	재벌의 경제적 독점으로 인해 다른 경제적 약자 집단에게 생기는 불이익을 비유적으로 이르는 말.	저출산 고령화의 충격을 설명하는 인구 절벽과 재벌 대기업의 승자 독식이 가져온 재벌 절벽 등에 대한 신랄한 비판도 이어진다. (이투데이, 2013년 10월)
주거 절벽	급격하게 오른 주거 비용 때문에 경제적으로 어려움을 겪는 현상을 비유적으로 이르는 말.	저자는 인구 절벽, 일자리 절벽, 재벌 절벽, 교육 절벽, 취업 절벽, 임금 절벽, 금융 절벽, 창업 절벽, 주거 절벽 등 아홉 가지의 주제로 나눠 우리 사회를 분석하고 대안을 제시한다. (내일신문, 2013년 9월)
창업 절벽	창업을 하여 성공하기 어려운 현상을 비유적으로 이르는 말.	저자는 우리 사회 절벽을 인구 절벽, 일자리 절벽, 재벌 절벽, 교육 절벽, 취업 절벽, 임금 절벽, 금융 절벽, 창업 절벽, 주거 절벽 등 9개 절벽으로 정리한다. (아시아경제, 2013년 10월)
출퇴근 쇼핑족	출퇴근을 하면서 쇼핑을 하는 사람. 또는 그런 무리. 스마트폰이나 태블릿 컴퓨터 따위로 무선 인터넷에 접속하여 쇼핑을 하는 경우가 많다.	OO은 모바일 거래액이 전년 대비 400% 성장하면서 모바일 쇼핑 주 고객층 중 하나인 출퇴근 쇼핑족을 겨냥해 다양한 이벤트를 진행하고 있다. (파이낸셜뉴스, 2013년 8월)
핵꿀잼	매우 많이 재미있음.	누리꾼들은 각종 커뮤니티 사이트를 통해 뜨거운 호평을 이어갔다. "OOO의 영혼 연기 대박."…"핵꿀잼! OOO 당신을 진정한 미친 자로 임명합니다."…"OOO 달팽이 최고다 최고!" 등 뜨거운 반응을 보였다. (매일경제, 2014년 7월)

출처 : 국립국어원 보도자료(2015. 3. 25.).

줄임말과 신조어는 열공, 출첵, 도촬 등의 줄임말에서부터 요새의 은어들까지 다양하게 나타난다. 그 예를 보면 다음과 같다.

- 낫닝겐: Not + 닝겐(사람) - 인간이라고 믿기 어려울 만큼 외모가 뛰어난 사람
- 덕밍아웃: 오타쿠+Coming out - 한 분야에 지나치게 심취하는 성향임을 밝히는 것
- 각이다: ~할 때이다
- 개이득: 크게 이익을 보다
- 캐리: ~하는 데 중요한 역할을 함
- 고나리: 관리의 오타
- 노답충: NO + 답 + 충
- 극혐: 극한의 혐오
- 혼밥: 혼자 밥 먹는다
- 아웃 오브 안중: 내 안중의 없는 이야기
- 명존쎄: 명치 존나 쎄게 때리고 싶다
- 노잼: 재미 없다
- 1도 모르다: 하나도 모른다
- 헬조선: 조선은 지옥이다
- 세젤예: 세상에서 제일 예쁜
- 버카충: 버스 카드 충전
- 안물안궁: 안 물어봤음 안 궁금함
- 따아: 따듯한 아메리카노
- 아아: 아이스 아메리카노
- 치깅스: 치마 레깅스
- 번달번줌: 번호 달라고 하면 번호 줌
- 별다줄: 별 걸 다 줄여
- 현타: 현실 자각 타임
- 전차스: 전자파 차단 스티커
- 낄끼빠빠: 낄데 끼고 빠질 데 빠져
- 팬아저: 팬 아니어도 저장하는 사진
- 빼박캔트: 빼도 박도 못함
- 새등: 새벽 등교
- 어덕행덕: 어차피 덕질(자신이 좋아하는 분야에 심취하여 그와 관련된 것들을 모으거나 찾아보는 행위)할 거 행복하게 덕질하자
- 1958: 일국오빠
- ㅇㄱㄹㅇ: 이거 레알
- 복세편살: 복잡한 세상 편하게 살자
- 영고: 영원히 고통받는 자
- 취존: 취향 존중
- 최애: 제일 좋아하는 것
- 하많하않: 하고 싶은 것 많지만 하지 않겠다
- ㅇㅈ: 인정
- 인구론: 인문계 90%가 논다
- 시강: 시선 강탈
- 자만추 : 자연스러운 만남 추구
- 어그로꾼(=관종:관심종자) : 관심을 끌기 위해 주제에 맞지 않는 글, 악의적인 ·혹은 가공된 글을 올리거나 이상한 행동을 하는 사람
- 쉴드치다 : 방어막을 형성하는 것
- 알못 : 잘 알지도 못하면서
- ASMR : 자율쾌락반응(Autonomous Sensery Merdian Response)
- 순삭 : 순식간에 사라지는 것
- 고답 : 고구마 먹은 것처럼 답답하다

- 발컨 : 발로 컨트롤. 게임캐릭터가 본인이 가진 레벨이나 장비에 걸맞지 않게 어설픈 실력을 보여줄 경우 비꼬는 말
- 소확행 : 소소하지만 확실한 행복
- 댓망진창 : 댓글창이 논리가 없고 엉망진창

(2) 도깨비 언어

도깨비 언어란, 한국어의 언어유희 일종으로 구어체에서 많이 사용된다. 요즘 대중매체에서 여러 아이돌 가수들이 자신의 장기로 얘기하면서 청소년에게 번져 하나의 양상을 나타내고 있는 언어이다. 처음에는 '버디버디'라는 메신저를 사용하던 시절에 유행했던 말투였는데, 오프라인에서는 소위 일진들이 뒷담화를 하기 위해 자주 사용했다.

기존의 초성+중성+종성 결합의 한 글자를 초성+중성 / 초성(주로 ㅂ 사용)+중성+종성의 두 글자로 늘려 말하는 것이 원칙이다. 받침이 없는 경우에는 두 번째 글자 역시 받침을 제외하고 초성+중성 / 초성(주로 ㅂ)+중성으로 사용하면 된다. 예를 들면, '지갑'의 경우, 첫 글자는 받침이 없는 글자이므로 초성+중성 / 초성+중성의 조합을 사용해서 ㅈ+ㅣ/ㅂ+ㅣ, 즉 '지비'로 말하면 된다. 두 번째 글자는 받침이 있는 글자이므로 초성+중성 / 초성+중성+종성의 조합을 사용해서 ㄱ+ㅏ/ㅂ+ㅏ+ㅂ, 즉 '가밥'으로 말하면 된다. 이 둘을 합쳐 지갑을 '지비가밥'으로 말하면 된다(나무위키).

이런 영향으로 청소년 사이에 다시 유행처럼 번지면서 재미있게 말하면서 함께 하는 친구들과 친밀감을 형성하고, 잘 모르는 사람들과 구분 짓는 현상이 나타나고 있다. 특히, 세대 간 소통의 어려움을 많이 내포하고 있다.

2) 비속어

비속어는 격이 낮고 속된 말, 상스럽고 거친 말을 말한다. 보통 대상을 경멸하는 마음에서 사용하게 된다.

김태경 외(2012)의 연구에 따르면, 초등학생의 97%가 '짱, 찌질이, 깝치다, 존나, 야리다, 뒷담까다, 엄창/엠창' 등의 비속어를 사용한 적이 있다고 답했고, 중 · 고등학생 가운데 이런 비속어를 쓴 적이 있다고 답한 비율은 99%나 달했다. 학년이 올라갈수록 비속어 사용 비율이 높아졌고, 초등학생의 경우는 남학생이 여학생보다 비속어를 더 많이 사용하는 것으로 나타났으나, 중 · 고등학생의 경우는 남녀 차이가 나타나지 않았다.

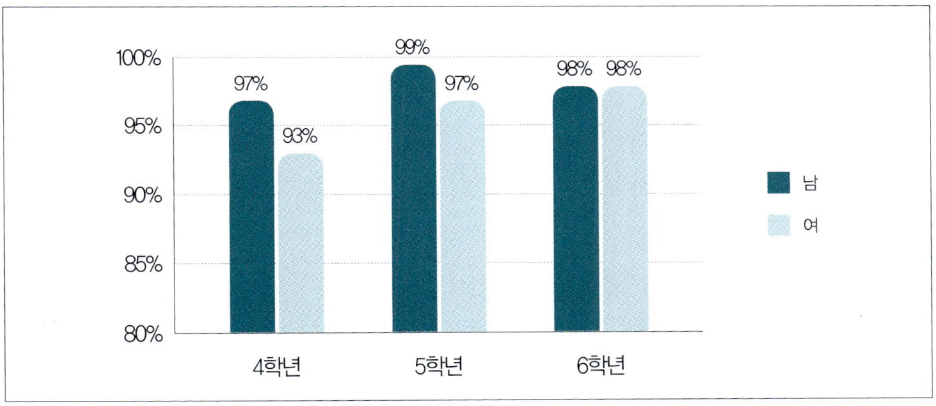

[그림 5-4] 초등학생의 비속어 사용 비율

출처: 김태경 외(2012).

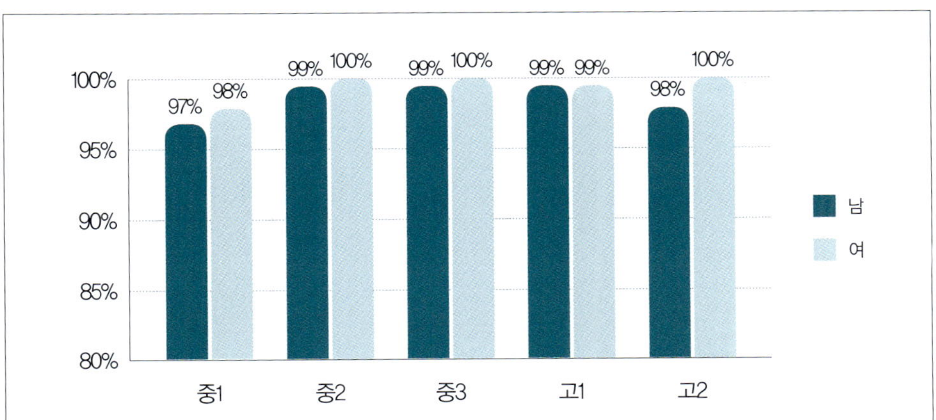

[그림 5-5] 중 · 고등학생의 비속어 사용 비율

출처: 김태경 외(2012).

국립국어원(2017)에서는 청소년의 사적 언어에 대한 인식에서 욕설, 비속어에 대한 인식을 살펴본 결과 '친한 사이에는 욕설이나 비속어를 사용해도 된다'에 대하여 평균 2.8로 '보통이다'보다 약간 낮은 결과를 보였다. 이는 친밀한 사이에 욕설이나 비속어 사용에 동의하는 청소년들이 더 많지만, 동의하지 않는 청소년도 상당수에 해당한다는 것을 보여준다. 나와 가까운 어른들이 욕설이나 비속어를 사용하는가에 대한 질문에는 평균 2.0점의 동의를 보였다. 이는 주변의 어른들이 욕설이나 비속어를 사용하는 비율이 자신들이 사용하는 비율보다 낮다고 인식하고 있음을 보여준다. 마지막으로 자신이 어른이 되었을 때 욕설이나 비속어를 사용하지 않을 것인지 묻는 문항에는 평균 3.6점으로 동의하는 것을 보였다. 이는 앞의 두 문항에 대한 응답보다 높은 평균으로, 많은 학생이 자신들의 현재(청소년기) 욕설이나 비속어 사용에 대하여 일시적인 것으로 인식하고 있다는 것을 보여준다.

〈표 5-2〉 욕설, 비속어 사용에 대한 청소년의 인식

		친한 사이에는 욕설이나 비속어를 사용해도 된다.	나와 가까운 어른들은 욕설이나 비속어를 사용한다.	나는 어른이 되었을 때 욕설이나 비속어를 사용하지 않을 것이다.
2017	평균	2.8	2.0	3.6
	표준편자	1.0	1.0	1.0
	N	132	132	131
2016	평균	2.7	2.1	3.7
	표준편자	1.2	1.1	1.1
	N	3,429	3,429	3,429

(매우 그렇다–5점, 대체로 그렇다–4점, 보통이다–3점, 별로 그렇지 않다–2점, 전혀 그렇지 않다–1점)
출처 : 국립국어원(2017).

욕설, 비속어 사용에 대하여 전반적으로 남자 청소년들이 여자 청소년들보다 허용적이었다. 친한 사이에 욕설과 비속어 사용 허용과 어른이 되었을 때 욕설을 사용하지 않을 것이다에 여자 청소년의 평균이 더 높게 나타났다.

〈표 5-3〉 욕설, 비속어 사용에 대한 인식의 성 차이

		친한 사이에는 욕설이나 비속어를 사용해도 된다.	나와 가까운 어른들은 욕설이나 비속어를 사용한다.	나는 어른이 되었을 때 욕설이나 비속어를 사용하지 않을 것이다.
남	N	65	65	65
	평균	3.0	2.2	3.4
	표준편차	1.0	1.0	1.0
여	N	67	67	66
	평균	2.7	1.9	3.8
	표준편차	1.0	1.0	1.0

출처 : 국립국어원(2017).

욕설이나 비속어 사용에 대한 학년별 인식의 차이에서는 전반적으로 친한 사이에 욕설이나 비속어를 사용해도 되는가에 대하여 초등학교 6학년 청소년들(2.3점)보다 중학교 2학년 청소년들(3.2점)이 더 많이 되는 것으로 인식하고 있었다. 자신과 가까운 어른들이 욕설이나 비속어를 사용하는가에 대해서도 중학교 2학년의 평균이 2.2로 초등학교 6학년의 평균인 1.8점보다 높다. 이는 주변에 욕설이나 비속어에 노출되는 빈도가 높다 보니 전반적으로 주변의 비속어 사용에 대하여 높게 인식하는 것으로 보인다. 초6 청소년은 어른이 되었을 때 중2 청소년보다 욕설이나 비속어를 사용하지 않겠다는 반응이 높아 학년이 올라갈수록 욕설이나 비속어에 대한 비판적 관점이 줄어들고 있음을 알 수 있다.

〈표 5-4〉 욕설, 비속어 사용에 대한 인식의 학년 차이

		친한 사이에는 욕설이나 비속어를 사용해도 된다.	나와 가까운 어른들은 욕설이나 비속어를 사용한다.	나는 어른이 되었을 때 욕설이나 비속어를 사용하지 않을 것이다.
초6	N	49	49	49
	평균	2.3	1.8	3.8
	표준편차	0.9	0.8	1.0
중2	N	83	83	82
	평균	3.2	2.2	3.5
	표준편차	1.0	1.1	1.0

출처 : 국립국어원(2017).

우리나라 청소년뿐만 아니라 영국 청소년의 언어문화도 비속어를 대표적으로 꼽고 있다. 비속어로 대표되는 영국 청소년 언어문화를 어떻게 다루고 인식하고 있는지를 분석한 연구에서는 청소년의 언어문화를 청소년과 그 부모님, 선생님 사이의 관계를 위한 소통의 문제로 제시하였다. 또한, 청소년의 비속어나 유행어 사용은 성공적인 학업 성취와 취업에 장애로 작용하는 우려의 대상으로 인식되고 있었다(방민희, 2016). 이렇듯 비속어 사용은 청소년에게 안 좋은 영향을 주며, 이것이 청소년의 삶에 부정적인 영향을 미치는 것으로 사회에서는 보고 있다.

청소년의 비속어 사용의 원인은 또래 간 응집성, 학업 스트레스, 청소년 집단활동 등이다. 또래 간 응집성이 강하고, 집단활동에 참여하는 청소년이 또래들과 어울리며 비속어를 많이 사용하지만, 이 안에서 정서적 지지가 이루어지면 덜 쓰는 경향이 나타났다. 스트레스가 없고 또래집단 안에 확실하게 자리를 잡고 관계 정립이 이루어지면 비속어 사용은 적절하게 이루어질 수 있다.

비속어는 상대방에게 불쾌감을 주는 저속한 언어라고 정의할 때, 청소년들이 가장 빈번하게 일상적으로 사용하는 비속어는 욕설이라고 할 수 있다.

(1) 욕설

청소년의 언어문화를 접할 때마다 어른들은 한숨을 내쉰다. 부모 눈앞에서 "씨." 라고 말하며 방문을 닫고 들어가는 아이를 보면 화가 머리끝까지 치솟는다. 이때 언어 자체에 집중해서 "너 왜 말을 그런 식으로밖에 못하느냐."라고 하면 부모와 자녀의 갈등은 커질 수밖에 없고, 자녀는 반항심으로 더 심한 말을 할 것이다.

청소년이 주로 사용하는 욕설은 '씨발', '병신', '존나'이다. 같은 유형의 욕설을 다양하게 변형시켜 '히밤', 'ㅅㅂ'같은 말을 사용하기도 한다. 욕을 쓰는지 모르게 해서 어른들의 잔소리를 피하기 위한 방편으로 사용되기도 한다. '씨발'과 '좆같애'는 대표적인 욕설의 하나로 상대방을 공격하는 것으로 쓰이기도 하지만, 거의 대부분이 혼자서 감탄사나 형용사로 사용하는 경우가 더 많아 욕이라기보다는 일상용어로 별 의미 없이 받아들이기도 한다. '개새끼'. '미친놈', '미친 새끼'는 친한 사이에 쓰이는 경우가 많다. '존나'는 정도부사로 사용하는 경우가 많아 심한 욕이라는 느낌이 덜하다. 욕설을 사용하는 대상은 친구가 가장 많았고(48%), 불특정 남녀에게 욕설하는 경우도 25%나 되었다(국민대통합위원회, 2015).

욕설의 발생은 공격동기이론으로 설명할 수 있는데, 욕설 이전에 상대방으로부터 어떤 자극이나 공격이 먼저 발생한다. 그것 때문에 하던 것을 멈추거나 불편을 일으켜 욕구 좌절을 경험하고, 이에 따라 미움, 혐오, 분노 등의 부정적 정서가 고조된다. 여기에서 나타나는 것이 정서적 흥분인데 이것이 욕설 반응이다(장경희, 2010). 정리하면 다음과 같다.

① 제1단계 : 외부 대상에 의한 원인 자극
② 제2단계 : 욕구 좌절과 부정적 정서 체험
③ 제3단계 : 대처 반응의 하나로 욕설 공격 발생

하지만 청소년에게 흔히 나타나는 욕설이 분노에 의해서만 일어나는 것은 아니다. 대부분의 청소년은 습관적으로 욕을 하는 경우가 많다. 초등학교 시기 때부터 욕설을 사용하게 되면서부터 언어습관이 되어버린 것이다. 하루에 1~2번 욕설을 사용하는 청소년이 대부분을 차지한다.

청소년이 욕을 사용하는 이유는 다음과 같다(오윤숙 · 황인숙, 2016).

첫째, 친구들과의 친목 도모를 위한 것으로 서로 친하다는 것을 나타내는 매개체로 욕설을 사용한다. 친한 친구들끼리는 욕설을 주고받아도 용납될 수 있다.

둘째, 말하고자 하는 바를 강조하기 위한 것이다. 자신의 얘기를 더욱 강조하기 위한 용도로 욕을 사용하여 그 의미를 크게 하는 경우가 이에 해당한다. 대표적인 예가 '좆나(존나)'이다. 남성의 성기를 저속하게 이르는 '좆'이라는 말을 사용하여 '진짜, 완전, 정말'이라는 의미로 강조할 때 빼놓지 않고 부사처럼 모든 말에 사용하고 있다.

셋째, 자신의 강함을 나타내고자 하는 것이다. 우리 사회에 어느 부분에나 존재하는 계급 의식을 청소년이 그대로 답습하여 그들의 사고방식 안에 담아 친구들보다 우위에 있어야 한다는 생각을 가져 욕을 사용하는 것이다.

넷째, 욕설을 듣는 대상을 저주하거나 인격을 모독하기 위해서이다. 앞에서 말한 욕설이 발생한 이유에 부합하는 것으로 공격을 위해 사용하는 것이다. 다른 사람에게 자신의 화난 감정을 표현하거나 화나게 한 대상을 저주하기 위해 욕을 사용한다.

다섯째, 습관적으로 욕설을 하게 되는 것이다. 이것이 청소년이 보고하는 욕설 사용 이유에서 큰 부분이다. 초등학생 때부터 사용하기 시작하여 일상용어로 자리잡은 욕설을 의미 없이 그냥 사용하는 것이다.

이런 다양한 이유로 청소년이 욕설을 사용하지만, 그 중에도 욕이나 비속어를 거의 사용하지 않는 청소년도 있다. 욕이나 비속어를 거의 사용하지 않는 청소년은 욕이나 비속어가 자신에게 어울리지 않고 어색해서 사용하지 않는다고 한다(53%)(국립국어원, 2015). 이들에게는 욕이나 비속어의 사용이 자신을 부정적으로 나타내는 수단이라는 인식이 강하게 작용하는 것으로 볼 수 있다. 언어 자체가 자신을 표현하고 나타내는 수단이기 때문에 언어를 통하여 자아정체감을 나타낸다고 여기는 대상이 포함된다.

청소년이 사용하는 욕설은 다음과 같다.

> 씨발, 개씨발, 씨발새끼, 잡년, 빽어리년(여성 비하의 비속어), 니미~(상대방의 엄마를 비하해 하는 욕설), 엄창, 엠창, 병신새끼, 호구새끼, 등신새끼(남성 비하의 비속어), 개삽자루, 듣보잡, 미친놈, 미친년, 미친새끼 등

청소년이 욕설을 많이 한다는 것은 그만큼 청소년의 삶이 행복하지 않음을 보여 주는 증거이기도 하다. 청소년 스스로가 욕설을 습관화하여 사용할 경우 청소년 자신의 인성발달(뇌를 공격하여 자율신경계 이상, 전두엽 위축, 인지능력을 저하시킴)에 치명적 영향을 줄 뿐만 아니라 대인관계, 사회적 적응력에 심각한 문제를 초래하게 된다. 뿐만 아니라 욕설을 하는 사람의 경우 스트레스 해소라는 인식이 들지만, 듣는 사람은 정신적 피폐화를 초래하게 되는데, 이러한 심리적 갈등을 초래하는 원인이 되어서 종국에는 원만한 대인관계를 이루거나 조직관계의 균형감을 얻는 데에도 적절하지 않다.

욕설을 계속 사용할 경우 습관화되며, 이 자체를 인지하지 못하여 끊기 어려워 마치 비행행동을 유발하는 약물처럼 문제의 원인이 되기도 한다. 더욱 큰 문제는 욕설이 다른 관문약물이라고 할 수 있는 음주, 흡연 등과 같은 요소에 항상 더불어 연계되는 모습을 보이고 종국에는 다른 비행행동과 연계되어 죄책감을 느끼지 않게 되는 부정적 상승효과가 나타난다는 점이다.

04 청소년 언어문화 발전방향

청소년이 사용하는 언어에 대한 우려의 목소리가 높다. 통신언어를 여과 없이 일상생활에서 일상언어로 사용하는 것, 문자의 시대에 편리함을 위해 줄여 쓰는

것, 소리 나는 대로 쓰는 것, 띄어쓰기를 하지 않고 쓰는 것, 말의 한 문장 안에 꼭 한 번씩 욕이 들어가게 말을 하는 것 등 이런 상황에서 우리의 언어가 파괴되고, 청소년의 삶에 부정적인 영향을 준다는 안타까운 생각이 사회에 만연되어 있다.

앞에서 청소년이 은어와 비속어, 유행어를 사용하는 실태에 대해 여러모로 생각해 보았다. 특히, 비속어인 욕의 사용이 심각한 수준이라고 보고 있다. 그렇다면 욕이 청소년문제인지, 아니면 청소년문화인지 생각해 보아야 한다. 언어폭력으로 자살을 불러일으키는 수준이었을 때는 문제로 봐야 하지만, 굳이 그렇지 않을 때는 문화로 인정해 주는 것이 맞을 것이다. 현재의 청소년이 비속어의 다양한 표현을 계속 사용하지는 않을 것이다. 이러한 언어는 청소년기에 주로 사용되고 있고, 그들 스스로도 옳지 않은 부분이 있음을 인식하고 있기 때문에 청소년문화로 인정해야 한다.

청소년은 그들의 언어문화 정화와 올바른 언어문화 정착을 위해 나름대로 자발적으로 움직이고 있다. 문화체육관광부에서는 2015년 청소년의 바른 언어생활을 위한 '안녕! 우리말' 콘서트를 개최해 아나운서, 가수, 디자이너들과 우리말과 글의 소중함을 나누고 청소년이 직접 제작한 UCC를 소개했다(문화체육관광부 보도자료, 2015. 9.). 이는 청소년이 다양한 문화활동을 통해 자연스럽게 인성이 길러지도록 해 학업 스트레스에서 벗어나 나쁜 언어습관을 들이지 않도록 예방하고자 하는 것이다. 또한, 청소년이 직접 연극을 만들어 언어문화 개선에 동참하기도 했다(문화체육관광부 보도자료, 2015. 12.). 이 연극제는 종합예술인 연극 창작 과정에서 자신들의 언어생활과 언어습관을 되돌아보고, 그 깨달음을 무대 위에서 관객과 함께 소통하는 것이다. 청소년에게 비속어, 은어, 욕설을 자제하도록 주입식으로 강요하는 것이 아니라 청소년 스스로가 대본을 쓰고 배우가 되어 연극을 하고, 관객으로 연극을 보면서 자신의 언어생활을 되돌아보게 하는 것이다. 이 과정을 통해 청소년은 자신의 언어를 정화하고 올바른 언어습관을 형성할 계기를 갖게 된다. 또한, 청소년이 좋아하는 랩을 통해 언어 사용에 대한 공익광고를 제작해 청소년에게 생각할 수 있게 했다(가수 산이의 공익광고).

청소년 언어문화를 바라보는 시각을 바꾸고, 발전시켜 나가기 위해서는 무엇보다 청소년이 사용하는 말보다는 그런 말이나 단어를 쓰는 상황에 대해 먼저 이해해야 한다. 청소년이 은어 · 비속어를 사용하는 가장 큰 이유는 다음과 같다.

첫째, 친근감의 표시이다. 친근해야 쓸 수 있는 말인 것이다. 입만 열면 욕을 하는 청소년도 처음 만난 사람 앞에서나 면접을 보고 있는 상황에서 비속어를 사용할 수는 없다. 또 학교에서 돌아오면서 "씨발, 우리 담임 존나 어이없어."라고 말을 했다면 이는 필시 선생님에게 억울하게 혼났다거나 황당한 일을 당했다는 표현일 수도 있다. 이런 의미에서 분노의 표현으로 은어 · 비속어를 쓴다. 다양한 상황에서 비속어와 은어를 통해 자신을 표현하고 있음을 이해해야 한다.

둘째, 비속어 · 은어는 10대를 이해하는 도구이다. 비속어 · 은어를 사용하는 것은 그들이 어른과는 다르다는 정체성을 결정하고 표현하는 요소이다. 어른이 알아듣지 못하는 언어를 사용하면서 쾌감을 느끼고 자신만의 영역을 견고하게 만드는 것이다. 그렇기 때문에 하나의 문화 양상으로 이해하고 인정해 주는 것이 필요하다.

청소년이 자신의 언어문화를 스스로 생각해 볼 수 있도록 다양한 활동의 통로를 마련하는 것은 바람직한 일이다. 청소년 언어생활을 문제로만 여기고 문제가 되는 것을 완전히 제거하려고 하기보다는 청소년문화의 한 측면으로 인정하고 이를 건강하게 성장시키려는 노력을 기울여야 한다.

첫째, 언어 자체를 문제 삼지 말고 청소년이 하는 말을 정중하고 공식적인 언어로 바꿔 주는 것도 필요하다. 예를 들면, "얘들이 지랄하잖아." 하면 "얘들이 너를 귀찮게 했어?"로, "병신 새끼, 존나 짜증 나."하면 "친구가 굉장히 잘못했어?"로 공식적인 언어로 비속어 표현을 바꿔 주는 것이다. 주위 사람들의 비난의 목소리보다 공식적인 언어 표현을 들려주는 것을 자주 듣게 되면 은연중에 청소년 안에 자신이 사용하는 다른 표현도 익혀갈 수 있을 것이다. 그래서 공식적인 자리에서 공식적인 언어를 사용할 수 있는 사람으로 성장할 수 있을 것이다. 이와 더불어 공식

[그림 5-6] 그리스의 하마티온

출처: http://blog.naver.com/ujuk15/220814675790

적인 자리에서 얘기할 기회를 많이 마련해 주는 것도 도움이 될 수 있다.

둘째, 부모의 언어 사용 습관이 청소년 자녀에게 영향을 미치므로 점검해 보는 것도 필요하다. 부모의 언어폭력으로 상처받은 아이가 다른 사람에게 언어폭력을 행사할 가능성이 크기 때문이다.

셋째, 부모의 언어 사용 습관뿐만 아니라 사회의 언어 사용 습관을 점검해야 한다. 대중매체는 청소년과 밀접한 관계를 가지고 청소년에게 영향을 주는 도구이다. 그러므로 대중매체는 언어 사용에 대한 점검을 통해 우리말을 정화하기 위한 노력을 기울여야 한다.

넷째, 비속어의 경우에는 그 뜻을 정확히 알 수 있도록 하여 청소년이 사용할 때 생각해 볼 수 있는 여지를 마련해 주어야 한다. 특히, 욕은 정확한 뜻을 알면 입에 담기가 민망스러운 것이 많아 줄이는 데 도움이 될 수 있다.

다섯째, 신조어 사용이 한글 훼손에 영향이 있다고 여기고, 신조어를 대체할 표준어를 사용하도록 한다. 그러므로 청소년에게 표준어에 대해서 잘 알려주는 것이 필요하다. 문화체육관광부는 게임으로 우리 언어, 청소년 언어에 대해 생각해 볼 수 있도록 다양한 콘텐츠를 제작해 홍보하고, 국립국어원은 표준어 제정의 장벽을 조금 낮춰 언어파괴적인 단어가 아니라면 좀 더 적극적으로 표준어로 제정하는 것도 한 방법이 될 것이다.

청소년 언어문화의 긍정적인 면을 발견하여 발전할 수 있도록 노력해야 한다. 언어가 있으므로 사람이 짐승보다 낫고, 언어로 인해 사람들이 가까워질 수 있는 것이다. 서로가 이해할 수 있도록 언어 안에 진심을 담는다면 언어의 역할은 제대로 이루어지고 있다고 볼 수 있다. 청소년이 자신의 언어에 진심을 담아 자신을 표현할 수 있도록 해야 한다.

무엇보다 청소년 언어문화의 긍정성을 이해시키는 노력을 지속해야 할 것이다. 언어교육을 통해서 단지 좋은 말, 긍정적 표현만이 좋다는 식의 교육일변도는 다소 무리가 있을 것이다. 그럼에도 불구하고 좋은 표현을 했을 때의 긍정성을 지속적으로 나타내는 노력은 필수적인데 이를 위한 몇 가지 방안이 필요하다.

첫째, 청소년기에 일탈과 비행의 특성 또는 사회적 규범을 벗어나려는 행동이나 사고가 자연스러운 행위임을 알도록 청소년기를 긍정적으로 이해하는 교육을 강조해야 한다.

둘째, 청소년이 욕설의 의미를 잘 모르고 사용하는 경향이 대부분이므로 욕설의 의미와 문제점을 정확하게 이해시켜 스스로 깨닫도록 하는 교육을 강화하는 것도 중요하다.

셋째, 욕설이 타인의 권리를 침해하며, 욕설을 듣는 사람은 심리적 불안, 감정의 혼란 등을 크게 느낀다는 점을 깨닫게 해 주는 타인이해교육, 민주시민교육 확대 등의 상호이해교육이 병행될 필요가 있다.

넷째, 욕설 대부분이 청소년기의 순간적 분노를 조절하지 못하여 심화되므로 참는 교육, 분노조절, 마음조절, 중재교육 등의 프로그램을 개발하여 제공하는 것도 좋은 노력이 될 것이다.

다섯째, 청소년 스스로 바른 언어교육을 만들고 찾도록 하는 동아리활동, 언어경진대회 등이 일회적으로 그치지 않고 연중 계속되어야 한다.

'낄끼빠빠' 모르는 당신 '고답이' … 혹시 통역이 필요하신가요?

[젊어진 수요일] 청춘리포트 - 그들만의 한글, 당신은 몇 점

- 'ㅂㅂㅂㄱ'의 뜻 아시나요. '반박불가'의 앞글자라네요.
- 2030들 '복세편살'의 취지로 바꿔 쓰고 줄여서 쓴다는데…
- '복잡한 세상 편하게 살자'입니다. 과연 한글도 세상도 편해졌는지.

기성세대는 독해하기 힘든 '그들만의 한글'이 통용되는 현실은 빼박캔트입니다.

출처: 윤정민(2015. 10. 7)

05 패션

1) 의복의 의미

(1) 옷의 발생으로 본 의미

인간은 외부 환경으로부터 자신을 보호하기 위해 의복을 만들어 입기 시작했다. 신석기 시대에는 동물 가죽이나 식물의 잎사귀를 뼈바늘로 엮어 옷을 만들었고, 고대에도 아직 옷 만드는 기술이 미비했기 때문에 넓은 천을 몸에 둘러 걸치는 형태의 옷을 주로 입었다. 그리스의 하마티온, 로마의 토가, 인도의 사리 등이 그 예이다. 점차 옷 만드는 기술이 발전하면서 상의와 하의를 구분하고 치마 형태의 입체적인 옷을 만들어 입기 시작했다. 치마는 원래 성별과 상관없이 누구나 입을 수 있는 옷이었다. 치마는 고온 다습한 해양성 기후 지역에 거주하거나 정착생활을 하는 사람에게는 완벽한 복장이지만, 한랭 건조한 대륙성 기후 지역에 거주하거나 유목생활을 하는 사람에게는 좀 더 활동적이고 보온성이 있는 옷이 필요했다. 그래서 바지가 나오게 되었다. 야만인의 복장으로 치부했던 바지는 군인들이 전쟁에 활동적인 바지를 입으면서 군인 중심으로 바지 문화가 확대되기 시작했다(서미순, 2016).

치마는 활동성의 부족과 불편함으로 여성의 옷으로 분류되었는데, 더운 여름에 치마를 입는 것이 좋고 합리적이라는 남성이 많아지면서 유니섹스의 형태로 변화되고 있다. 남녀 구분이 아니라 자신에게 좋고 편한 것이 무엇인지 찾아 나가는 것이다.

(2) 옷은 존재론적 표현과 감각적 표현

인간은 환경과 시기, 기후, 사회의 위치와 일상적 상황에 따라 옷을 다르게 입는다. 옷은 지역, 시대, 계절, 연령, 성, 직업, 풍속, 활동 등이 어떠한지에 따라 영향을 받는데, 이런 요소들은 인간 모두에게 동일하게 적용되는 공통성이라 볼 수 있다. 이와 더불어 개인의 정서나 취향, 그 시대의 유행에 따라 다른 형태의 옷을 입기도 한다.

옷은 인간이면 누구나 하루도 빠짐없이 내 몸에 걸쳐진 매우 친밀한 대상이다. 그러기에 옷을 통해 다양한 정보를 제공하고 제공받기도 한다. 옷은 표현대상으로서의 의미가 있다. 그 자체로서 무엇인가라는 감각적 속성과 그것은 어떻게 기능하는가라는 존재론적 속성에 관한 질문에서 시작하여 추상화 과정을 통해 각각의 해답을 탐색하기 위한 질료(substance)나 매개(medium)가 된다. 질료는 재료로 감각적인 표현을 가능케 하는 것이고, 매개는 존재론적 차원에서 중재하는 두 요소의 중간에서 거리를 확보하는 수단으로 설명한다. 이 둘 안에서 이루어지는 추상화 과정은 일상성을 비일상성으로 바꾸는 역할을 하는 것이다. 그래서 옷이 가지는 일반적이고 상투적인 이미지로부터 벗어나도록 유도하고 새롭게 대상을 바라볼 수 있게 한다. 옷을 착장용 도구로만 보는 것이 아니고 하나의 물체로, 어떤 의미(서사적이거나 서정적이거나)를 지닌 형상으로 볼 수 있게 만드는 것이다(윤순란, 2015).

그러므로 옷은 옷을 입는 사람을 표현하는데, 다른 사람과 구분된 그 사람만의 존재 의미를 표현하는 것이고, 옷 자체가 가지는 감각적인 의미 표현의 두 가지를 다 포함한다. 그것은 옷을 넘어서는 의미와 옷 자체의 형식, 다시 말해 관념적인 것과 직관적인 것으로 대별해 볼 수 있다. 이 두 표현이 옷 안에 공존해 있어 한 사람의 옷 입기를 결정하는 것이다.

2) 의복의 기능

인간이 살아가는 데 필수적인 3가지가 의, 식, 주이다. 의는 인간의 기본 필수품이다. 기본 필수품인 옷의 기능에 대해 인간학, 심리학 등의 연구를 통해 옷의 기원과 근원적인 동기에 대해 다양한 이론을 제시하는데, 그것을 정리하여 안봉환(2014)

은 옷의 기능을 크게 네 가지—부끄러움을 가리는 기능, 아름다움을 드러내는 기능, 몸을 보호하는 기능, 사회생활을 반영해 주는 기능—로 분류하였다. 여기에 개성을 추구하는 기능을 추가하여 5가지로 제시한다.

(1) 부끄러움을 가리는 기능

처음 인류의 탄생에서 창조 시에는 아무것도 입지 않았어도 부끄러움을 몰랐다. 그런데 아담과 하와가 하나님께 범죄한 이후에 부끄러움을 알게 되고 그 부끄러움을 가리기 위해 잎으로 몸을 두른다. 이 이론은 옷을 입어야 하는 이유를 아담과 하와의 본능적인 부끄러움에서 찾는다. 옷은 알몸 그리고 부끄러움과 긴밀하게 연결되어 있다고 여기고, 그것이 옷의 주제가 된다. 일반적으로 옷은 '육체적이고 영적인 품위를 보존하는 데 필요한 제2의 피부'라고 여긴다.

(2) 아름다움을 드러내는 기능

옷은 몸을 가리기 위한 용도뿐만 아니라 미적 기능도 지닌다. 아름다움을 표현하기 위해서 자신이 원하는 옷을 손수 만들기도 하고, 유행하는 옷에서 마음에 드는 옷을 골라 입기도 한다. 사람은 옷을 통해서 창조능력과 상상력을 발휘한다. 그래서 화려한 색상의 옷을 입기도 하고, 특이한 스타일의 옷을 선택해 입으면서 자신만의 독특함을 과시하면서 자신의 아름다움을 표현하기도 한다.

(3) 개성 추구의 기능

아름다움을 표현하는 기능의 연장선상에서 옷은 개인의 독특함을 나타내면서 자신만의 스타일을 추구한다. 이 개성 추구는 청소년에게서 더 뚜렷하게 나타나는 옷의 기능이다. 옷에 대해 어떤 취향을 가지느냐가 그 사람을 나타내는 정체성이 되는 것이다. 의복에 대한 관심과 취향은 개성을 드러내는데, 이는 옷이 가지는 품위와 우아함을 통해 더 돋보이게 할 수 있다. 즉, 옷을 통해 자신을 얘기한다.

(4) 몸을 보호하는 기능

옷은 생물학적인 차원에서 인간의 외형적인 변화, 곧 기후와 외부 요인으로부터 육체를 보호하는 기능이 있다. 이는 처음 옷이 발생했을 때의 기능이다. 약한 인간의 피부를 보호하기 위한 역할을 옷이 하는 것이다. 따라서 옷은 육체의 건강을 보호하고 위생을 위한 기능을 수행한다.

(5) 사회생활을 반영해 주는 기능

옷은 인간의 사회생활을 반영해 주는 기능도 있다. 어느 사회에 속해 있느냐 혹은 어떤 위치에 있느냐에 따라 옷차림이 달라진다. 그래서 옷은 사회 계층을 반영하여 표현한다. 그뿐만 아니라 옷은 사회가 처해 있는 다양한 순간, 즉 축제와 기쁨, 승리와 슬픔 그리고 고통과 애도와 같은 감정도 반영해 준다. 죽은 이를 애도하기 위한 자리에 갈 때 입는 옷, 결혼을 축하하기 위한 자리에서 입는 옷, 여러 형태의 잔치에 입는 옷 등 상황에 따라 옷이 달라진다. 이는 옷을 통해 마음의 감정을 표현해 내는 것이라 할 수 있다.

06 청소년의 패션문화

1) 청소년 패션문화의 특징

패션이란 특정한 시기에 유행하는 복식이나 두발의 일정한 형식을 말한다. 패션문화란 이러한 패션을 따라 하며 하나의 양식을 만들어 가는 것을 말한다. 그렇다면 청소년 패션문화는 무엇일까? 청소년 패션문화는 청소년이 특정한 시기에 유행하는 복식이나 두발의 일정한 형식을 따라 하는 그들만의 문화를 말한다. 청소년 시기에 그들이 추구하는 다양한 스타일이 패션문화 안에 나타난다.

(1) 외모를 가꾸기 위한 수단

현대사회에서 외모는 하나의 경쟁력으로 인식되고 있고, 외모에 대한 평가가 삶에 상당 부분 영향을 미치기 때문에 사회적으로 외모에 대한 관심이 증폭되고 있다. 이런 사회적 현상이 청소년에게도 영향을 미칠 뿐만 아니라 이 시기에 갖는 고민 또한 외모가 차지하는 비중이 높다. 2008년 자료에서 청소년의 고민 중 1위는 공부, 2위는 직업, 3위가 외모였고, 2014년의 통계 자료에서는 1위가 공부(35.3%), 2위가 직업(25.6%), 3위가 외모 · 건강(16.9%)으로 나타났다(통계청, 2015). 외모에 대한 고민은 시간이 지나도 높은 비중을 차지한다. 그리고 서울의 10대 의식 설문조사에서 학교에서 가장 부러운 친구의 1위는 외모가 뛰어난 친구(35.5%), 2위는 공부 잘하는 친구(33.5%), 3위는 성격 좋은 친구(29.8%)로 나타났다. 청소년에게 외모는 중요한 관심의 대상이다.

청소년은 소득이 없지만 우리나라의 경제발전으로 이전 어느 세대보다 풍요로운 소비생활을 누리고 있고, 패션에 민감하고 적극적이고 감각적인 사고방식을 소유하고 있기 때문에 외모를 가꾸기 위한 수단으로 옷을 구입한다. 청소년은 옷을 통해 외모를 판단하게 된다. 청소년 시기는 옷에 대한 만족이 높았을 때 자신감 있게 행동하므로 옷을 통해 외모를 가꾸어 친구들 사이에 부러움을 사고 싶어 한다.

(2) 동조행동의 표현

청소년 시기는 또래집단이나 유명 연예인의 행동, 다른 사람의 반응에 일치하도록 행동하는 동조행동이 강하게 나타나는 시기이다. 동조행동은 집단문화나 소속감을 중시하는 청소년의 특성상 자연스러운 현상이며, 이러한 동조행동은 같은 브랜드 선호로 나타난다. 예를 들어, 최근 몇 년 사이에 10대 청소년은 특정 해외 유명 아웃도어 브랜드를 선호하는 모습을 보였다. 이러한 사회 현상은 '등골 브레이커'라는 신조어까지 만들어 내며 극심한 사회 현상의 하나로 나타났다. 남자 청소년의 고가 자전거 선호 및 구입, 여자 청소년의 화장품 구입 등이 친구들 사이에서 유행으로 작용하고 너나 할 것 없이 따라 하면서 유행을 따라 하지 않는 몇몇의 청소년을 오히려 특이한 것으로 보는 현상도 나타나고 있다.

연예인이나 만화 캐릭터의 의상과 외모를 똑같이 따라 하면서 마치 연예인이나 만화 주인공이 된 것처럼 행동하는 청소년도 있다. 이런 코스튬플레이를 통해 일상생활에서는 자신을 나타내지 않았던 청소년이 자신 있게 그 사람으로 분해 행동하는 것으로 자신을 드러내고 표현하는 것도 동조행동의 한 현상이다.

(3) 자신의 정체성 표현

옷은 자신의 이미지를 결정한다. 옷의 기능에서 개성 추구의 기능과 연관선상에서 청소년은 자신이 입는 옷을 통해 자신이 어떤 사람임을 나타내려고 한다. 그런 사고가 동조행동으로 나타나는 현상하에서 자신만의 차별성을 추구하고자 한다. 청소년은 의복에 대한 이상적인 기준을 자신에게 잘 어울리는 것이나 자신이 소화할 수 있는 것으로 정하고 있어 자신의 개성 및 개인의 특성에 적합한 의복을 입는 것을 선호한다(김미진, 2013). 그래서 자신이 어떤 사람인지, 선호하는 것은 무엇인지 등을 의복을 통해 나타낸다.

이외에도 소비적인 경향이 강하여 필요하여 구매하는 것보다 새로운 스타일을 추구하고자 하는 욕구가 강하게 작용하여 비합리적이고 충동적인 소비를 하는 경우가 대부분이다(정하성 · 유진이, 2012). 자신이 주체적이고 창의적으로 의복문화를 형성한다기보다는 유행하는 것만을 따라가는 비주체적인 경향을 나타낸다.

2) 청소년 패션의 변천

(1) 교복

우리나라에 교복이 처음 도입된 것은 1886년이다. 한복교복이 시초였으며, 1983년 교복자율화 이후 교복자율화로 인한 문제점을 보완하기 위해 다시 1986년 교복 재착용을 학교장 재량에 맡기면서 대부분의 중 · 고등학교에서 교복을 착용하며 현재에 이르고 있다.

교복은 학생들에게 공동의식, 집단성을 경험하게 하고 다른 학교의 학생들과 구분되는 특수성을 나타내며, 동시에 일반 유니폼이 지니는 목적을 넘어서 교육적 효과도 함께 가진다(오윤선 · 황인숙, 2016). 그럼에도 불구하고, 교복은 다양한 개성을 추구하고 싶은 욕구가 강한 청소년에게 불편하고 획일화된 옷으로 인식된다. 시대의 변화에 따라 디자인이나 색깔, 형태 등이 변화되었으나 청소년의 다양한 요구를 담아내기에는 부족하다. 그래서 청소년은 교복을 자신만의 개성을 살리기 위해 줄여 입는다. 요즘에는 아예 짧고 타이트하게 만들어서 나오기도 한다.

청소년은 교복의 스타일로 학교 간 비교를 하며 자신의 우위를 나타내려 한다. 이것이 같은 옷을 입은 사람들 사이의 집단성과 다른 집단과의 차별성이다. 청소년은 대부분의 시간을 학교에서 교복을 입고 지내기 때문에 교복은 그들을 나타내는 하나의 중요한 요소가 된다.

김지원(2009)의 연구를 바탕으로 교복자율화 시기를 추가하여 교복의 변천사를 제시하면 다음과 같다.

❶ 한복교복 시기(1886~1920년대)

우리나라 최초의 교복은 이화학당 여학생들이 입은 한복교복이다. 처음에는 교복으로 제정되지 않았으나 학생들의 경제적 문제를 해결하기 위해 러시아의 무명으로 만든 발을 덮는 다홍빛 긴 치마와 같은 색의 짧은 저고리를 만들어 입혔던 것이 교복의 효시가 되었다. 남학생의 경우 1898년 배재학당에서 당복을 제정하여 입은 것이 시초이다. 검은 양복에 앞자락 단과 소매 끝, 바지 좌우의 겉 솔기에 태극을 상징하는 청홍 선을 두 줄로 넣었다.

❷ 양장교복 시기(1930년대~1945년)

1938년 일본에 의해 한복 착용 금지령이 내려지고 양복 착용이 의무화되면서 학교에서 본격적으로 양장교복을 입기 시작했다. 블라우스, 스웨터, 세일러복 상의와 플리츠스커트 등을 주로 착용하였다.

1940년대에는 제2차 세계대전이 막바지에 이르면서 제복을 통일하여 착용하도록 하여 여학생은 일본 여자 노동복이었던 몸빼바지에 블라우스를 입었고, 남학생은 국방색 교복을 입었다.

❸ 해방 후 교복 시기(1945~1969년)

1951년 교육법 제정으로 3 · 3제의 중 · 고등학교로 분리되는 학제 개편이 이루어지면서 학교의 자율적 결정에 의해 교복 형태를 정했다. 해방이 되어 일본의 강요가 없어졌으므로 학교의 전통이 교복에 반영되었다.

❹ 획일화된 교복 시기(1970~1983년 교복자율화 이전)

1960년대 중반 초등교육은 보편화되었고, 1969년 '중학교의 무시험제도'로 중학교의 평준화가 이루어지면서 서울 시내의 남녀 중학교 교복이 통일되었다. 학교의 특색을 없애고 남학생은 하늘색 상의에 회색 하의, 여학생은 박스형 상의에 감색 스커트를 입었다.

❺ 교복 자율화 시기(1983~1986년)

교복이 일제의 잔재로 민주적 교육이념에 어긋난다는 반대론이 부상하자 학생의 개성과 창의성을 존중한다는 목적에 따라 1983년 3월에 교복 자율화를 발표하였다. 교복 및 두발 자유화로 자율복을 착용하게 되었고, 교복으로 인해 발생하는 문제를 어느 정도 해결할 수 있었다. 그러나 고급 사복 착용에 따른 위화감 조성, 부모의 경제적 부담, 사치 풍조, 빈부의 차이, 학생 탈선행위 등의 문제가 생기면서 1986년 교복 착용을 학교장 재량으로 하기로 했다. 짧은 기간 교복 자율화가 이루어졌으나 교복 자율화 시기를 지낸 청소년이 새로운 패션 문화를 형성했다.

❻ 교복의 부활기(1986~1996년)

1986년 학교장 재량으로 교복 착용을 실시하였으나, 1990년부터 문교부에서 교복 착용을 적극 권장하자 서울 시내 95%의 학교가 다시 교복을 착용하였다. 이 시기의 교복은 제한적이기는 했지만, 멋과 다양성을 가미한 디자인이 나오게 되었다.

❼ 교복의 브랜드화(1996년~현재)

이 시기에는 다양성과 개성을 표현한 디자인의 교복이 나타났다. 학부모와 학생의 요구도 반영되어 다양한 스타일의 교복이 현재까지 이어지고 있다. 또한, 대기업이 교복 시장에 뛰어들면서 교복이 브랜드화되며, 연예인을 모델로 이미지를 구축해 나갔다. 스마트, 엘리트, 스쿨룩스 등의 브랜드를 통해 다리가 길어 보이는 학생복, 코르셋 재킷 · 쉐딩 스커트(이는 청소년 건강을 위협하는 상술이라는 비판이 쏟아진 광고였다.) 등의 광고로 학생의 눈길을 끌며, 교복패션으로 자리매김하였다. 교복은 10대만의 문화적 상징 코드로 자리 잡아 교복을 통해 자신을 드러낼 수 있는 패션문화이다.

〈표 5-5〉 교복의 시대별 디자인 특성

시기	시대적 배경	디자인 특징
한복교복 시기 (1886년~1920년대)	• 선교사에 의한 학교 설립	• 긴치마에 짧은 저고리 • 저고리는 길어지고 치마는 무릎까지 짧아짐
양장교복 시기 (1930년대~1945년 전)	• 한일 합방기 • 일제식민지 교육정책 • 제2차 세계대전 발발	• 주로 세일러복 상의와 플리츠스커트 • 몸빼바지와 블라우스, 국방색 교복
해방 후 교복 시기 (1945~1969년)	• 해방 • 3·3제의 학제 개편	• 동복: 감색의 더블재킷과 플레어스커트, 터진 슬랙스 • 하복: 감색 스커트에 흰색 셔츠
획일화된 교복 시기 (1970년~1983년 교복 자율화 이전)	• 중학교의 평준화 시책에 따른 교복 동일화	• 상의는 박스형으로 변형 • 하복: 감색의 얇은 감 • 동복: 감색의 두꺼운 스커트
교복의 부활기 (1983년 교복 자율화 이후)	• 교복 자율화 이후, 부작용으로 인한 교복 부활	• 제한적이긴 하지만 멋과 다양성을 가미한 교복
교복의 브랜드화 (1996년~현재)	• 교복이 학생의 문화적 아이콘으로 자리 잡음	• 패셔너블하고 트렌디한 교복

교복자율화는 새로운 형태의 교복을 입히는 수단으로 전환되었다. 즉, 학생은 학생다워야 한다는 시각은 항상 청소년에게 대전제로 작용하면서 교복을 입지 않

왔을 때의 청소년 통제의 어려움 등이 먼저 부각되었고, 기성세대는 새롭고 아름다운 형태라는 이름으로 청소년에게 교복을 입는 것을 강요하였다. 청소년 통제를 위한 규격화는 새로운 교복의 변형이라는 모습으로 지금까지 계속되고 있다.

영화 「패션왕」의 오디션 장면에서 여학생은 짧은 치마, 레깅스를 입고 유행하는 스니커즈를 신고, 조끼는 타이트하게 몸에 맞추어 입었으며, 블라우스 단추 몇 개를 풀고 팔찌 액세사리를 교복과 함께 매치한 모습으로 등장한다. 이러한 모습을 본 심사위원들은 "귀엽다.", "사랑스럽다."를 연발하며 이렇게 교복과 어울리는 소품을 착용하였을 때 여성의 매력을 어필할 수 있음을 간접적으로 제시하고 있다.

남학생은 다리에 심하게 달라붙는 스키니 바지로 마른 몸을 강조하고 브랜드 허리띠, 신발, 가방을 패션 소품으로 매치한 모습으로 등장한다. 남학생은 여학생과는 다르게 교복을 변형한 요소는 많이 없고 오히려 메이커 제품으로 소품을 강조함으로써 교복 코디에 신경을 쓰는 모습을 보여 주고 있다. 이 두 학생 모두 「패션왕」에서는 힘겹게 예선을 뚫고 본선에 올라 온 학생들로 묘사되며 청소년들 사이에서 패셔니스타로 인정받고 있는 인물로 그려지고 있다.

청소년들 사이에서는 2014년부터 대세였던 슬림핏이 여전히 유행이다. 2018년 서울시에서 편안한 교복에 대한 토론회가 있었는데, 학교가 지정한 생활복(45.8%), 기존 교복개선(22.2%), 교복 자율화(17.3%), 상의 지정, 하의 자율(10.2%)순이었다(2019년 2월 23일 자 조선일보).

일반 교복의 변형으로 생활복 교복은 2000년대 중후반에 등장했는데, 주로 반바지, 티셔츠 형태였으나 후드티, 야구점퍼 스타일도 주목받고 있다. 교복은 과거에는 학교의 정체성을 드러내는 옷으로 학교가 결정 주체로 작용했지만, 요즘은 생활하기 편한 옷으로 접근하면서 학생들이 디자인 하고, 선택하는 등 학생의 발언권이 커지고 있다는 것이 큰 변화이다.

(2) 사복

사복은 교복 외에 청소년이 일상적으로 입는 옷이다. 사복은 청소년 개인의 개성을 표현할 수 있으나, 그 안에서도 획일화된 옷의 유행으로 청소년의 동조 현상 등이 나타나며, 고가의 사복이 유행처럼 번졌다. 이것이 또 하나의 사회문제로 '등골 브레이커'를 만들어 내며 부모의 부담을 가중시키는 현상을 나타내고 마침내 2013년에는 100만 원을 호가하는 옷이 등장해 청소년에게 영향을 미치기도 했다.

청소년의 패션에 변화가 나타난 것은 2011년 패딩 점퍼가 중 · 고등학생의 인기를 끌면서부터이다. 교복 일색의 획일 패션이 사라진 것은 좋은 일이지만, 저렴한 가격에 개성을 표현할 수 있는 다양한 패션이 나타나지는 않고 명품 브랜드가 마치 또 하나의 교복인 양 새로운 획일 패션으로 자리 잡게 되었다. 이러한 이유는 첫째, 교복 외투를 지정하는 학교가 없다 보니 패딩 점퍼가 틈새시장을 만들어 그 자리를 점령한 탓이다. 둘째, 저렴하던 교복값이 매년 상승해 20~50만 원짜리 패딩 점퍼가 오히려 싸게 생각되었는데, 패딩 점퍼는 교외에서도 입을 수 있어서 한 벌 값으로 두 벌의 역할을 하기 때문이다. 셋째, 어른들이 귀한 자식에게 비싼 옷을 사줘서 오히려 이런 추세를 부추기는 경향이 있다. 넷째, 학생들 간 서열을 세우고 티를 내는 역할에 쓰인다(교육부 행복한 교육).

이전부터 청소년의 일상복 패션은 어떠한 형태였는지 시대별로 젊은이들의 패션을 정리하면 다음과 같다.

❶ 1960~1970년대

1960년대는 제2차 세계대전이 끝난 후 임신율 증가로 태어난 베이비 붐 세대가 청소년층으로 자라 전체 인구의 높은 비율을 차지한 시기다. 본격적인 경제 부흥으로 소비가 강조되었고, 섬유 산업의 발달로 기성복 시장이 확대되며, 패션에 대한 관심이 증가한 시기이다. 이때 젊은 청소년이 소비 계층으로 활발하게 활동하면서 사회 전체의 분위기를 주도하였다.

이 시기 패션의 대표적인 양상은 다음과 같다.

첫째, 유니섹스룩과 청바지의 등장이다. 여성해방운동으로 페미니스트와 새로움을 추구하며 여성이 남성복 스타일을 입기 시작했다.

둘째, 미니스커트와 판탈롱 팬츠의 유행이다. 기존의 관습과 고정관념에서 벗어난 특유의 사회적 영향으로 활동적이며 단순하고 실용적인 스타일로 젊은 층의 인기를 얻었다.

셋째, 1960년대 후반에는 히피 패션이 유행이었다. 평등과 자유 이념을 추구하는 젊은 세대는 전쟁에 반대하고 평화를 원했다. 이런 사회적인 분위기가 자연스럽게 자연으로의 회귀를 추구하게 했고, 그것을 추구하는 집단인 히피가 등장하였다. 이러한 히피의 영향으로 히피 패션이 유행하게 되었다. 히피 패션의 특징은 자유로움과 반전의 상징인 꽃을 액세서리나 프린트로 사용하였고, 손뜨개나 패치워크 등도 많이 이용되었고, 인도풍의 장식도 유행하였다.

이런 다양한 패션이 유행하였는데, 그중 미니스커트는 정부의 단속에도 불구하고 젊은 여성에게 인기가 있었다. 이는 패션에 대한 개념이 자기를 적극적으로 표현하는 수단임을 입증하는 것이라 볼 수 있다.

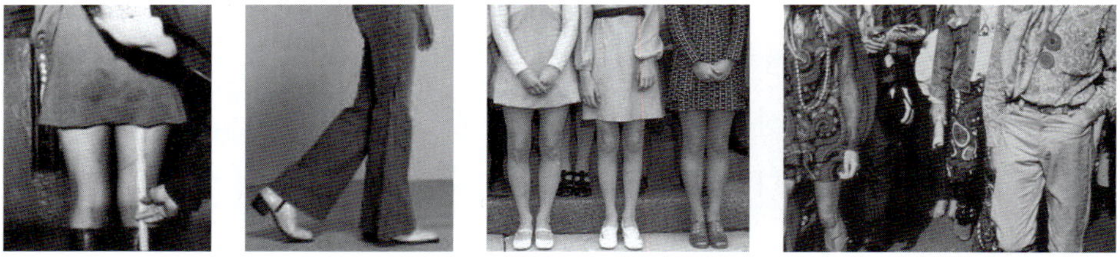

[그림 5-7] 1960~1970년대 패션

출처: http://blog.naver.com/PostView.nhn?blogId=std03&logNo=10152264353
http://blog.naver.com/sgod_8586/220942270088

❷ 1980~1990년대

1980년대는 패션 산업의 도약기로 기성복 산업 시대가 대한민국에 도래했다. 특히, 1983년 교복자율화가 발표되고 청소년 패션을 중심으로 패션이 발전되었으며, 1986년 아시안 게임, 1988년 서울 올림픽을 기점으로 해외여행, 수입 자유화로 인해 더욱더 감각적이고 개성을 중시한 패션문화가 형성되었다. 우리나라는 고도의 경제성장으로 개인 소득이 늘고, 여성의 지위 향상과 사회 진출로 패션이 본격적으로 발전하였다. 이러한 상황이 청소년의 패션에 자연스럽게 나타났다.

첫째, 펑크룩이 대중화되고, 앤드로지너스룩이 유행되었다. 펑크(punk)란 '쓸모없는', '보잘것없는'이란 뜻으로 주류문화인 기성세대에 대한 반항의 의미가 있다. 찢어진 청바지, 검은색의 스터드로 장식된 가죽옷, 허무적이고 비관적인 이미지나 슬로건이 새겨진 문자 티셔츠, 옷핀 장식, 드라큘라 화장 등으로 표현된다.

앤드로지너스(androgynous: 양성적)룩은 남성적인 스타일에 실크 블라우스나 액세서리를 착용하여 부드러운 여성성을 가미하거나, 반대로 전체적으로 여성적인 스타일에 남성적 요소를 도입하는 것을 통해 성의 구분을 모호하게 하거나 양성적인 이미지를 형성하는 것이다. 여성의 지위 향상과 사회 진출로 인한 영향으로 양성적 룩이 패션의 한 특징을 나타냈다. 이는 이전 시대의 유니섹스룩과 같은 맥락이라고 볼 수 있다.

[그림 5-8] 모히칸 헤어스타일과 펑크룩

[그림 5-9] 앤드로지너스 룩

출처: http://navercast.naver.com/contents.nhn?rid=135&contents_id=7747

둘째, 스포츠웨어의 일상화이다. 1986년과 1988년의 초대형 스포츠 행사에 영향을 입어 스포츠웨어가 일상복으로 자리 잡기 시작했다. 이때부터 시작된 스포츠웨

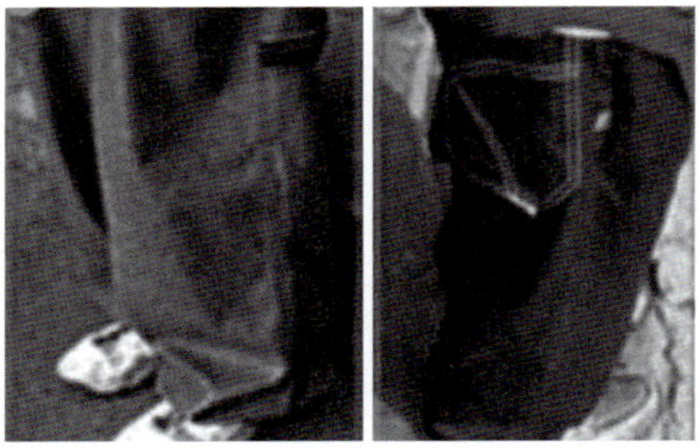

[그림 5-10] 힙합 패션

출처: http://blog.naver.com/PostView.nhn?blogId=std03&logNo=10152264353

어의 일상화는 현재까지 다양한 형태로 청소년 패션의 한 축을 담당하고 있다.

셋째, 1990년대에는 가수 '서태지와 아이들'이 대중문화의 한 획을 그으면서 그들이 입었던 힙합 패션이 유행하였다. 그들이 무대 협찬 의상이라 상표를 안 떼고 입고 나온 상의가 그대로 유행이 되었고, 헐 렁한 힙합 바지, 스노보드룩을 연상시키는 점퍼, 바닥까지 끌리는 벨트와 자기 사이즈보다 큰 워커 등이 인기를 누렸다.

넷째, 복고풍 유행이다. 통이 좁은 바지와 몸에 꼭 맞는 재킷, 데님과 셔츠를 매치한 스타일이 유행하였다. 힙합 패션이 강남에서 특히 큰 인기를 끌었다면, 강북에서는 복고풍이 한 흐름을 만들어갔다. 복고풍 중의 하나로 청청패션의 유행을 들 수 있다. 이는 특히 대학생 사이에서 인기를 누렸는데, 롤러스케이트장에서 유행한 패션이었다. 그 외에도 1990년대는 다양한 패션이 유행했다. 1994년에는 배꼽티가 유행했고, 1999년에는 메탈릭과 가죽 소재가 사이버룩의 영향으로 관심을 받고 인기를 누렸다.

❸ 2000년대

2000년대는 동대문 패션타운이 중추적인 역할을 하면서 발전되었고, 인터넷 문화의 정착으로 온라인 판매가 증가하면서 패션 구입의 고정관념—입어보고 사야 한다는—이 변화되었다. 이때의 청소년 패션은 기본 컨셉에 다양한 변형을 하는 혼합으로 이루어졌다.

첫째, 힙합과 스포츠룩, 힙합과 밀리터리룩이 합쳐져 새로운 패션의 형태를 만들어 냈다. 힙합바지에 상의는 스포츠룩이나 밀리터리룩을 매치해 힙합 패션으로 입는 형태이다.

둘째, 후반에는 스키니 팬츠와 레깅스가 인기를 누렸다. 젊은 층을 중심으로 폭발적 인기를 끌다가 점차 연령층을 늘려 가며 지금까지도 인기를 이어가고 있다.

❹ 2010년대

2010년대는 돌고 도는 유행이 있음을 알려 주는 복고풍이 유행했다. 특히, 1990년대의 문화가 유행하여 패션에도 영향을 미쳤다. 이전 패션의 특성을 이어오면서 더 크게 부각된 패션의 큰 특징은 다음과 같다.

첫째, 복고풍으로 청바지와 스웨터가 청소년의 사복으로 자리 잡았다. 90년대부터 지속하여 청소년 옷의 기본이 청패션이라고 볼 수 있다.

둘째, 브랜드 옷의 선호 현상이다. 앞에서도 설명했듯이 청소년은 특정한 브랜드 옷을 선호하며, 청소년 사이의 동조 현상과 차별화를 동시에 표현하였다.

[그림 5-11] 청청패션

출처: https://search.naver.com/

[그림 5-12] 아웃도어 패딩

출처: https://www.google.co.kr/

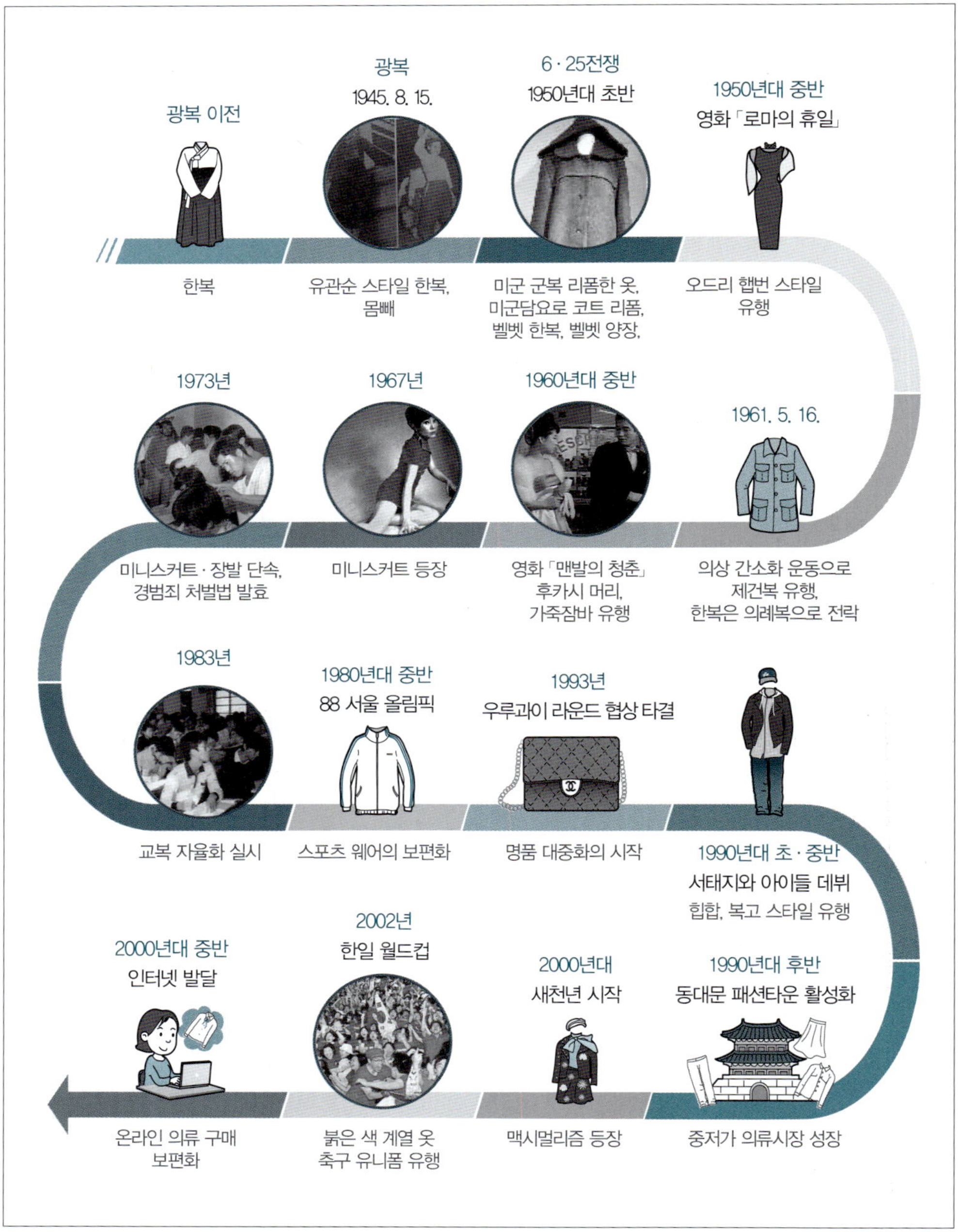

[그림 5-13] 광복 이후, 대한민국 청소년, 청년의 복식 형태의 변천사

출처: http://news.chosun.com/site/data/html_dir/2015/08/04/2015080401714.html

3) 패션문화와 연결된 표현문화

(1) 화장

청소년 패션문화에서 최근의 한 양상으로 자리 잡은 화장은 청소년의 자기표현의 하나라고 볼 수 있다. 여기에서의 화장은 기초화장을 넘어 색조 화장, 메이크업 화장을 의미한다. 특히, 여자 청소년은 초등학교 5~6학년 정도만 되어도 너나 할 것 없이 틴트를 바르고 다니고, 중학생이 되면 얼굴에 비비크림과 입술에 틴트를 바르지 않고 나왔을 때는 얼굴을 가리거나 마스크를 착용하여 부끄러움을 면하려 하는 모습을 보인다.

화장을 하는 나이대가 점차 낮아지는 상황에서 청소년들은 친구가 화장하는 것을 보고 같이 시작하게 되고, 자신의 얼굴에 만족하지 못해서, 화장품 광고를 보고 화장을 시작하는 경우가 많다. 어른들은 반대하는 경우가 많은 화장은 청소년들에게 중요한 문화적 양상으로 자리 잡고 있다.

❶ 청소년이 화장을 하는 이유

『데일리코스메틱』은 2015년 초, 서울 주요 중·고등학생을 대상으로 청소년 화장에 대한 실태를 조사하였다. 그 결과, 57%의 학생이 화장을 하는 가장 큰 이유로 '자기만족'을 꼽았다. 청소년도 어른과 별반 다르지 않게 만족한 자신의 모습을 보기 위한 이유에서 화장을 한다는 것이다. 주위의 여중생들에게 질문을 해도 비슷한 응답으로 자기만족과 예쁘게 보이기 위함이라고 답한다. 위의 실태조사에서 화장을 하는 다른 이유로 24.96%가 '타인의 시선 의식', 7.86%가 '호기심', '기타'가 8.51%, '진로 선택' 1.44%의 순으로 나타났다. 어른들은 학생들이 단순히 남에게 이뻐 보이고 싶어서 화장을 한다고 생각하는 경향이 높은데, 그것도 중요한 이유 중의 하나이지만, 청소년은 가장 큰 이유는 자기만족이라고 말한다. 화장을 한 후에 거울 속에 비치는 예쁜 자신의 모습이 좋아서 화장을 한다는 것이다(한승아, 2015. 1. 27.).

서울 지역 중1~고3의 남녀 청소년 1,074명으로 조사한 연구(장선미, 2013)에서 화장을 하는 이유는 여학생은 '피부 결점 보완'이 41.1%, '아름다움 추구 목적'이 40.5%로 나타났고, 남학생의 경우는 '개성 강조 목적'이 25.0%로 가장 높게 나타났다. 또한, 화장에 대한 관심도와 화장 행동에 따라 개성추구형, 실리추구형, 화장무관심형으로 세분화할 수 있다. 여고생의 화장의 이유를 조사한 연구에서 개성추구형은 친구 및 호기심 때문에 화장을 시작하게 되었으며, 실리추구형은 이성 친구에게 잘 보이고 피부 결점을 보완하기 위하여, 무관심형은 호기심과 피부 결점 때문에 화장을 시작하게 되었다고 하였다(이혜정 · 오인영, 2010). 청소년은 자신을 아름답게 표현하여 스스로 만족할 뿐만 아니라 타인에게도 자신의 모습을 아름답게 보이고 싶은 욕구를 화장 안에 담고 있다.

❷ 가장 많이 하는 화장

기초화장을 넘어 색조 화장을 하는 것을 화장으로 일컫는다고 볼 때, 색조 화장은 주로 중 · 고등학교 때 시작하게 된다. 이들은 피부관리 제품에 관심이 많고, 화려한 색조보다는 눈을 강조하는 아이라이너 제품을 사용했다. 최근에 청소년이 가장 많이 하는 화장은 립 메이크업(35%)이다. 그다음으로 베이스 메이크업(32%), 아이 메이크업(19.2%)의 순으로 나타났다(한승아, 2015. 1. 27.).

몇 년 사이의 화장의 빈도가 눈에서 입술로 변화되었다. 이는 화장 자체를 부정적으로 인식하는 어른이 많아 비비크림이나 아이라이너 등의 화장을 하면 불량학생으로 보고 학교에서도 피부나 눈 화장에 대해서는 규제를 하지만, 입술 화장품은 입술에 색을 입히는 효과와 보습이라는 인식이 강해서 학교의 규제도 적은 편이어서 티가 많이 나지 않지만, 화려함을 표현하는 데 틴트나 립밤이 그 역할을 하기 때문인 것으로 보인다.

❸ 청소년 화장 경험을 통한 의미

청소년이 화장을 하는 이유를 통해서 자신을 아름답게 드러내고 싶은 외모 추구에 대한 욕구와 집단성을 엿볼 수 있다. 청소년은 화장이라는 행위와 화장품이라는 물품을 통해 또래 간의 이야깃거리를 만들어 내고 서로 간의 관계를 깊이 있게 한다. 화장 행위와 화장품은 그런 의미에서 또래 간의 중요한 매개체가 되는 것이다. 또한, 10대 전용 브랜드 소비는 즐거운 일상의 소비 행위로 작용한다. 그래서 친구들과 같이 화장품 가게를 둘러보며 화장품을 만져 보고 화장을 하면서 재미있는 놀이를 만들어 낸다.

화장을 하는 청소년은 화장을 하지 않는 친구를 '범생이'라고 지칭하며, 부정적 이미지로 인식하고, 진하게 화장을 하는 집단은 '날라리'로 폄하한다. 그러면서 그 둘에 다 해당하지 않는 학생다운 화장을 하는 자신은 그들과 다른 집단으로 구분지어 하나의 무리를 만들어 낸다(황혜미 · 천혜정, 2011). 그러므로 화장은 청소년이 자신을 드러내는 하나의 수단이며, 집단성을 드러내는 행위라고 할 수 있다.

(2) 코스튬

❶ 코스튬과 코스튬플레이

코스튬플레이란 '복장 · 의상'을 의미하는 'costume'과 '놀이'를 의미하는 'play'의 합성어로, 청소년이 좋아하는 만화나 게임의 주인공, 대중 스타를 똑같이 분장하여 복장과 헤어스타일, 제스처까지 흉내 내는 놀이를 뜻한다(두산백과, 2015). 일본어로 '코스튬플레이(コスプレ)'라고 하며, 영어로는 '코스플레이(cosplay)'라고 한다(김병수 외, 2008). 국내에서는 이를 더 짧게 줄여 '코스'라고 부른다(김기란 · 최기호, 2009).

이러한 코스튬플레이의 역사나 유래에 대해서는 다양한 이야기가 많다. 서양의 핼러윈 풍습이나, 고대 로마 시대에 죽은 사람의 가면을 쓰고 죽은 이를 추모하는 행사에서 유래되었다는 이야기도 있고, 1939년에 SF 컨벤션 행사 중에 포레스트 J. 애커만이 입은 '미래인 의상(Futurist costume)'이 시발점이 되었다(김기란 · 최기호, 2009)는 말도 있다. 하지만 가장 많이 알려진 바로는 영국에서 죽은 영웅들을 추모하며 그들의 모습대로 분장하는 예식이 코스튬플레이의 유래가 되었다(두산백과, 2015)고 한다. 이후 그 문화가 점점 발전하여 일본에 유입되고, 기존의 마니아 문화와 결합하여 '코스튬플레이'라는 문화를 형성(김기란 · 최기호, 2009)하게 되었다. 우리나라에는

1990년대 이후 코스튬플레이가 유행하면서 애니메이션, 영화, 연예인, 게임 캐릭터 등과 똑같은 복장을 하고 행동과 모습을 흉내 내면서 만화와 게임 캐릭터를 좋아하는 캐릭터 세대의 대표적인 마니아문화로 자리 잡으며, 청소년문화의 한 축을 형성하게 되었다. 사이버동호회가 활성화되면서 청소년 사이에서 새로운 마니아문화를 만들어 내며, 코스튬플레이, 다시 말해 코스프레를 통해 경연대회가 많이 만들어지면서 '코스튬플레이 프리랜서'라는 직업이 생겨났다(백천의, 2006).

코스튬플레이는 마니아문화의 양상으로 분류되는 것이 더 타당하지만, 여기에서 언급하는 이유는 캐릭터의 의상을 그대로 재현하며 일상과는 다른 성격과 외모를 연출해 내며 새로운 자신을 드러내고자 하는 표현문화의 양상으로 이해되는 부분이 있기 때문이다. 또한, 패션의 발전적인 기능으로 즐거움을 누리는 문화생활 도구로의 역할이 코스프레 안에 나타나기 때문이다.

코스프레는 대부분 10대에서 30대가 즐기며, 남녀 비율은 1:3 정도이다. 10대의 경우 애니메이션이나 게임 캐릭터가 좋아서 대상에 대한 관심과 즐김으로 코스프레에 참여하기도 하지만, 자신의 외모를 뽐내기 위해 또는 스타와 같은 느낌을 갖기 위해 즐기는 경우도 많다. 평상시에는 조용하고 자신을 잘 나타내지 않다가 코스프레를 하면 굉장히 자신감이 생겨 기분이 좋다고 말하는 코스프레 참여 청소년들을 봐도 일상과 다른 외모를 통해 다른 자신을 표현하고자 하는 욕구가 그 안에 담겨 있다고 볼 수 있다.

❷ 참여 동기 및 목적

청소년이 코스튬플레이를 시작하게 된 동기는 친구의 권유가 가장 많았고, 본인 스스로 하고 싶어서가 그다음의 이유였다. 친구가 코스프레를 좋아해 그 영향으로 같이 하게 되고, 또 다른 친구를 불러서 같이하게 되는 경우가 많고, 좋은 추억을 만들기 위해 스스로 선택해 하는 경우가 있다는 것이다(장남경 · 박수경 · 이주영, 2006).

코스튬플레이에 참여하는 청소년은 일회성 참여로 끝내는 것이 아니라 다른 사람으로의 변신, 재미, 사람을 사귈 수 있는 장점, 스트레스 해소 등의 이유로 지속해서 참여하는 경우가 대부분이다. 코스튬플레이에 참여하면서 일상에서의 탈출을 통해 재미를 맛보며, 새로운 친구를 만날 수 있는 기회가 생기기 때문에 청소년은 그 안에서 나름의 의미와 재미를 찾고 있다.

하지만 코스어가 코스튬 자체에 대해 항상 만족하고 긍정적인 평가를 하는 것은 아니다. 자신이 생각하는 관점에서 장점과 단점을 다양하게 평가하면서 코스튬플레이에 대한 관심을 〈표 5-3〉과 같이 제시하기도 한다.

〈표 5-6〉 코스어가 생각하는 코스튬의 인식

단점	힘든 점
• 금전적인 문제 • 사람들의 부정적인 인식 • 변태 사진사 • 해야 할 일을 제쳐 두고 코스프레에 열중 • 일종의 현실 도피	• 돈이 없어서 원하는 것을 구하지 못할 때 • 소품, 의상이 제때 도착하지 않을 때 • 열심히 준비했는데 포토라인이 없을 때 • 사진이 잘 안 나올 때 • 마음에 맞지 않는 사람들을 만날 때 • 예쁘고 잘생긴 코스어들과 비교될 때
장점	**행복했던 점**
• 스트레스 해소 • 자신감 생김 • 자존감 향상 • 다양한 체험 가능 • 체력 증진과 친목 도모 • 사교성 증진 • 공감대 형성	• 사진이 예쁘게 나왔을 때 • 예쁘다는 말을 들었을 때 • 지나가는 사람이 사진을 찍어갈 때 • 사람들이 같이 사진 찍자고 요청할 때 • 베코어(베스트 코스어)에 뽑혔을 때 • 열심히 준비한 코스튬플레이가 칭찬받았을 때

❸ 코스튬플레이의 패션 문화

코스튬플레이를 하기 위해 청소년은 의상을 준비해야 한다. 그 준비를 하기 위해 여러 방법을 선택하는데 구매, 제작, 대여, 평상복 활용의 네 가지 형태로 나타난다(장남경 · 박수경 · 이주영, 2006).

첫째, 구매이다. 구매는 코스튬플레이에서 의상을 마련하는 가장 많은 부분이다. 스스로 만들기 어렵기 때문에 구매를 선택하게 되는데, 주로 인터넷 사이트 동호회를 통해 구매가 이루어지고, 구매 시 의상의 퀄리티를 가장 중요한 요소로 생각한다.

둘째, 대여이다. 의상을 소유하지 않고 대여하는 경향이 많이 나타나는데, 친구나 지인을 통해서 대여하기도 하고, 인터넷 사이트를 통해 많은 경우 대여한다. 대여하는 이유는 구매와 동일하게 제작 시 시간 부족 현상이 나타나고, 제작 방법을 모르기 때문이기도 하며, 가격 부담이 적어지기 때문이다. 하지만 대여 시스템이 원활하지 않아 발생하는 문제점이 있다.

셋째, 제작하는 경우이다. 의상을 제작하는 것은 직접 제작하는 것과 수주를 통한 간접 제작으로 나눌 수 있다. 이렇게 제작을 하는 이유는 원하는 의상을 구할 수 없기 때문이다. 직접 제작하는 것은 비용을 줄이기 위해서이고, 간접 제작은 비용은 많이 들지만, 품질을 높이고자 할 때 많이 선택한다. 직접 제작을 하게 될 때 기술 부족과 캐릭터 의상을 정확하게 재현하기 어렵다는 부담감이 있지만, 스스로의 노력으로 제작을 끝냈을 때 느끼는 성취감이 크게 작용해 제작 자체에 의미 부여를 하게 된다. 간접 제작은 퀄리티는 담보할 수 있지만, 자신이 원했던 바와 다른 의상 이미지가 탄생하는 경우도 있고, 청소년에게는 비용 부담이 크다는 것이 단점이다. 그래서 청소년은 액세사리를 주로 직접 제작하는 경우가 많은 것으로 나타났다. 이는 액세서리 구입은 대여의 폭이 좁고, 의상 제작에 전문 지식이 없어도 가능하기 때문이다.

넷째, 평상복 활용이다. 코스튬플레이에서 평상복 활용은 어쩌면 진정한 코스프레라고 보기는 어렵기 때문에 많지는 않은 상황이다. 평상복 활용은 캐릭터 자체가 단순할 때, 캐릭터의 특징이 상의나 하의 한 곳에 집중되어 있을 때 활용하는데, 특징이 없는 부분에 평상복을 활용하는 것이다.

코스튬플레이를 하기 위한 패션은 소비문화적 의미를 많이 담고 있다. 코스튬플레이를 위해 신제품이나 중고품을 구매하고, 제작하고, 사용한 후에 판매하고, 다시 새로운 의상을 구입하고 제작한다. 자신의 재미와 새로운 이미지 표현을 위한 패션을 위해 끊임없이 소유와 처분의 소비를 지속 반복한다. 그럼으로써 패션에 대한 감각을 익히고, 직접 제작하는 과정에서 새로운 자신의 재능을 발견하는 경우도 있다. 롤리타계, 제복, 교복, 메이드, 드레스, 전통복 등 다양한 의상으로 자신이 표현하고자 하는 것을 표현하며 자기만족과 자신감을 얻게 된다.

[그림 5-14] 코스튬플레이어에서 선호하는 코스프레 의상

〈청소년 코스플레이어 인터뷰 전문〉

1. 무엇을 계기로 코스어가 되셨나요?

① 처음에는 망설였는데 제 친구가 제가 애니를 많이 보는 것을 알고 제게 비밀로 코스를 한다고 얘기해 주고 같이할래?라고 하기에 하게 되었습니다. 원래 하고 싶었기도 했으니까요.

② 워낙 애니나 만화 보는 걸 좋아해서 자연스럽게 코스 쪽으로 가게 되더라고요. 코스어 분들 보니 너무 설레고 예쁘고 '나도 해 보고 싶다'는 생각이 들고 워낙 사진 찍는 거나 찍히는 것이 좋아서 하게 된 것 같아요!

③ 사실 코스어가 된 것에 특별한 계기는 없었습니다. 평소에도 애니메이션이나 만화 쪽에 관심이 많았고, 덕분에 코스튬플레이를 자주 접하게 되면서 그에 대한 흥미가 생기게 되었습니다. 그러다 어느 날 문득 지인과 함께 대화를 하는 도중 '한번 코스튬플레이에 도전해 볼까?' 하는 얘기가 나오게 되었고, 당시에 반쯤은 충동적 선택이었지만, 그 후에 코스튬플레이의 매력을 깨닫고는 일회성에 그치지 않고 코스계에 발을 들여놓게 되었습니다.

2. 코스튬플레이를 하며 얻게 된 가장 큰 영향이 무엇인가요?

① 스트레스 해소도 되고 자신감도 생겼어요.

② 저는 취미로 하는 건데 스트레스도 풀리고 저는 고퀄 지향이지만 재미로 하는 게 더 크거든요. 제가 생각하는 코스의 가장 좋은 장점은 자신감을 키워 준다는 거 같아요. 큰 카메라 앞에서 포즈 잡고 표정도 자연스럽게 해야 하고 등등 카메라 앞에서 하는 것이 많아서 자신감 키우기 정말로 좋아요.

③ 아무래도 스트레스의 해소에 가장 큰 도움을 받았습니다.

3. 청소년 코스튬플레이의 장단점은 무엇이라고 생각하시나요?

❖ 장점

① 아마 코스튬플레이를 하면 즐겁고 스트레스 해소인 것 같고요.

② 자신감이 키워진다는 거

③ 우선 코스튬플레이의 가장 큰 매력은 사람들이 코스튬플레이를 통해 제가 아닌 제가 코스튬플레이 한 캐릭터의 모습을 투영한다는 것에 있는 것 같습니다. 이를 본인은 일종의 익명성으로 보고 있는데, 특히나 사랑받는 캐릭터를 코스튬플레이할 경우 본인까지 사랑을 받는다는 기분에 스트레스의 해소와 자존감의 향상을 볼 수 있는 것 같습니다. 그뿐만 아니라 코스튬플레이에 필요한 의상 및 소품 제작 기술이라든지, 메이크업 기술 등을 터득하여 제3의 진로를 열 수도 있습니다.

❖ 단점

① 돈이 좀 든다는 게 문제지만 사고팔고 하면 괜찮다고 생각해요.

② 코스라는 게 돈이 많이 깨지는 것이라 부모님도 반대하기도 하고, 그런 게 단점인 것 같습니다.

4. 코스튬플레이를 하며 행복할 때와 힘들 때는 언제인가요?

❖ 행복할 때

① 즐겁게 사진 찍고 나서 예쁘게 찍은 사진들을 보면서 쾌감을 느낄 때가 행복한 것 같아요.

❖ 힘들 때

① 처음 코스튬플레이를 할 때인 것 같네요. 지인이 없을 때라든지요.

5. 기성세대는 코스튬플레이를 어떤 시각으로 바라본다고 생각하시나요?

○ 상당히 부정적인 시각을 가지고 있다고 단언합니다. 물론, 그렇지 않은 사람도 있지만, 코스튬플레이를 부정적으로 보는 사람이 많다는 것은 부정할 수 없는 사실입니다. 그래서 '일코(일반인 코스튬플레이: 애니메이션을 좋아하거나 코스튬플레이를 취미 삼는 사람 등이 그것에 대해 모른 척하고 다닌다는 의미)'라는 단어까지 생겨났고요. 애니메이션을 좋아하거나 코스튬플레이를 취미 삼는 것이 '일반적이지 않다'라는 전제에서 기성세대의 시각을 엿볼 수 있다고 생각합니다. 저는 그 기원이 모 텔레비전 프로그램에서 애니메이션을 좋아하는 사람을 부정적으로 비춰줌에서 시작했다고 보는데요. 사람들은 대중매체가 전달한 일부분만 보고 '오타쿠'가 사회 부적응자에, 비현실적인 것에 집착하고, 그것을 성적으로 다룬다고 생각하지요. 그것이 '오타쿠'와 밀접한 연관이 있는 코스튬플레이어에까지 이어졌고요. 하지만 위의 사례는 굉장히 극단적인 경우입니다. 극소수를 제외한 대부분이 코스튬플레이를 성적인 만족감이 아닌, 스스로의 만족감을 위해 일종의 취미로 하고 있습니다. 코스튬플레이어도 여러분 주변에서 볼 수 있는 평범한 사람입니다. 단순히 뚱뚱하고 못생겼다는 사실만으로 배척받는 것부터 문제는 시작됐다고 보지만 말입니다.

6. 사람들이 코스튬플레이를 어떻게 생각했으면 좋겠어요?

○ 코스튬플레이도 또 하나의 취미 생활로 인정해 주셨으면 합니다. 왜 돈 들여가면서 그런 걸 하고 있냐고요? 당신들은 왜 그럼 돈을 들여가면서 영화를 보고, 책을 읽고, 피아노를 배우고, 발레를 배우나요? 코스튬플레이와 그것들은 엄연히 다르다고요? 그 둘에 어떤 차이점이 있는지 논리적으로 설명해 줄 수 있나요? 가상세계, 일명 2D의 존재를 좋아하는 게 비정상이라고요? 심리학적인 관점에서 봤을 때 절대 비정상이 아닙니다. 그럼 연예인을 좋아하는 것도 따지고 보면 2.5D가 아니던가요? 최근에는 그나마 인식이 개선된 편이라 코스튬플레이를 부정적으로 보는 사람들을 설득시키려는 노력이 빈번하지만, 고정관념에서 벗어나 투명한 시선으로 저희를 봐주셨으면 해요.

출처: 2016년 청소년문화 수업 중 학생들 인터뷰 자료.

07 청소년 패션문화의 방향성

패션은 단순한 표면적인 아름다움뿐만 아니라 외부에 나타나는 이미지 형성을 통해 내면의 미가 외형으로 표현되는 것이라 볼 수 있다. 그래서 패션으로 완성되는 외적 감각이 내적 이미지 형성에 영향을 주기도 한다. 패션이 외부와의 상호작용에 설득 수단으로 작용하기도 하고 자신과의 내적 커뮤니케이션의 수단이 되기도 한다(이현영, 2015).

외모에 관심이 많은 청소년에게 패션문화는 자신의 자아중심성인 상상적 청중을 인식하는 것으로 볼 수 있다는 점, 패션문화의 원천과 주체성이 정확하지 않다는 점, 과시소비의 경향이 있다는 점을 특징으로 꼽을 수 있다.

청소년 패션문화의 발전을 위해서는 다음과 같은 실천이 필요하다.

첫째, 청소년을 단순히 의복을 소비하는 대상으로 봐야 하는지, 그들을 패션문화의 생산자이자 실천자로 볼 것인지가 그들의 패션문화를 이해하는 눈이 될 것이다. 청소년을 패션문화의 주체로 받아들이고 그들이 그 패션문화를 통하여 자신의 표현 욕구와 문화적 능력을 향상시켜 나감을 인정해 주는 것이 필요하다.

둘째, 사회적 책임으로 청소년이 바람직한 판단능력을 기를 수 있도록 매체 교육과 더불어 선정적인 광고, 과장 광고를 스스로 규제하고 서로 감시해 나가는 것이 필요하다. 청소년에게 외모 지상주의로 인한 과도한 다이어트, 지나친 외모 가꾸기 등이 부정적인 영향이 될 확률이 높기 때문에 사회가 건전한 문화를 조성해 갈 수 있도록 나름의 노력을 해야 한다.

셋째, 패션은 그 사람의 정체성을 나타내는 도구이므로 청소년이 그들의 패션을 통해 자신만의 정체성을 드러낼 수 있도록 패션을 바라보는 시각을 견지해 갈 수 있는 교육과 환경 조성이 무엇보다 중요하다. 자기의 개성을 살려서 옷을 입는 자기상(자아상) 만들기(image making)를 통해 청소년의 발랄한 멋을 창조해 나갈 수 있도록 하는 것이 필요하다.

C · H · A · P · T · E · R 06

청소년의 행동문화 : 폭력(따돌림), 위험행동, 참여

01 청소년의 행동문화 이해의 의미

청소년의 행동문화는 청소년이 만들어 가는 문화표현의 영웅화단계를 의미한다. 청소년은 자신만의 독특한 행동양식, 걸음걸이, 집단의 구역성 등 특이한 행태를 마치 청소년만의 독점적 기능으로 설명하려는 태도를 보이는데, 이러한 기준에는 어떠한 가치기준이 내재되어 있는지를 파악해야 한다. 왜 그러한 행동을 하게 되는지, 행동은 어떠한 형태로 나타나게 되는지를 먼저 파악한 다음 그 의미가 표현하고자 하는 것이 무엇인지를 규정하는 능력이 필요하다.

사실, 청소년의 리더십은 마음보다는 행동에 우선한다. 학기 초에 서열을 정하고 집단의 조직을 장악하기 위한 수단으로써의 행동은 매우 자연스러운 행위이다. 그래서 통상적으로 말하는 다양한 형태의 리더십은 여기서는 사실상 거부된다. 오히려 이문열의 소설 『우리들의 일그러진 영웅』과 같은 모습으로 그려지는 청소년의 자화상에 더 열광하게 되는 것이다. 또한, 자신의 초인적인 모습을 표현해 내는 행동을 보여 주는 「말죽거리 잔혹사」와 같은 모습에서 어느 날 자신의 말을 적극적으로 표현하지 못하던 아이가 무술을 연마하여 집단 내에서 짱에게 복수하는 모습은 언제든 항상 자신도 그렇게 할 수 있다는 환상을 심어줄 뿐만 아니라 실제로 그러한 행동을 표현하고자 하는 것이다.

청소년의 행동양식에는 수많은 모습이 내재된다. 폭력을 행사하는 청소년이 있는가하면 피해를 당하는 청소년, 이를 방관하는 청소년, 동조하는 청소년 등 여러 가지의 모습으로 점철된다. 이러한 행동을 하면서 자신의 위치와 모습을 나타내며 자신에 대한 자괴감으로부터 영웅시의 동행이라는 느낌도 수반하게 된다. 따라서 청소년의 행동양식을 통해서 자신의 모습이 어떠한 모습으로 비추어지고 있는가에 대한 상징적 모습을 파악해 보는 것은 청소년행동문화의 사실적 표현을 이해하는 데 도움이 된다.

인간은 아동기 때까지는 가족 안에서 생활하여 친구관계에서도 그리 넓지 않게 지내다가 청소년기가 되면 친구관계가 넓어지고, 친구들과 함께 어울리며 다양한 행동을 하게 된다. 이런 특징이 어른들이 보기에 문제로 비춰지고 사회에 안 좋은 모습으로 사회적 문제를 야기하기도 한다. 이러한 현상은 청소년기의 발달 과정 중 통과의례의 자연스러운 현상으로 볼 수 있는데, 정해진 사회규범과 규칙을 지키지 않고 일반적인 상식에서 벗어나는 행동을 하면서 또래 안에서 즐거움을 경험해 나간다. 이것이 사회적으로 개인에게 피해를 주는 위험한 행동이 많아 우려를 자아내기도 한다.

그런 청소년의 행동문화 양상을 살펴보고자 한다.

02 학교폭력

청소년이 친구들 사이에서 나타내는 행동 가운데 크고 작게 나타나는 것이 폭력이다. 최근 신체 접촉을 통한 작은 무력을 포함하여 폭력 행동이 빈번하게 보고되고 있다. 특히, 청소년의 폭력이 사회적인 이슈가 되었던 것은 학교폭력이다.

1) 학교폭력의 개념

학교폭력은 다른 사람에게 피해를 입히기 위해 의도성을 가지고 접근하여 언어적 공격, 신체적 공격, 금품 갈취, 협박, 괴롭힘 등의 행위를 통한 신체적 · 정서적 · 정신적 가해 행동이라고 볼 수 있다. 상호작용 안에서 나타나는 것으로 타인이 봤을 때 별거 아닌 것—하찮은 놀림, 대수롭지 않은 툭툭 치는 행위 등—일지라도 당하는 사람이 심리적 불편감을 느끼는 것도 폭력이라고 볼 수 있다.

「학교폭력예방 및 대책에 관한 법률」에서는 학교폭력을 "학교 내외에서 학생을 대상으로 발생한 상해, 폭행, 감금, 협박, 약취 · 유인, 명예훼손 · 모욕, 공갈, 강요 · 강제적인 심부름 및 성폭력, 따돌림, 사이버 따돌림, 정보통신망을 이용한 음란 · 폭력 정보 등에 의하여 신체 · 정신 또는 재산상의 피해를 수반하는 행위"로 규정하고(학교폭력예방법, 2015) 신체폭력, 언어폭력, 따돌림, 금품갈취, 성폭력, 강제심부름, 사이버폭력을 학교폭력으로 정하고 있다.

같은 법에서 따돌림은 "학교 내외에서 2명 이상의 학생들이 특정인이나 특정 집단의 학생들을 대상으로 지속적이거나 반복적으로 심리적 공격을 가하여 상대방이 고통을 느끼도록 하는 일체의 행위", 사이버 따돌림은 "인터넷, 휴대전화 등 정보통신기기를 이용하여 학생들이 특정 학생들을 대상으로 지속적, 반복적으로 심리적 공격을 가하거나, 특정 학생과 관련된 개인정보 또는 허위사실을 유포하여 상대방이 고통을 느끼도록 하는 일체의 행위"로 규정하고 있다(학교폭력예방법, 2015).

학교폭력은 따돌림에서 시작되어 확대되는 경우가 대부분이고, [그림 6-1]에서 보듯이 따돌림을 포함하여 신체폭행, 위협 및 협박, 괴롭힘, 사이버폭력, 성폭력, 금품갈취, 언어폭력으로 정의되고 있어, 따돌림을 포함한 청소년의 부정적인 행동 양상을 학교폭력으로 이해할 수 있다.

[그림 6-1] 학교폭력의 정의

출처: 청예단(http://www.jikim.net/sos/schoolviolence1.php).

학교폭력을 학생 개인 또는 또래집단 간의 반복적이고 부정적인 행동(Olweus, 1993), 학생 개인 간의 문제를 포함하여 교사에 의한 체벌, 부적절한 행위, 성추행 등, 학교에서 하는 학습을 방해하거나 환경을 저해하는 범죄적 행동과 공격적 행동(Fulong, 2000)으로 정의하여 광범위하게 보기도 하고, 학생들로 한정해서 정의하기도 하였다. 여러 정의를 바탕으로 학교폭력은 학교 내외에서 또래집단 간 발생하는 언어, 위협, 인격 모독, 금품 갈취 등으로 정의할 수 있다.

학교폭력은 가해자나 피해자가 학교생활을 마칠 때까지 함께 지내야 하므로 서로 간의 조정이 원만하게 해결되지 않으면 지속될 확률이 높기 때문에 심각하다. 소수의 경우를 제외하고 대부분의 학교폭력은 군중심리가 작용한다. 폭력적인 사람이 많으면 폭력이 발생할 가능성이 커진다. 청소년은 특히 집단동조 현상이 나타나기 때문에 친구들끼리 모여 행하는 행동이 학교폭력으로 번지는 경우도 있다.

2) 학교폭력의 현황

학교폭력의 전형적 유형은 단순폭력, 금품 갈취다. 이는 크게 변화되지 않고 있지만, 인터넷과 스마트폰 등 통신 매체의 발달로 나타나는 유해환경이 증가됨에 따라 성폭력, 매체를 이용한 명예훼손 등이 증가되는 추세이다.

학교폭력 피해율은 2012년 12.0%에서 감소하다가 2019년 11.2%로 상승, 다시 2020년 6.7%로 감소하였다. 가해율, 목격율도 감소하는 경향을 보이고 있다.

학교폭력 피해를 당한 경험이 있다

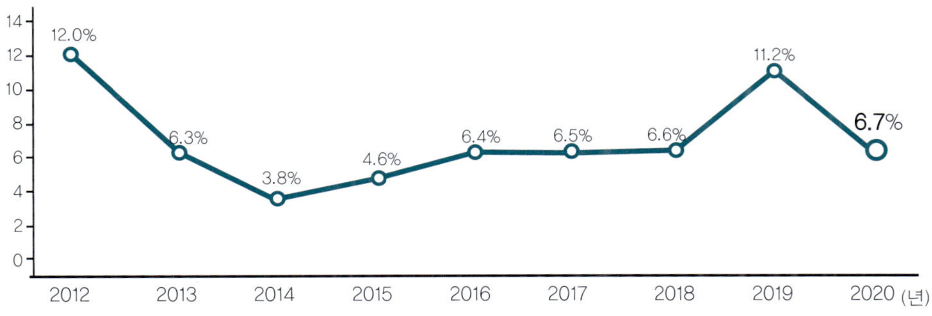

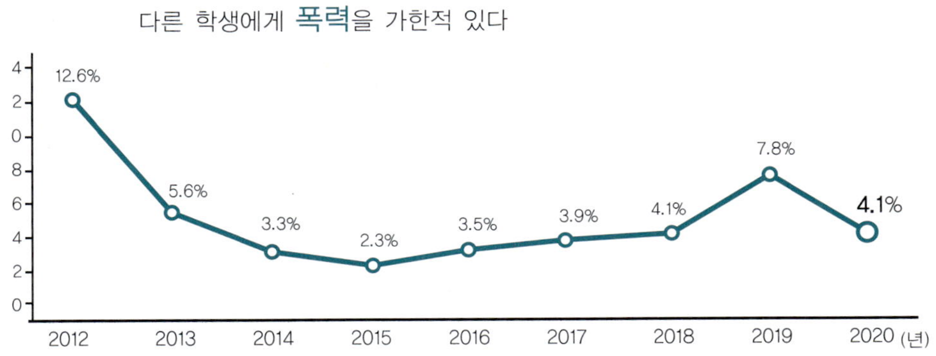

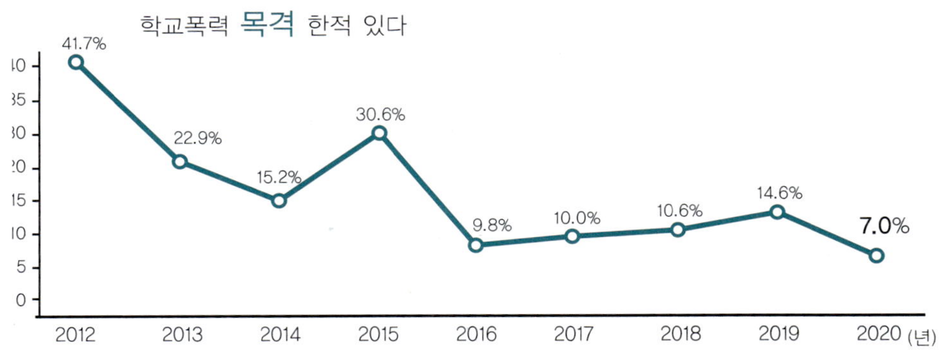

[그림 6-2] 학교폭력 피해, 가해, 목격율(2012-2020)

출처 : 청예단(https://blog.naver.com/bakbht/222324731495)

2021년 청예단이 실시한 전국 학교폭력 · 사이버폭력 실태조사에서 재학 중 피해 경험은 17.3%, 재학 중 가해 경험은 7.6%, 재학 중 목격 경험은 16.2%로 피해 경험이 많을 것으로 나타났다. 2020년 피해 6.7%, 가해 4.1%, 목격 7.0%에 비해 높은 비율을 나타냈다.

피해유형으로는 언어가 32.1%로 가장 많았고, 사이버가 16.3%, 따돌림이 13.2%의 순이었다.

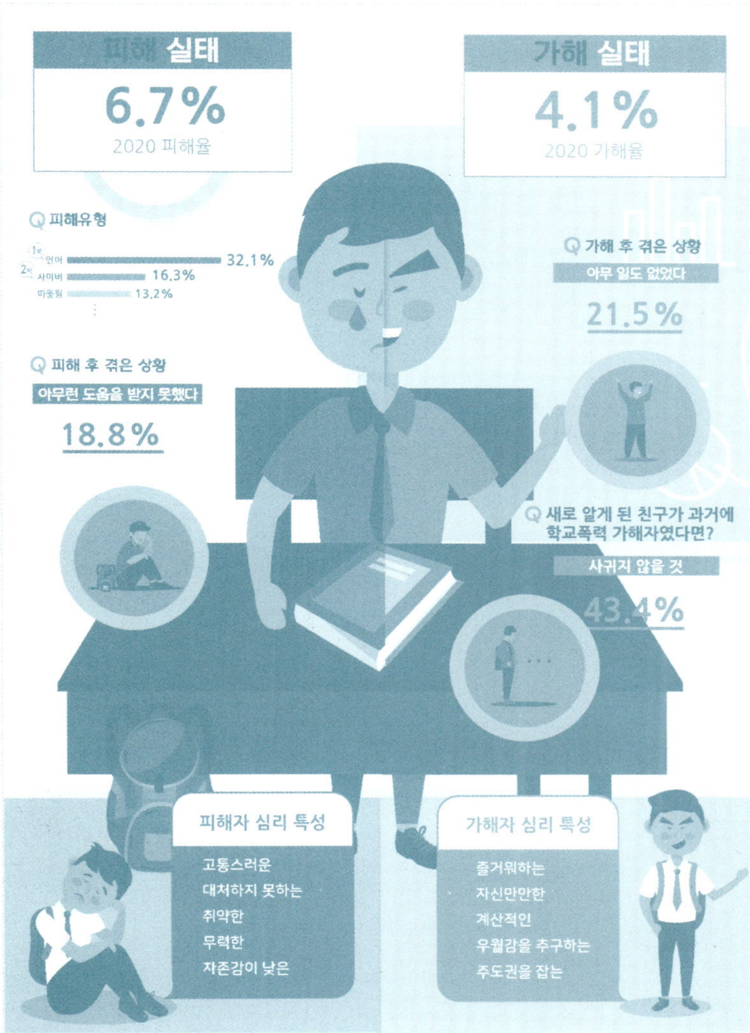

[그림 6-3] 학교폭력 피해 및 가해 실태

출처 : 청예단(https://blog.naver.com/bakbht/222324731495)

학교폭력 목격 경험은 방관자와 방어자의 형태로 나타나는데, 학교폭력을 목격했을 때 모른 척하는 경우가 가장 높아(26.7%) 어떻게 행동해야 할지 힘들어하는 청소년이 많음을 알 수 있다.

[그림 6-4] 학교폭력 목격 실태

출처 : 청예단(https://blog.naver.com/bakbht/222324731495)

또한, 사이버폭력이 증가하는 추세에 있었는데, 코로나19로 인해 비대면 상황으로 사이버상의 활동이 많아지면서 사이버폭력은 더욱더 증가하고 있다. 사이버폭력의 피해유형은 언어폭력이 가장 많고, 명예훼손, 따돌림 순이다. 매체가 가지고 있는 특성과 환경이 사이버폭력을 증가시키고 있으므로 다양한 방법을 활용하여 예방하고 해결하기 위한 노력이 필요하다.

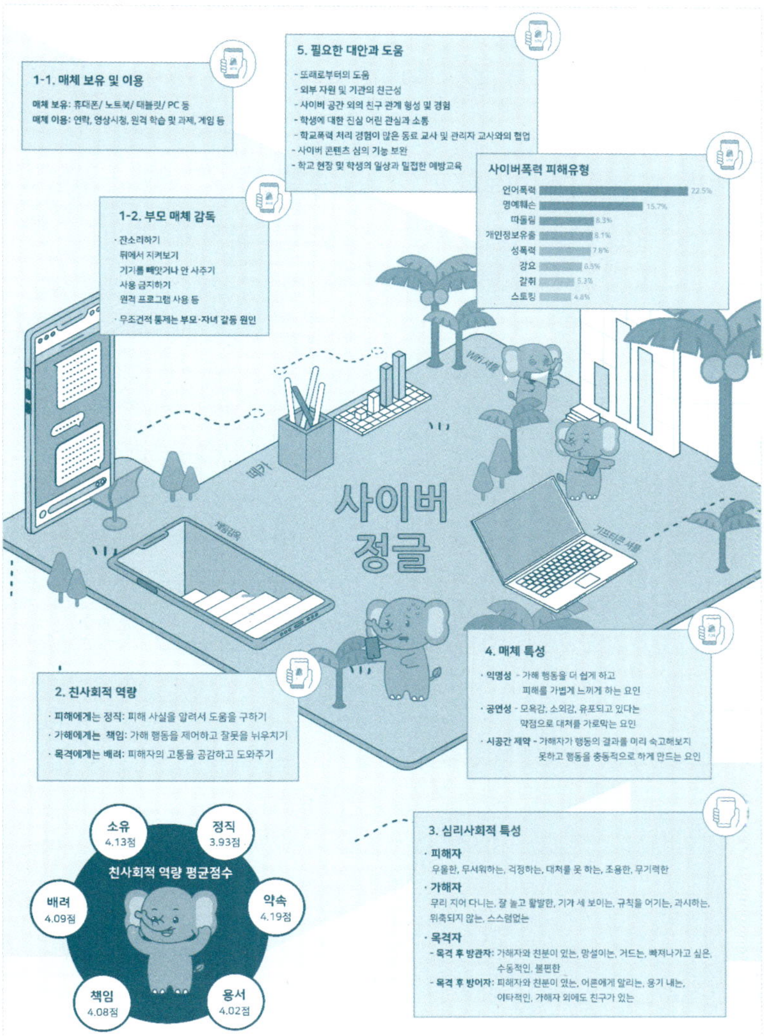

[그림 6-5] 학교폭력 목격 실태

출처 : 청예단(https://blog.naver.com/bakbht/222324731495)

이와 더불어 교육부에서도 매년 2회 17개 시도에서 초4~고2 학생들을 대상으로 학교폭력 실태조사를 실시한다. 2020년에는 코로나19 상황이었으므로 학교 현장에 부담을 줄이기 위해 한 번으로 축소하여 이루어졌다. 그 조사에서 전체 피해응답률은 0.9%로 2019년 1차 조사 대비 0.7%p 감소했다. 학교급별로는 초 1.8%, 중 0.5%, 고 0.2%로, 2019년 1차 조사 대비 각각 초 1.8%p, 중 0.3%p, 고 0.2%p 감소하였다.

피해유형별 응답에서 이전보다 모든 피해유형에서 감소했고, 언어폭력(4.9건), 집단따돌림(3.8건), 사이버폭력(1.8건) 등의 순으로 조사되었다.

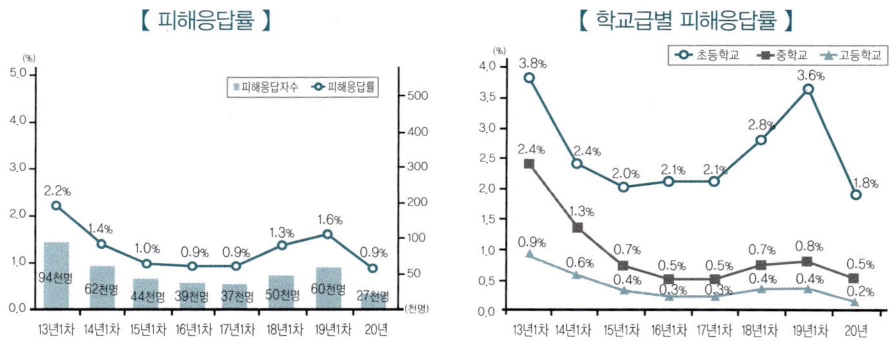

[그림 6-6] 학교폭력 2013~2020년 1차 전체 및 학교급별 피해응답률

출처 : 교육부(2021).

〈표 6-1〉 학교폭력 학생 천 명당 피해유형별 응답 건수

구분	2013년 1차	2014년 1차	2015년 1차	2016년 1차	2017년 1차	2018년 1차	2019년 1차	2020년	증감(건)
언어폭력	13.6	9.4	6.8	6.2	6.3	8.7	8.1	4.9	▲ 3.2
집단따돌림	6.6	4.6	3.6	3.3	3.1	4.3	5.3	3.8	▲ 1.5
스토킹	3.7	3.0	2.6	2.0	2.3	3.0	2.0	1.0	▲ 1.0
신체폭력	4.7	3.1	2.4	2.2	2.2	2.5	2.0	1.2	▲ 0.8
사이버폭력	3.6	2.5	1.9	1.7	1.8	2.7	2.0	1.8	▲ 0.2
금품갈취	4.0	2.2	1.5	1.2	1.2	1.6	1.4	0.8	▲ 0.6
성폭력	1.3	1.0	0.9	0.8	0.9	1.3	0.9	0.5	▲ 0.4
강요	2.4	1.3	0.9	0.8	0.7	1.0	1.1	0.6	▲ 0.5

출처: 교육부(2021).

피해유형별 비중은 언어폭력 33.6%, 집단따돌림 26.0%, 사이버폭력 12.3% 순으로 나타났으며, 2019년 1차 조사와 비교하여 다른 피해유형의 비중이 감소한 것과 달리 사이버폭력 3.4%p, 집단 따돌림 2.8%p 비중은 증가하였다.

〈표 6-2〉 학교폭력 피해유형별 응답률

구분	2013년 1차	2014년 1차	2015년 1차	2016년 1차	2017년 1차	2018년 1차	2019년 1차	2020년	증감(건)
언어폭력	34.0	34.6	33.3	34.0	34.1	34.7	35.6	33.6	▲2.0
집단따돌림	16.6	17.0	17.3	18.3	16.6	17.2	23.2	26.0	▲2.8
스토킹	9.2	11.1	12.7	10.9	12.3	11.8	8.7	6.7	▲2.0
신체폭력	11.7	11.5	11.9	12.1	11.7	10.0	8.6	7.9	▲0.7
사이버폭력	9.1	9.3	9.2	9.1	9.8	10.8	8.9	12.3	3.4
금품갈취	10.0	8.0	7.2	6.8	6.4	6.4	6.3	5.4	▲0.9
성폭력	3.3	3.8	4.2	4.5	5.1	5.2	3.9	3.7	▲0.2
강요	6.1	4.7	4.2	4.3	4.0	3.9	4.9	4.4	▲0.5

*피해유형별 중복응답 가능, 중복응답 건수 기준 비율(%)
출처: 교육부(2021).

학교급별로 언어폭력은 초〉 고〉 중, 집단따돌림은 초〉 중〉 고 순으로 비중이 높았고, 사이버폭력은 중학교에서 가장 높게 나타났다.

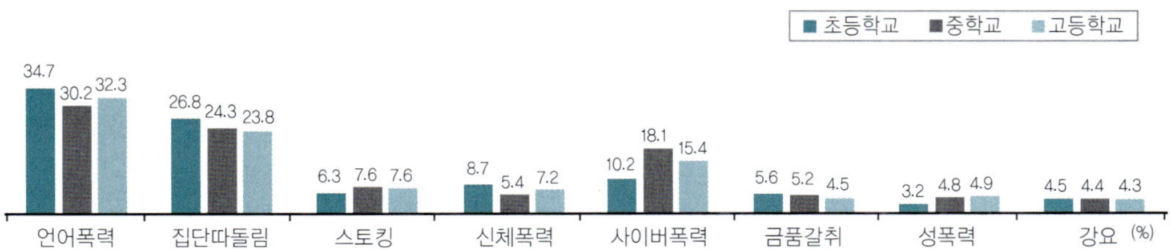

[그림 6-7] 학교급별 학교폭력 피해유형 비율

출처: 교육부(2021).

전체 가해율은 0.3%로, 2019년 1차 조사 대비 0.3%p 감소했다. 학교급별로 초 0.7%, 중 0.2%, 고 0.05%로 2019년 1차 조사 대비 각각 초 0.7%p, 중 0.1%p, 고 0.05%p 감소하였다.

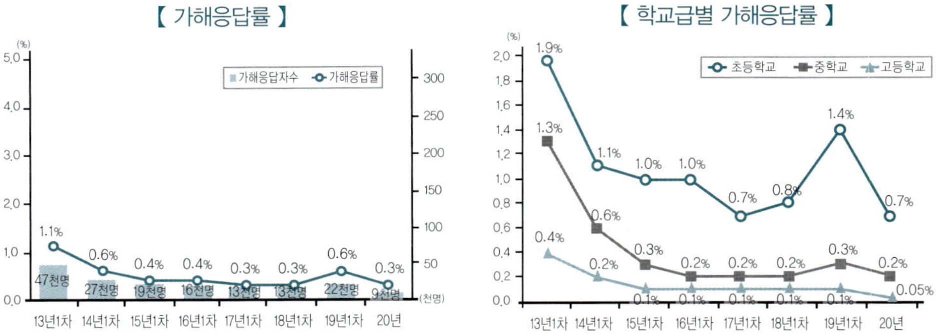

[그림 6-8] 학교폭력 전체 가해응답률 및 학교급별 가해응답률

출처 : 교육부(2021).

전체 목격응답률은 2.3%로, 2019년 1차 조사 대비 1.7%p 감소했다. 학교급별로 초 4.0%, 중 1.6%, 고 0.8%로, 2019년 1차 조사 대비 각각 초 3.9%p, 중 1.1%p, 고 0.6%p 감소하였다.

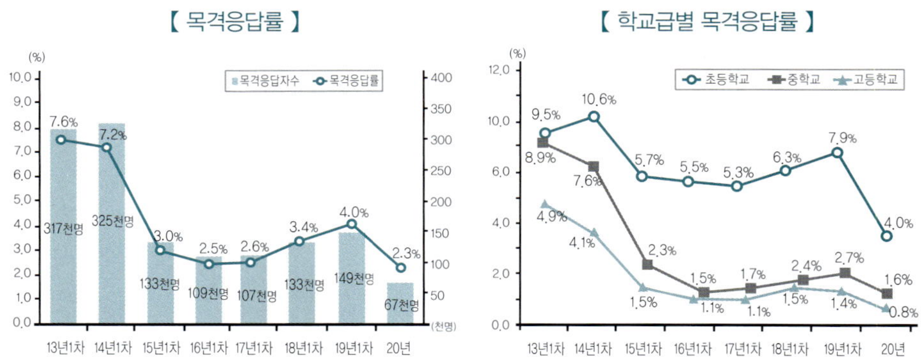

[그림 6-9] 학교폭력 전체 목격응답률 및 학교급별 목격응답률

출처 : 교육부(2021).

청예단 조사 결과에서 언어폭력, 사이버, 집단따돌림 순이었고, 교육부 조사에서는 언어폭력, 집단따돌림, 사이버폭력 순으로 이전과 같은 결과로 나타났다. 비대면 시대에 사이버폭력은 다양하고 교묘하게 증가하고 있고, 집단따돌림은 일면 짱문화, 일진문화와 연결되어 있으며, 청소년기가 갖는 욕구인 소속감의 욕구 상

실로 인해 당하는 청소년에게 좌절감을 느끼게 하는 폭력 중의 하나이다. 따돌림은 차이를 인정하지 않는 데서 오는 것으로 문화충돌 현상의 양상이다. 친구들 간에 너와 나의 다름을 알고 나쁘다거나 틀린 것으로 보는 것이 아니라 그 다름을 인정할 줄 아는 마음 자세를 갖도록 해야 한다.

학교폭력 피해는 같은 학교 같은 반 친구에게서 당하는 경우가 많았고(50.9%), 같은 학교 같은 학년(26.1%), 같은 학교 다른 학년(6.6%), 다른 학교 학생(4.1%), 잘 모르는 사람(2.0%) 순으로 나타났다.

〈표 6-3〉 학교폭력 가해자 유형(%)

구분	같은 학교 같은 반	같은 학교 같은 학년	같은 학교 다른 학년	다른 학교 학생	잘 모르는 사람	기타
전체	50.9	26.1	6.6	4.1	2.0	10.3
초	52.7	24.3	7.3	3.3	2.0	10.4
중	46.8	30.5	4.5	6.0	2.0	10.2
고	45.5	30.6	4.8	6.7	2.0	10.4

학교폭력 피해장소는 학교 안(64.2%)이 학교 밖(28.3%)보다 많았고, 학교 안에서도 교실 안(32.5%), 복도(11.5%), 운동장(7.4%) 순이었다. 학교 밖은 사이버공간(9.2%)이 가장 많았다. 학교폭력 피해시간은 쉬는 시간(36.0%), 하교 이후(16.0%), 점심시간(15.1%)순이었다.

〈표 6-4〉 학교폭력 피해장소(%)

구분	학교 안 (64.2)							학교 밖 (28.3)						기타
	교실안	복도	운동장	화장실	특별실	기숙사	급식실, 매점 등	놀이터	사이버 공간	학원 주변	학교밖 체험	집, 집근처	PC 노래방	
전체	32.5	11.5	7.4	3.4	1.6	0.5	7.3	6.6	9.2	3.7	4.1	3.9	0.8	7.4
초	32.1	11.0	8.9	3.4	1.4	0.2	6.2	8.3	6.6	4.4	4.5	4.6	0.4	8.0
중	33.0	12.9	4.2	3.3	1.7	0.4	9.8	2.7	16.5	2.1	3.1	2.4	1.9	6.0
고	35.4	12.2	2.7	3.3	2.6	3.5	11.1	2.5	13.1	1.4	2.7	2.0	1.3	6.0

(복수응답, 건수기준)

〈표 6-5〉 학교폭력 피해시간(%)

구분	쉬는 시간	점심 시간	하교 이후	수업 시간	하교 시간	학교밖 체험	등교 시간	방과후 수업	기타
전체	36.0	15.1	16.0	7.3	5.3	4.4	3.2	2.4	10.3
초	36.5	13.4	17.5	5.6	6.0	4.5	3.2	3.0	10.3
중	35.1	18.5	12.9	9.9	3.9	4.4	3.1	1.2	11.0
고	34.5	20.0	11.3	14.1	3.3	3.2	3.3	1.7	8.6

(복수응답, 건수기준)

학교폭력 피해 사실은 주위에 알리거나 신고한 경우가 82.4%로 높게 나타났고, 보호자나 친척(45.3%), 학교 선생님(23.0%), 친구 선 · 후배(9.3%)의 순으로 나타났다.

〈표 6-6〉 학교폭력 피해사실을 알린 사람(%)

구분	보호자나 친척	학교 선생님	친구 선 · 후배	117 신고센터	학교 상담실 선생님	학교전담 경찰관, 경찰	학교폭력 신고함	학교밖 기관	미신고
전체	주위에 알리거나 신고 (82.4)								17.6
	45.3	23.0	9.3	1.4	1.6	0.5	0.3	1.0	
초	48.8	20.7	7.4	1.6	1.0	0.3	0.1	1.2	18.9
중	38.2	27.4	13.3	1.2	3.1	0.6	0.6	0.4	15.2
고	31.3	33.1	16.4	1.1	3.8	1.2	0.5	0.6	12.0

(복수응답, 건수기준)

학교폭력 피해 미신고 이유에 대해 별일이 아니라고 생각하는 경우가 28.5%로 가장 많았고, 스스로 해결하려고(23.8%), 이야기해도 소용이 없을 것 같아서(18.6%), 더 괴롭힘을 당할 것 같아서(14.8%) 순으로 나타났다.

학교폭력 피해 사실을 알리는 건수가 많긴 하지만, 여전히 신고하지 않는 청소년들이 있어 심각하거나 계속되는 경우가 있을 수 있기 때문에 주위의 세심한 주의가 필요할 뿐만 아니라 피해에 대한 적절한 대책 마련이 요구된다.

3) 학교폭력의 원인

학교폭력은 개인의 폭력에 대한 인식이 부족하고, 가정환경을 비롯하여 주위의 여러 환경이 원만하지 못하여 타인에 대한 배려 부재로 인해 날로 증가하고 있다.

청소년의 학교폭력 원인은 개인, 가정, 학교, 사회 등 여러 요인으로 파악할 수 있다(조성연 외, 2016).

(1) 개인적 원인

청소년기의 변화 가운데 정상적인 발달을 이룬 청소년은 양심과 도덕, 자기통제력을 얻게 되는데, 그렇지 못할 경우 스스로 열등감을 느끼고 자신에 대한 기대가 높지 않고, 부정적인 행동을 나타내는 경향이 있다. 또한, 가족과의 관계, 외부의 대인관계에서 소외감을 느끼게 되고 인간관계가 불행해지며, 부정적인 사고가 강하여 폭력적인 성향과 반사회적 행동을 하게 된다. 또한, 개인 중심적인 행동이 많고 자아조절능력이 약하므로 정서적으로 불안정하여 가정생활이나 학교생활에서 불만과 좌절을 경험하게 되면서 그것을 폭력적인 행동으로 표출하게 된다.

(2) 가정적 원인

현대사회의 복잡한 구조로 말미암아 가정의 교육적 기능이 약화되고, 부모의 비합리적인 양육태도가 청소년의 폭력행동에 영향을 미치고 있다. 첫째, 산업화로 인한 가족의 변화가 부모를 바쁘게 만들어 이전에는 가정에서 자연스럽게 이루어지던 예절과 인성교육이 제대로 이루어지지 못하여 자녀의 올바른 인격 형성을 도모하는 데 어려움이 있다. 둘째, 부모의 잘못된 사고도 한몫을 한다. 성취지향주의와 출세지향주의의 사고로 인해 자녀에게 다른 것들은 무시한 채 공부만 강조하다 보니 청소년 자녀에게 중요한 삶의 가치를 올바르게 심어 주지 못하고, 내 자식만 괜찮으면 된다는 안이한 생각이 청소년의 폭력행동을 부추기고 있다. 셋째, 가정에서 부부폭력과 자녀학대가 영향을 준다. 가정에서 폭력을 보고 자란 아이는 폭력행동을 학습하여 내재화시켜 대화로 해결하기보다는 폭력적인 방법으로 모든 것을 해결하는 것을 당연하게 여기게 된다. 이런 청소년은 학교생활에서 문제에 봉착했을 때 그 문제를 해결하기 위해 폭력행동을 하게 되고 그것을 정당화하려 한다.

(3) 학교 원인

학교에서는 청소년을 제한하는 것이 많다. 입시 위주의 교육제도로 학생들의 개성이 무시되다 보니 그 안에서 답답함을 느끼는 청소년은 스트레스를 받고 다른 방식으로 표출하는데 그것이 폭력행동으로 나타나기도 한다. 또한, 교사의 모습을 모방하는 경향이 있다. 폭력적인 교사, 비일관적이고 감정적으로 대하는 교사에게 청소년은 스트레스를 받고 폭력을 모방함으로써 문제해결을 위한 하나의 방식으로 폭력을 선택하게 된다. 이와 더불어 학교에서의 차별적인 모습이 청소년에게 영향을 준다. 성적이 우수한 학생과 그렇지 않은 학생을 구분하여 성적이 좋지 않은 학생을 문제아 취급하면 청소년은 스트레스를 경험하고 그 해소 방안으로 폭력행동을 하게 된다.

(4) 사회적 원인

청소년에게 대중매체의 영향은 매우 크다. 대중매체가 사회적인 책임을 가지고 제공되기보다는 상업주의적인 면을 강조하다 보니 흥미 위주의 폭력적이고 성적인 문화를 여과 없이 청소년에게 전달하고 있다. 청소년은 이러한 자극적인 문화에 쉽게 빠지는 경향이 있다. 대중매체에서 나타나는 폭력이 청소년에게 폭력을 조장하기도 하고, 자신과 관련 없는 것에는 자신의 안전을 위해 다른 사람에게 신경 쓰지 않고 묵인하는 사회적인 이기주의가 확산되었다. 그런 이유로 폭력행동을 하는 청소년은 자신의 행동에 대한 반성보다는 지속적인 폭력으로 또 다른 폭력을 낳게 되는 현상이 발생한다.

03 위험행동

1) 위험행동의 정의 및 요인

(1) 위험행동의 정의

청소년기는 다양한 변화를 경험하며, 여러 요인이 영향을 미쳐 청소년의 행동으로 나타나게 된다. 그러한 행동이 위험행동으로 나타나는 경우가 있지만, 이는 청소년의 정상적인 발달과정의 하나로 볼 수 있다.

위험은 해로움이나 손실이 생길 우려가 있음, 또는 그런 상태이다(네이버 국어사전). 위험행동은 해로움이나 손실을 초래할 수 있는 행동이라고 할 수 있다. 학자들은 위험행동을 부정적인 결과가 나타날지 모르고 행하는 행동, 경제적 계산이나 모험추구행동과 관련된 행동, 잠재적으로는 부정적인 결과가 포함되어 있으나 긍정적 결과로 지각함으로써 어떤 형태로든 균형이 유지되는 행동으로 정의하고 있다(Arnett, 1998; Irwin, 1993; Moore & Gullone, 1996). 이러한 행동이 긍정적인 면에 비중이 크면 위험하지 않은 것으로, 부정적인 면에 비중이 크면 위험한 것으로 지각된다.

위험행동은 비행, 일탈과 비슷하게 사용되어 극단적인 문제행동으로 발전할 가능성이 매우 크지만, 그 행동 안에 도전과 모험과 개척성도 포함되어 있어 긍정적인 면도 크기 때문에 더 포괄적으로 이해되어야 한다. 위험행동은 개인의 지각이나 신념에 따라 방향성이 부정일 수도 긍정일 수도 있다. 위험행동이란 청소년에게 위험한 행동으로 잘못된 행동이거나 바람직하지 않은 행동이 아니다. 위험의 속성은 그 위험을 잘 극복했을 때 얻는 이득으로 개인의 성장과 사회적응력을 키울 수 있게 되고, 잘 극복하지 못했을 때 큰 신체적 · 경제적 · 사회적 손실을 얻게 되는 것이다(한상철, 2014). 청소년기의 위험행동은 정상적인 발달의 한 부분이며, 위험행동이 좋은 스트레스로 작용해 자신감을 얻고, 경쟁력을 높이고 주도적인 역할을 하도록 도우므로, 청소년이 좀 더 성숙해 나가는 데 도움을 준다.

(2) 위험행동의 요인

위험행동은 청소년의 열악한 환경, 스트레스, 충동성, 감각추구성향 등으로 인해 발생된다(전학열 외, 2015; 한상철, 2016).

첫째, 열악한 환경은 경제적 빈곤, 불안전한 이웃과 학교, 부정적인 또래 압력, 부모의 부적절한 사회적 지지 등이다. 특히, 부정적인 또래 압력과 또래의 일탈행동은 청소년의 위험행동에 직접적인 영향을 준다. 청소년은 또래의 행동과 압력에 민감하므로 행동에 문제가 있거나 약물을 남용하는 부정적 행동에 개입하는 또래나 그런 행동을 하도록 자극하는 또래는 청소년의 위험행동에 부정적인 영향을 미친다. 또한, 부모의 통제와 감시가 제대로 이루어지지 않고 지지가 약할 때 위험행동에 노출될 확률이 높다. 특히, 청소년 자녀에 대해 지나치게 허용적이거나 통제적인 부모의 양육방식, 비일관된 훈육은 청소년의 위험행동을 증가시킨다. 지나치게 허용적일 때는 부모가 자신에게 냉대하거나 무관심하다고 지각할 수 있고, 너무 통제적이고 비일관적인 부모의 양육태도는 강한 분노와 충동성, 정서적 혼란 등을 일으킬 수 있다.

둘째, 스트레스이다. 청소년은 변화를 경험하며, 그 안에서 스트레스를 받는다. 적당한 스트레스는 청소년에게 긍정적인 영향을 주어 삶을 살아갈 힘을 제공하지만, 지속적인 스트레스는 부정적인 정서로 자리 잡아 다른 어려움으로 발전할 가능성이 크다. 청소년은 성인에 비해 스트레스를 더 잘 지각하고, 그로 인해 영향도 더 크게 경험한다. 스트레스를 해소하기 위한 하나의 방법으로 위험행동을 하는 경향이 나타난다.

셋째, 충동성이다. 충동성은 동등한 능력을 지닌 대부분의 사람보다 행동하기 전에 덜 숙고하는 경향성이다(Barratt & Patton, 1987). 충동성은 정신 집중을 못 하게 하고, 움직임에 집중되어 있으며, 욕구 만족을 위해 바로 행하면서 대인관계를 지속하지 못할 뿐만 아니라 반사회적 행동을 나타낸다. 또한, 충동성은 미리 생각하지 않으며, 인내력 부족을 동반한다. 그러므로 충동성은 쾌락원칙의 추구, 자기조절의 실패를 유발하여 부적절하고 부정확한 반응의 행동을 하게 한다.

넷째, 감각추구경향이다. 감각추구경향은 위험행동을 설명하는 중요요인이다. 감각추구경향은 다양한 영역의 위험행동을 나타내는데, 특히 흡연, 음주, 도박, 성행동, 운전 습관, 여행 등과 관련이 있다. 주커먼(Zucherman)은 감각추구성향을 "신체적 · 사회적 위험을 기꺼이 감수하면서, 다양하고 신기하며 복잡한 감각이나 경험을 촉구하려는 욕구"로 정의하였다. 그래서 청소년기에 어른들이 하지 말라고 하는 자잘한 비행을 저지르며 자신의 호기심을 충족시켜 나간다.

2) 위험행동의 현황

청소년의 위험행동은 여러 가지가 있지만, 우리나라 청소년에게 많이 나타나는 위험행동인 흡연과 음주 행동의 현황에 대해 살펴보고자 한다. 이러한 비행은 지위비행으로 분류할 수 있으며, 청소년기의 특성 안에서 호기심과 충동성, 감각추구성향으로 인해 발생하는 경향이 있다.

우리나라는 유교문화권에 속하여 청소년의 흡연을 사회적으로 용납하지 않았기 때문에 청소년흡연은 상당 기간 동안 효과적으로 억제되어 왔으나, 1980년대 교복 및 두발 자유화 등으로 청소년의 규제가 완화되면서 청소년 흡연인구가 매년 크게 늘었다가 요즘 조금 변화하고 있다.

2019년 청소년의 현재 흡연율은 남학생은 9.3%, 여학생은 3.8%로 나타나 남학생의 현재 흡연율이 여학생의 현재 흡연율보다 높은 수준으로 나타났다. 연도별로 살펴보면, 남학생의 현재 흡연율은 2017년부터 2019년까지 지속적으로 감소하는 경향을 보인 반면, 여학생의 현재 흡연율은 2017년 3.1%, 2018년 3.7%, 2019년 3.8%로 나타나 남학생과 반대로 지속적으로 증가하고 있는 것으로 나타났으나 2020년에는 남, 여학생 모두 감소하였고(남자 9.3%→6.0%, 여자 3.8%→2.7%), 전자담배 현재 사용률(액상형) 남자 4.7%→2.7%, 여자 1.5%→1.1%, (궐련형) 남자 4.0%→1.6%, 여자 1.2%→0.5%)도 감소하였다.

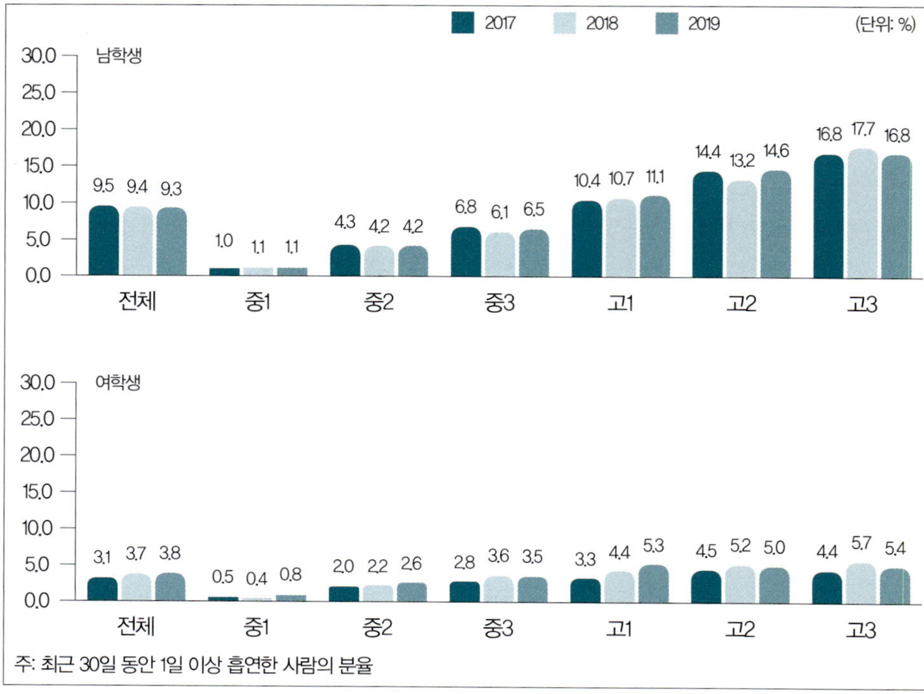

[그림 6-10] 청소년의 학년별 흡연율 추이

출처: 교육부 · 보건복지부 · 질병관리본부(2020). 제15차(2019) 청소년건강행태온라인조사 통계.

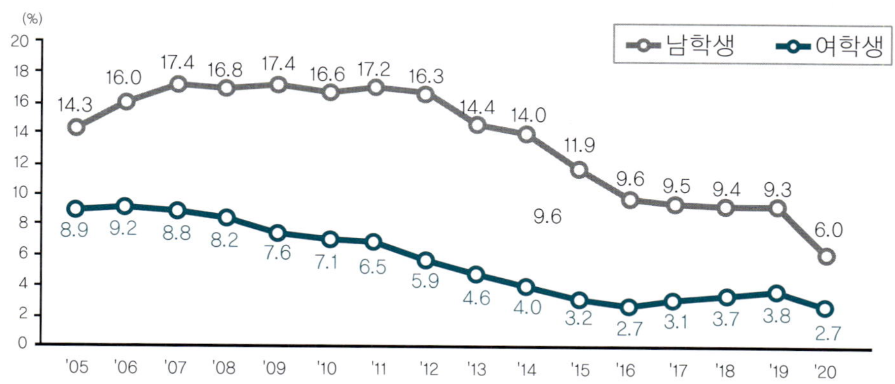

[그림 6-11] 청소년의 현재 흡연률(2005~2020)

자료원: 청소년건강행태조사

현재흡연율 : ('05~'18년) 최근 30일 동안 1일 이상 흡연한 사람의 분율; ('19년~) 최근 30일 동안 1일 이상 일반담배(궐련)를 흡연한 사람의 분율

출처: 질병관리청(2021).

청소년의 처음 흡연 연령은 13.2세, 매일 흡연 연령은 14.1세로 나타났다. 성별로는 남학생은 13.1세에 처음 흡연 경험을 하였고, 여학생은 13.6세에 처음 흡연 경험을 하는 것으로 나타났으며, 매일 흡연 시작 연령은 남학생과 여학생 모두 14.1세로 차이가 나지 않았다. 간접흡연의 경우는 일주일 이상 가정 내 간접흡연 노출률은 남학생 29.3%, 여학생 34.3%로 나타났다(여성가족부, 2020).

〈표 6-7〉 청소년 흡연 관련 지표

(단위: %)

구분	2014년			2015년			2016년		
	전체	남학생	여학생	전체	남학생	여학생	전체	남학생	여학생
처음 흡연 경험 연령(세)[1]	12.9	12.8	13.1	13.0	12.8	13.5	13.2	13.1	13.6
매일 흡연 시작 연령(세)[2]	13.8	13.8	13.7	13.9	13.9	14.0	14.1	14.1	14.1
주1일 이상 가정 내 간접흡연 노출률[3]	27.9	27.3	28.4	32.9	31.1	23.0	31.7	29.3	34.3

주: 1) 평생 흡연 경험자 중에서 처음으로 담배를 한 두 모금 피워 본 연령의 평균

2) 최근 30일 동안 매일 흡연자 중에서 담배를 매일 피우기 시작한 연령의 평균

3) 최근 7일 동안 학생의 집안에서 다른 사람(가족이나 손님 등)이 담배를 피울 때 그 근처에 같이 있은 적이 있는 사람의 분율

출처: 교육부 · 보건복지부 · 질병관리본부(2020). 제11차(2019) 청소년건강행태온라인조사 통계.

2019년 청소년의 현재 음주율은 남학생 16.9%, 여학생 13.0%로 남학생이 여학생보다 높았으며, 2020년에는 남, 여학생 모두 2019년 대비 감소하였다(남자 16.9%→12.1%, 여자 13.0%→9.1%).

학교급별로는 고학년일수록 현재 음주율이 증가하는 것으로 나타났다. 2017년부터 2019년까지 학년별 현재 음주율의 연도별 추이를 살펴보면, 남학생은 중학교 1학년부터 고등학교 3학년까지 전 학년에서 2018년 대비 2019년 현재 음주율이 모두 감소한 것으로 나타났으며, 여학생은 중학교 3학년부터 고등학교 3학년까지 2018년 대비 2019년 현재 음주율이 감소한 것으로 나타났다.

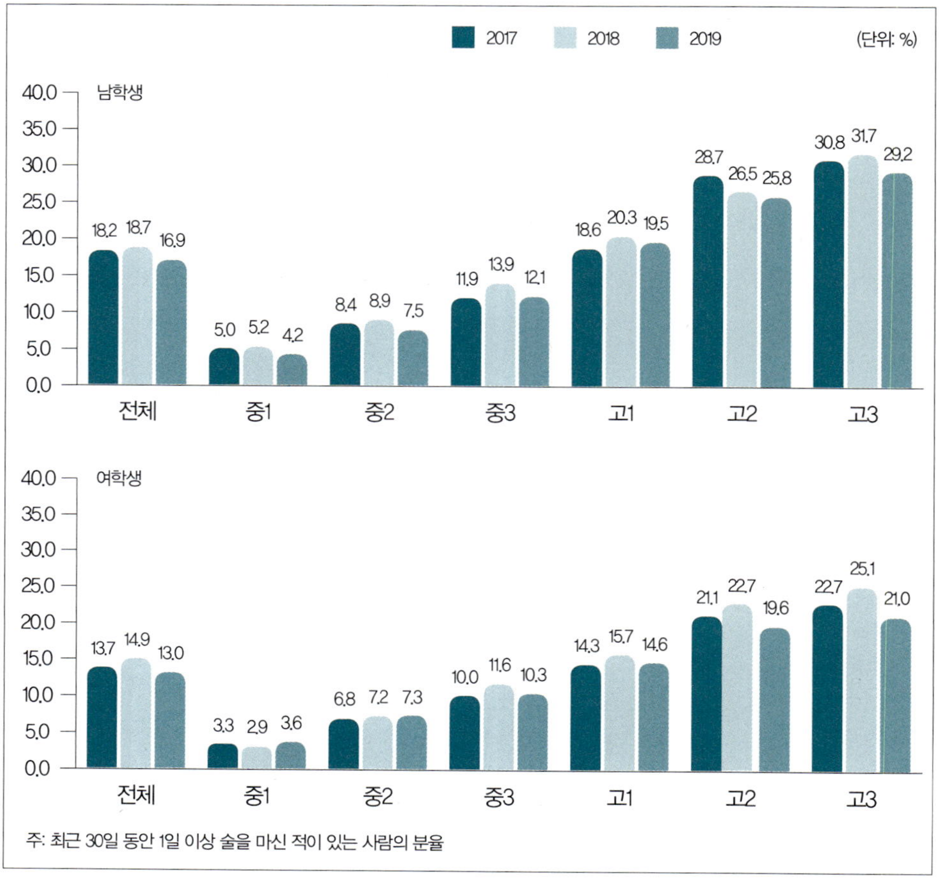

[그림 6-12] 청소년의 학년별 음주율 추이

출처: 교육부 · 보건복지부 · 질병관리본부(2020). 제15차(2019) 청소년건강행태온라인조사 통계.

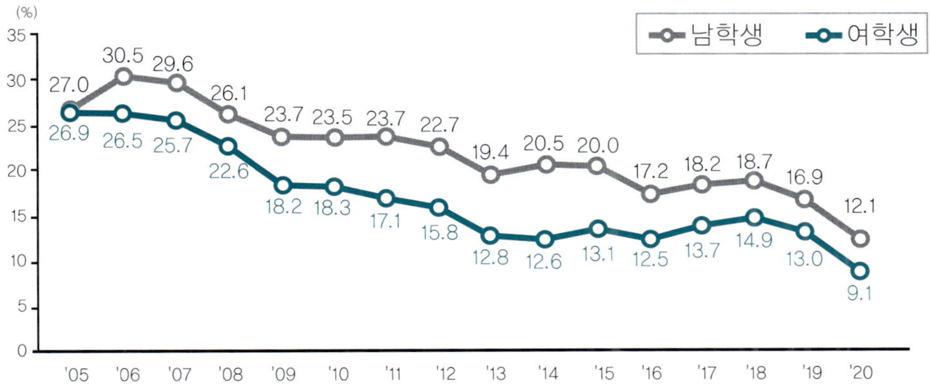

[그림 6-13] 청소년의 현재 음주율(2005~2020)

자료원: 청소년건강행태조사
현재음주율 : 최근 30일 동안 1잔 이상 술을 마신 적이 있는 사람의 분율
출처: 질병관리청(2021).

2019년 청소년의 처음 음주 경험 연령은 남학생 12.9세, 여학생 13.5세로, 남녀 학생 간 차이는 0.6세였다. 위험음주율은 남학생이 8.2%로 여학생의 위험음주율(7.5%)보다 높았으며, 남학생과 여학생 모두 전년대비 위험음주율이 감소한 것으로 나타났다. 2020년에는 2019년도에 비해 1회 평균 음주량이 중등도(남자 소주 5잔, 여자 3잔) 이상인 위험음주율도 감소하여(남자 8.2%→5.6%, 여자 7.5%→4.8%), 지속적으로 감소세를 보이고 있다.

〈표 6-8〉 청소년 음주 관련 지표

(단위: %)

구분	2017년			2018년			2019년		
	전체	남학생	여학생	전체	남학생	여학생	전체	남학생	여학생
처음 음주 경험 연령(세)[1]	13.2	12.9	13.5	13.3	13	13.7	13.2	12.9	13.5
위험음주율(세)[2]	9.2	8.8	7.6	8.9	9.1	8.6	7.8	8.2	7.5

주: 1) 평생 음주 경험자 중에서 처음으로 1잔 이상 술을 마신 연령의 평균
2) 최근 30일 동안 1회 평균 음주량이 중등도 이상(남자 소주 5잔 이상, 여자 소주3잔 이상)인 사람들
출처: 교육부 · 보건복지부 · 질병관리본부(2020). 제11차(2019) 청소년건강행태온라인조사 통계.

청소년의 흡연과 음주는 생리적 욕구에서라기보다는 심리적 작용에 의해 비롯된다. 청소년이 흡연과 음주 행동을 하는 이유는 성인 모방심리, 친구나 주위 사람으로부터 어른으로 인정받고 싶은 자기과시욕, 호기심, 과도한 학업으로 인한 심리적 갈등, 이성문제에 대한 고민 해소, 친구와 어울리기 위한 방편, 사회적인 억압과 권위에 대한 반항심 등이다. 이러한 이유가 복합적으로 작용하여 만들어 낸 행동인 것이다. 대부분의 청소년은 흡연과 음주를 혼자 하기보다는 친구들과 집단으로 감행한다. 개인의 흡연, 음주 욕구보다 집단에 대한 동조 또는 충성을 나타내기 위해 하는 경우가 많다.

그러나 이런 행동이 청소년의 의식세계에 적극적인 인생관을 갖게 하기보다는 반항적이고 냉소적인 성격을 조장할 수 있으며, 지나칠 경우 범죄로 이어질 확률이 높아 성숙한 성인기로 자연스러운 이행을 방해하기도 한다.

04 청소년의 자율과 권리참여적 행동문화

청소년의 참여행동 중 최근 부각되는 것은 권리와 자율에 대한 자기 목소리를 내는 형태의 문화적 양상을 보이는 점이다. 과거 청소년은 문화적 수용성에서 대부분 수동적 행태를 자연스럽게 표방하였다. 참여의 형태도 자율적이라기보다는 주어진 배경과 환경을 근거로 하는 소극적 행태를 당연시하였으며, 영역을 벗어나는 것을 매우 두려워하는 모습을 보였다. 이러한 태도는 기성세대가 만들어 놓은 제도적 영역의 장벽을 깨뜨리기가 쉽지 않다는 자각적 태도에서 기인하였다.

그러한 태도는 자연스럽게 문화에서도 자율적 참여 모습을 보이기 어려운 형태로 나타나 주로 음성적이고 자기표현이 명확하지 않은 공간, 즉 사이버 공간과 같이 대면적 상황이 나타나지 않은 곳에서 청소년의 문화표현이 매우 다양하게 나타나는 현상을 보였다.

하지만 점차 적극적이고 능동적인 표현을 하는 것이 바람직하다는 견해가 싹트고 청소년의 목소리를 표현하기 위한 차원에서 문화적 갈급성을 나타내는 식의 권리 표현이 내재되는 새로운 형태가 자연스럽게 대두되었다.

이러한 참여문화의 형태는 과거 청소년의 새로운 문화로 자리 잡았던 두발자유화나 교복자율화와 같이 청소년에게 청소년다워야 한다는 점을 가르쳤던 의식화 교육의 범주를 벗어나게 하는 사회 분위기에서 찾아볼 수 있다. 1980년대 교복자율화로 인해 빚어진 자율과 획일성의 타파에 대한 실험은 한때 학교와 사회에 많은 혼란을 야기하기도 하였으나, 청소년에게 시각의 다원성, 계급 구조의 획일성 타파, 그리고 청소년이라는 대상끼리도 서로의 다름을 인정하고 다름 속에서 공동체의 다양성을 추구하게 하는 시각의 혁신을 보여 주는 계기가 되었다.

물론, 청소년의 참여를 위한 제도적 발판은 1991년 UN아동권리협약(1989년)에 비준하면서부터라고 할 수 있다. 하지만 이 당시만 해도 청소년의 진정한 권리를 위한 참여적 기틀을 마련한다기보다는 당시의 청소년에게 가장 큰 관심사였던 여가와 놀이문화의 공간적 기틀을 마련하기 위한 「청소년 기본법」의 제정과 이행의 차원에서 청소년참여를 얘기했다. 진정한 참여라기보다는 참여문화의 기틀을 마련하는 계기가 되었다고 보는 편이 옳을 것이다. 이러한 UN아동청소년권리협약은 「청소년 기본법」에 기초하여 청소년정책기본계획을 통하여 지속적인 발전을 이루는 근거를 제공하여 왔다.

특히, 청소년의 사회참여를 보장하기 위한 시도는 크게 공적인 영역과 사적인 부분에서 성장 발전을 해 왔다. 제도적 발판은 「청소년 기본법」을 통해서 제도화하였는데, 청소년수련시설을 중심으로 하는 청소년운영위원회가 바로 그것이다. 또한, 청소년참여기구는 이 외에도 법적 기구로서 〈표6-4〉와 같이 다양한 차원에서 시각을 달리하여 성장 변화하여 왔다.

〈표 6-9〉 청소년참여기구

구분	청소년특별회의	청소년참여위원회	청소년운영위원회
주관	• 여성가족부 • 한국청소년활동진흥원 총괄	• 여성가족부 • 지방자치단체	• 청소년수련시설
구성	• 전국 17개 시도 청소년위원과 청소년전문가로 구성 • 약 250명 참여	• 9~24세 청소년 10~30명 • 공개모집과 추천으로 선발 • 234개소	• 시설당 9~24세 청소년 10~20명 • 331개소
기능	• 정부 청소년정책 제안 및 모니터링 활동	• 지자체 청소년 정책에 청소년제안 및 모니터링	• 청소년수련시설의 사업, 프로그램 운영과 관련된 자문과 모니터링
목적	• 청소년정책과제에 대한 사회적 공감대 확산	• 청소년의 권리신장과 건전한 민주시민으로 육성	• 청소년수련시설을 이용하는 청소년의 의견과 욕구를 반영하여 청소년 중심으로 시설 운영
역할	• 매년 선정된 정책의제에 따른 세부 정책과제 발굴 및 본회의를 통해 의제를 각 부처에 제안, 특별회의 활동 홍보, 토론회·캠페인 개회 및 참여 등	• 청소년 관련 정책 모니터링 • 청소년의견 제안과 정책 자문 • 각종 토론회, 위크숍 개최, 리더십 훈련프로그램 참여 등	• 청소년수련시설의 심의, 평가 등 • 시설 운영 전반에 참여, 프로그램 직접 기획·운영, 각종 지역사회 청소년 관련 행사 참여 등
연혁 및 법적 근거	• UN 등 권고를 배경으로 2004년 참여정부 공약사항으로 대통령 청소년특별회의란 이름의 자문위원회로 시작 • 2004년 시범사업을 거쳐 2005년 「청소년 기본법」 제12조에 근거규정 마련	• 1998년 11월 문화관광부 내 청소년위원회 설치 이후 전국으로 확산 • 2012년 2월 청소년자치권 확대 근거법령을 「청소년복지 지원법」에서 「청소년 기본법」으로 이관 • 「청소년 기본법」 제5조의2 항에 근거규정 마련	• 2000년부터 전국 청소년수련시설 설치 운영을 사업지침에 담아 권장함으로써 운영 • 2004년 「청소년활동진흥법」 제4조에 법적 근거 마련

출처: 여성가족부(2016).

청소년참여기구인 청소년특별회의, 청소년참여위원회, 청소년운영위원회 뿐만 아니라 2020년에는 청소년참여포털(청소년참여포털 홈페이지: www.youth.go.kr/ywith)을 통한 온라인 정책제안공모를 추진하여 관심 있는 청소년은 누구나 시·공간의 제약 없이 정책제안활동에 손쉽게 참여할 수 있도록 하는 등 참여활동

관련 온라인 기반 강화를 통해 청소년들의 접근성을 쉽게 함으로써 소통을 강화해 나가고 있다.

이와 더불어 청소년프로그램 공모사업(참여분야)도 이루어지고 있다. 청소년프로그램 공모사업(참여문화)은 자신이 거주하는 지역사회의 문제점을 분석하고, 이를 개선하기 위한 프로그램을 청소년이 직접 기획 · 실천하는 사업이다. 2007년부터 시작되었는데, 청소년을 대상으로 사회구성원 관계 개선, 지역사회 변화 · 개선, 청소년 권익 개선 등 지역사회의 변화를 끌어낼 수 있는 활동을 제안 받고 프로그램 사업비를 지원한다. 2012년부터 참여 · 활동 · 보호 분야별로 운영되던 청소년프로그램 공모사업을 통합함에 따라 '청소년프로그램 공모사업' 내 '참여분야'로 운영해오고 있다. 2020년에는 청소년프로그램 공모사업을 통하여 47개 참여프로그램이 선정되어 활동이 이루어졌다(여성가족부, 2020).

05 청소년 행동문화에 대한 시각

청소년기는 변화를 경험하게 되는 시기이다. 이런 변화의 한 양상으로 일상에서 벗어난 행동을 하며, 즐거움과 또래 간 유대감도 형성하게 된다. 그것이 행동문화를 만들어 내고, 지나친 행동이 일탈과 비행으로 이어지기도 한다.

1) 학교폭력을 바라보는 시각

앞에서 학교폭력의 법적 정의를 제시하였는데, 이는 학교폭력의 개념을 넓게 설정하고 있다. 여기에 덧붙여 의무조항으로 "피해학생(또는 보호자)이 요청하는 경우, 학교폭력을 신고받거나 보고받은 경우 반드시 학폭위를 소집해야 한다"라고 되어 있어 학교 현장에서 사소한 다툼도 사건화하게 되는 경우도 발생하고 있다.

가벼운 욕설 한마디에 학폭위가 열리고, 가해학생은 서면 사과를 하는 경우, 학생들끼리 이미 화해하고 평상시처럼 지내는데 피해학생 부모가 학교폭력이라고 주장하면 학폭위를 열어야 하는 경우 등이 발생하는 것이다. 평범한 학생이 학교 공동체에서 겪는 크고 작은 문제까지 학폭위에서 논의되면서, 법적 절차를 거치는 동안 사소한 갈등이 심화되는 측면이 있다. 피해학생과 가해학생 간의 관계회복이 되는 것이 아니라 갈등의 골이 더 깊어지고 근본적인 해결책이 되지 못하는 경우가 많다. 피해학생과 가해학생 간의 관계 회복이 학교폭력 해결의 최종 목표가 되어야 하고, 그러기 위해서는 학폭위로는 해결하기 어려운 점이 있다. 그러므로 피해학생과 가해학생 간의 관계 회복이 이루어졌다고 인정되는 경우에는 학교장이 당사자 및 보호자의 동의를 얻어 그 사안을 종결하고, 생활기록부에 기재하지 않는 방안을 마련해 교우관계 회복에 초점을 맞추는 것이 무엇보다 중요하다.

2) 위험행동에 대한 시각

청소년은 집단으로 행동하며, 그 안에서 모험을 즐기고 무모한 행동을 일삼기도 한다. 그로 인해 위험행동에 노출되는 경우가 많다. 청소년의 다양한 위험행동이 지나쳐 또 다른 문제를 야기할 수 있으므로, 자신의 정체성을 찾는 수준까지는 인정해 주되 사회에 물의를 일으키는 행동에 대해 관심을 갖고 건전성을 찾을 수 있도록 도와주는 것이 필요하다.

청소년의 위험행동을 잘 다루기 위해서는 위험행동에 접근하는 것보다는 청소년의 역량강화를 위한 접근이 필요하다. 미국의 경우에는 긍정적 청소년 개발을 위해 필요한 핵심역량을 제시하였는데, 긍정적 자신감, 자기조절, 의사결정기술, 도덕적 신념체계 및 사회적 연대감이 그것이다(Guerra & Bradshaw, 2008). 이들 역량개발과 청소년의 위험행동과의 연계가 가능함을 제시하고 이것을 통해 청소년 위험행동을 감소하고 긍정적 발달을 도모할 수 있음을 밝히고 있다. 박현숙 · 정선영(2011)은 이를 근거로 역량개발과 위험행동과의 연계를 통한 통합적 접근을 위한 역량모델링을 통해 개인체계에서 자기통제, 가족체계에서 부모와의 긍정적 소통, 주변 환경체계에서 긍정적 또래 유대감이 청소년의 위험행동을 예방할 수 있음을 밝히고 있다.

또한, 권일남 외(2012)는 청소년활동을 통해 자아역량, 신체역량, 갈등조절역량, 문제해결역량, 성취동기역량, 대인관계역량, 리더십역량, 시민성역량을 키워야 함을 밝히고 있다.

청소년 개인에게 있는 잠재력을 개발시켜 주고, 청소년이 현재를 즐겁게 살며, 미래의 조화로운 성인의 삶을 잘 살아갈 수 있도록 필요한 역량의 요소들을 제시하여 그 역량의 증진을 도와주면 자연스럽게 자신의 행동에 영향력을 행사할 수 있을 것이다.

C·H·A·P·T·E·R 07

청소년의 놀이문화: 일상여가

01 청소년놀이문화의 이해

청소년의 놀이문화는 문화표현양식에서 잘 나타나지 않는 특이한 모습으로 규정되는 현상이다. 그러므로 쉼과 자유라는 매우 본질적인 가치에 대한 규정으로 이러한 기준을 어떻게 발현하는지를 파악해 보아야 한다.

청소년은 학업 수행의 기본적 역할에서 자신이 해야 할 부분을 강요받고 있다. 스스로 원해서 하는 일이라기보다는 청소년기에 반드시 해야 할 일임에 억압적 부담감을 크게 느끼고 있다는 이야기다. 그런 바탕에서 스스로가 해야 할 일에 대한 재충전이라든지 혹은 탈피를 위한 수단으로써의 놀이문화를 접하게 된다.

놀이는 단순한 쉼에서부터 때로는 사회적 활동의 기제이자 질적인 삶의 가치에 부응하는 수단으로 행복을 이어나가는 첩경이 되기도 한다. 놀이는 집중력을 포함한 정신적 · 신체적 변화를 얻게 되고, 상상력과 함께 긍정적인 인간관계를 수용하게 만드는 기회이기도 하다.

놀이는 문화적으로 가치가 있다. 자발적으로 놀이를 하는 인간은 고귀하며, 이것이 문화를 이루는 시작이다. 결국, 문화는 새로운 것에 대한 관심과 호기심으로 시작되고, 그것을 발전시켜 일정한 틀을 만들어 내는 일이다. 놀이의 특성은 제한된 시간과 장소에서 이루어지고 일단 놀이가 끝난 뒤에는 새로운 정신적 창조물로 기억되고 반복되는 것으로 문화와의 연계성을 찾을 수 있다. 우리 고어 중 '노리'라는 말에서 노래와 놀이가 파생되어 나왔듯이 이는 놀이 속에 노래와 춤이 섞여 있어 놀이와 문화는 단절될 수 없는 불가분의 관계로 볼 수 있다. 또한, 청소년기 놀이는 조직화된 운동, 취미, 사회 활동이나 개인적인 관심 추구를 통해서 더 나은 기술 발달과 정체감 탐색의 수단이 된다(정민자 · 노현미 · 하쾌남, 2015).

청소년의 놀이문화에는 가장 중요한 쉼과 여가의 가치가 숨어 있다. 아무런 목적의식이 없이 쉬는 것에서부터 시작하여 목적지향적인 의미를 부여하는 여가와 놀이에 이르기까지 다양한 형태의 놀이문화가 존재한다. 그러므로 청소년의 놀이문화는 청소년의 놀이문화로서의 가치와 쉼, 여가 그리고 의식의 변화 등과 함께 행동적 차이에 의한 여가의 차이점 등은 어떠한지를 유념하여 파악해 볼 필요가 있다. 물론, 이러한 놀이는 간단한 기준을 명시하기 어렵지만, 그래도 문화표현의 기준들은 분명히 존재하므로 이를 같이 파악해 보는 것도 좋다.

우리나라 청소년은 학교에서 많은 시간을 보내고 있어 개인적인 놀이를 즐길만한 시간적 여유가 많지 않다. 청소년기에는 다양한 활동을 통해 자신의 정체성을 찾아가고, 관계를 증진하며, 여러 문제상황을 대처해 나갈 문제해결능력을 갖춰나갈 수 있다. 그러므로 학교 안에서 또는 학교 밖에서 청소년이 주체적으로 참여하는 놀이문화를 경험할 수 있어야 한다. 이는 일상생활에서 여가를 만들고 삶의 활력을 주는 요소로 자리 잡게 된다. 놀이는 일상에서 여러 사람이 모여서 즐겁게 노는 일이나 그러한 활동을 말하고, 일정한 규칙이나 방법에 따라 노는 일, 모방하거나 흉내를 내면서 노는 일 등을 뜻한다(네이버 국어사전). 통상적으로 놀이는 일과 상반되는 개념으로 일이 없을 때 행하는 것으로 이해되고 있으므로 청소년의 놀이문화의 양상을 청소년의 여가 안에서 살펴보고자 한다.

02 여가

1) 여가의 개념

여가(餘暇)는 일이 없이 남는 여유로운 시간을 말한다. 여가는 짬이라고 하며, 직업상의 일이나 필수적인 가사 활동 외에 소비하는 시간이다. 이는 노동과 직무뿐만 아니라 일체의 용무나 책임으로부터 해방되어 개인이 자기 뜻대로 이용할 수 있는 시간을 의미하기도 하는데 자유시간 또는 자유시간을 갖게 된 데서 오는 자유로움이나 좋은 기회를 의미하기도 한다(위키백과). 여가(leisure)는 어원으로 살펴봤을 때, 라틴어 Optium의 아무것도 하지 않는 여분 혹은 한가로움, 휴식으로 정의되고, lecere로 허락된 것 혹은 자유롭게 된 것을 의미하며, 일상에서의 휴식이나 나태함을 나타낸다. 또한, 학교의 옛어인 Scole은 평온, 평화, 학문, 철학, 창조적 활동 등을 뜻하며, 자유재량과 자기향상, 자기실현의 의미가 있다. 즉, 여가에는 편안하게 휴식을 취하는 의미와 자신의 향상을 위한 창조적 활동의 의미가 동시에 들어있는 것이다(천정웅 외, 2014).

이와 같은 맥락은 스테빈스(Stebbins)가 여가의 정의를 여가의 질적 측면을 강조한 진지한 여가와 일상적 여가로 구분한 것과 비슷하다. 진지한(serious)은 진지, 성실, 중요, 신중의 의미가 들어 있다. 진지한 여가는 참여하고 있는 분야에서 특정한 전문기술을 익히고 지식을 추구하는 등 전문성을 얻기 위해 참여자가 관심을 갖는 것으로 체계적인 계획을 세워 여가에 참여하는 것을 말한다. 일상적 여가는 특별한 기술과 훈련이 필요하지 않은 그냥 즐거운 활동으로 놀이, 휴식, 오락활동, 친구와의 잡담 같은 사교적인 대화, 쇼핑 등이다(Stebbins, 1992, 천정웅 외, 2014, 재인용). 그러므로, 여가는 여유 있는 시간 안에서 하고 싶은 것은 하면서 시간을 보내고 재충전하는 것이라 할 수 있다.

2) 여가의 기능 및 특성

몇 년 전 "열심히 일한 당신 떠나라."라는 광고 카피가 있었다. 그 카피가 오랫동안 뇌리에 남아 있는 이유는 지금 현재 일을 하고 있는 사람에게 열심히 일한 다음에는 여유로운 휴식을 취해도 된다는 위로를 주고, 여행에 대한 기대감을 불러일으키기 때문이다. 이러한 여가의 기능을 정리하면 다음과 같다.

첫째, 여가는 지금의 상황에서 떠나 새로운 여유를 찾으면서 신체적 · 정신적 재충전을 할 수 있도록 도와주어 신체적 · 정신적 건강에 도움을 준다. 다시 말하면 휴식과 기분전환의 기능이 있다. 사람이 매일매일 똑같은 일상과 고된 일을 하면서 보낸다면 지쳐서 어느 정도의 시간이 지났을 때 아무것도 할 수 없이 신체적 · 정신적으로 병들게 된다. 일상생활에서 발생하는 압력에서 벗어나게 해 주는 것이 여가이다. 휴식은 육체적 피로를 해소해 주고, 기분전환은 정신적 권태를 해결해 준다.

둘째, 여가는 사회적 발달에 공헌할 뿐만 아니라 재생산 능력을 향상시킨다. 기업들은 쉬고 왔을 때 생산성이 증가하고 일의 능률이 올라간다고 보고 여가시간을 확보하기 위해 노력하고 있다. 근로시간을 단축한 이후 회사 분위기도 좋아지고 자신과 가족을 챙기게 되면서 만족감이 높아질 뿐만 아니라 일할 때 집중력과 능률이 더 오름을 경험하고 있는 기업이 많아지고 있다(중앙일보, 2017. 2. 23.).

셋째, 자아실현의 기능을 가진다. 여가시간을 보내는 개인은 여러 기관이나 단체에 참여하여 사회의 변화에 적응하고 거기에 맞춰진 지식과 기술을 익혀 나간다. 취미단체와 사회문화단체, 종교봉사단체 등에 자발적으로 참여하여 활동하면서 시대에 뒤떨어지기 쉬운 능력을 보완해 나갈 수 있다. 이렇듯 여가의 개인적인 기능과 사회적 기능을 실현해 나감으로써 삶을 풍성하게 만들어 갈 수 있다.

이러한 기능을 좀 더 세부적으로 정리하여 제시하면 [그림 7-1]과 같다.

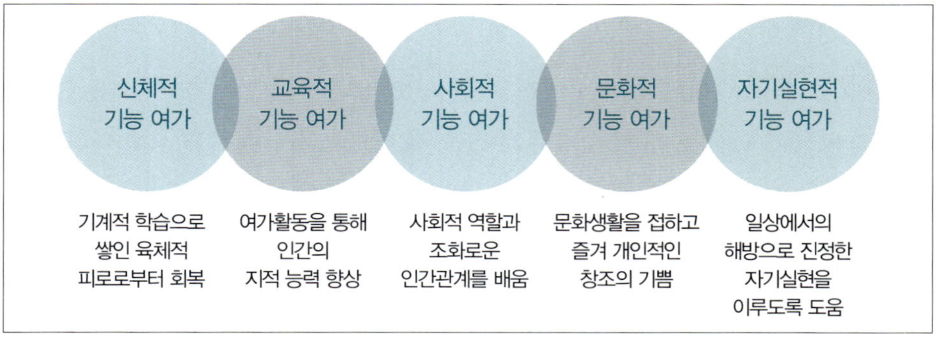

[그림 7-1] 여가문화의 긍정적 기능

이런 다양한 여가의 기능과 더불어 여가가 가지는 기본적인 특성이 있다. 이 특성은 6가지로 구분할 수 있다(조명환 외, 2010).

첫째, 해방성(free)이다. 무엇인가를 해내야만 하는 것과는 구분되는 것으로 당위성이 아닌 것이다. 여러 가지 제약으로부터 오는 심리적 압박으로부터 벗어나는 것을 말한다.

둘째, 자유선택성(free-choice)이다. 해방된 이후에 여가시간의 활용은 자신이 스스로 선택해서 행하게 된다는 의미이다. 여가의 참여 여부는 개인의 자발성에 근거해서 이루어진다.

셋째, 자기표현성(self-expression)이다. 여가의 기능에서 자아실현의 기능과 연결되어 자기표현, 자기해방, 자기만족을 위한 수단으로서의 특성을 가진다. 급변하는 현대사회에서는 자기를 상실한 삶을 살기 쉬운데 여가를 통해 자신을 표현해 냄으로써 인간의 가능성을 찾아갈 수 있도록 한다.

넷째, 가치창조성(creation of values)이다. 여가활동을 통해서 삶의 보람과 의미를 찾고 힘차게 살아갈 수 있다. 여가활동에 참여하여 삶의 내용이 더욱 풍요로워지며, 밝고 명랑하게 지냄으로써 정신적 충족감을 얻게 되는 것이다.

다섯째, 노동관계성(work-relation)이다. 여가는 노동과의 긴밀한 상호작용관계에 있다. 노동연관적 여가의 특성은 일과 상호의존적인 관계에 있고, 완전한 휴식시간과 같이 분리되는 것이 아니라 어느 정도의 지속성을 유지한다는 것이다.

여섯째, 생활양식성(lifestyle)이다. 여가는 삶의 한 행동양식인 것이다. 많은 부분 여가가 차지하며 생활의 한 부분을 형성해 나가고 있다.

여가는 생활체계에서 일과 의무로부터 상대적으로 독립된 것으로 존재하면서 동시에 상호관계를 통해 건전한 생활을 위한 긍정적인 역할을 하고 있다. 그러므로 여가를 효율적으로 이용하여 인간다운 삶을 살아가는 것이 무엇보다 중요하다.

03 청소년의 여가

청소년의 여가는 학업과 엄연히 구분되는 것이 아니라 삶 자체이며, 청소년이 삶을 살아가는 방식이다. 청소년은 여가생활을 통해 자신을 드러내고, 다양한 여가를 통해 자신을 만들어 간다. 그러므로 청소년의 건강한 성장과 건전한 삶을 위하여 청소년의 일상에서의 여가를 적극적으로 지원해야 한다.

1) 청소년 여가의 중요성

여가는 기성세대나 성인의 압력에서 벗어나 독자적인 자기세계를 구축하여 자기를 발견하며, 자기를 책임져 나갈 수 있는 기회를 갖기 때문에 청소년에게 중요하다. 학교에서 주체로 스스로를 인정하지 못하고, 학교생활에 만족하지 못하는 청소년은 여가활동을 통해 학교 안팎에서 주체로 참여하면서 자신의 삶을 스스로가 통제해 나갈 수 있는 힘을 기를 수 있다. 그러므로 학교문화에서 포기하지 말아야 할 것이 청소년의 놀이문화, 즉 여가문화이다.

청소년의 여가는 공부에서 벗어나 휴식과 기분전환을 하면서 신체력 향상 및 심리적 · 정신적 갈등과 문제를 해소해 나갈 수 있도록 돕는다. 또한, 원만한 인간관계를 형성할 수 있게 하고, 연대감 · 공동체 의식을 강화시켜 줄 뿐만 아니라 학교생활에서 받는 스트레스와 갈등, 신체적 · 정신적으로 느끼는 피로감과 정서적 불안을 해소시켜 청소년이 안정을 되찾아 새로운 자신감과 의욕을 가지고 자신의 삶을 살아갈 수 있도록 한다. 무엇보다 청소년이 적극적으로 여가활동에 참여하게 될 때 신체의 건강, 정서적 안정, 지적 발달에 도움을 줄 수 있다. 청소년기는 급격한 발달을 경험하는 시기이므로 여가가 그 발달에 직접적인 영향을 주어 능동적이고 적극적인 인간, 다시 말해 고루 발달을 이룬 전인적 인간으로 성장하는 데 촉진적인 역할을 할 수 있다.

청소년에게 여가가 중요한 이유는 다음과 같다.

첫째, 청소년기 이후의 삶에 영향을 미치기 때문이다. 여가는 청소년기 이후의 성인기, 노인기의 삶에 긍정적 혹은 부정적인 영향을 미친다. 그러므로 청소년기에 여가를 경험하고 발전시킬 가능성을 마련하는 게 필요하다.

둘째, 다양한 학습이 가능하다. 청소년기에는 다양한 경험을 통해 균형 잡힌 성장을 도모해야 하는데, 교과목 중심의 학습에서 다양한 경험을 얻기란 쉽지 않다. 그러므로 여가를 통해 사회의 많은 부분을 경험할 수 있는 기회를 얻어야 한다.

셋째, 여가를 통해 건전한 인성 형성이 가능하다. 입시 위주의 교육은 획일화된 것을 추구하며, 지적인 부분만을 강조한다. 여가활동은 지적인 부분뿐만 아니라 정서적인 부분, 신체적인 부분까지 모두 아우르며 교육과정에서 받는 스트레스를 해소할 수 있는 여지를 마련해 준다. 또한, 타인과 함께하며 인간관계를 맺는 법을 배우게 된다.

넷째, 여가활동을 통해 소질과 특기를 발견하게 된다. 진정으로 자신이 하고 싶은 것을 하는 것이 여가이므로 자신이 하고 싶은 것에 자율적으로 참여하고, 능동적으로 자신의 욕구를 발견해 나감으로써 창의성을 배양하고 자기 발전을 도모하게 된다. 청소년기에 자신의 욕구를 따라 취미를 계발하여 청소년기 이후에 진로와 연결되는 경우도 있다.

건전한 여가를 통해 청소년이 균형적인 성장을 하도록 돕고 규칙을 지키고 공정성을 존중하며 타인과 협동하며 지도력을 발휘하고, 자신을 표현할 기회를 가질 수 있다. 따라서 청소년의 올바른 성장을 위해서는 건전한 여가활용이 중요한 의미가 있다.

2) 청소년 여가의 유형 및 특징

(1) 여가의 유형

청소년이 일상생활에서 참여하는 여가활동은 다양하다. 여가활동은 참여의 양과 질에 따라 예술활동, 지적활동, 스포츠활동, 야외활동, 취미활동, 사교레크리에이션, 사회단체활동으로, 동기 및 표현 형태에 따라 신체적 활동, 사교적 활동, 문화적 활동, 자연적 활동, 정신적 활동으로, 참여의 타입과 양에 따라 사교활동, 야외활동, 스포츠활동, 문화활동, 취미활동, 대중매체활동 등으로 분류하고 있다(Compton, Edignton & Hason, 1980; Lutzin, 1973; Ragheb, 1980, 천정웅 외, 2014, 재인용). 우리나라에서는 주로 여가활동의 내용으로 여가활동을 분류한다. 김현기(2007)는 문화 · 예술활동, 스포츠 · 건강활동, 야외 · 관광활동, 취미 · 오락활동, 사회참여활동, 사이버활동, 평생학습활동, 휴식활동으로 분류하였고, 이진오(2008)는 스포츠활동, 취미 및 교양활동, 관람감상활동, 사교활동, 관광활동, PC/인터넷활동으로 분류하였다(천정웅 외, 2014).

청소년의 여가활동의 적절한 분류체계는 문화체육관광부(2016)의 분류이다. 문화체육관광부(2016)는 여가활동의 유형을 문화예술관람활동, 문화예술참여활동, 스포츠관람활동, 스포츠참여활동, 관광활동, 취미오락활동, 휴식으로 분류하였다.

2019년~2020년 문화체육관광부에서는 여가활동의 분류체계를 2016년의 분류에 사회 및 기타활동을 추가하여 좀 더 세부적으로 분류하였다.

첫째, 문화예술관람활동은 교양 함양을 위해 문화예술 공연 등을 관람하는 행동으로 전시회 관람, 박물관 관람, 음악연주회 관람, 전통예술공연 관람, 연극공연 관람, 무용공연 관람, 영화보기, 연예공연 관람을 말한다.

둘째, 문화예술참여활동은 문화예술 공연, 창작활동, 미술, 연주 등에 직접 참여하는 활동으로 문학행사 참여, 글짓기/독서 토론, 미술활동, 악기연주/노래교실, 전통예술 배우기, 사진 촬영, 춤/무용 등이다.

셋째, 스포츠관람활동은 농구, 야구, 축구, 복싱, 격투기 등 각종 경기를 관람(구경만)하는 활동으로 스포츠경기 직접관람, 스포츠경기 간접관람, 격투기경기 관람, 온라인게임경기 현장관람 등이 여기에 속한다.

넷째, 스포츠참여활동은 심신의 단련이나 교제를 목적으로 스포츠 활동에 실제 참여하는 경우로 농구/배구/야구/축구/족구, 테니스/스쿼시, 당구/포켓볼, 볼링/탁구, 골프, 수영, 윈드서핑/수상스키/스킨스쿠버다이빙/래프팅/요트, 스노보드/스키, 아이스스케이트, 아이스하키, 헬스(보디빌딩)/에어로빅, 요가/필라테스/태보, 배드민턴/줄넘기/맨손 · 스트레칭체조/훌라후프, 육상/조깅/속보, 격투기스포츠, 댄스스포츠, 사이클링/산악자전거, 인라인스케이트, 승마/암벽등반/철인삼종경기/서바이벌이 속한다.

다섯째, 관광활동은 즐거움을 목적으로 일상생활권을 일시적으로 떠나는 활동(상주목적이거나 영리 추구 목적은 제외)으로 낯선 지역의 풍경 · 풍습 · 문물 등을 보거나 체험해 보는 일을 일컬으며, 여기에는 문화유적 방문, 자연명승 및 풍경관람, 삼림욕, 국내캠핑, 해외여행, 소풍/야유회, 온천/해수욕, 유람선 타기, 테마파크 가기/놀이공원/동물원/식물원 가기, 지역축제 참가, 자동차 드라이브가 속한다.

여섯째, 취미 · 오락활동은 전문성보다는 자신의 흥미에 중점을 두고 자유 시간에 즐기는 다양한 활동으로 수집활동, 생활공예, 요리하기/다도, 애완동물 돌보기, 노래방 가기, 인테리어, 등산, 낚시, 미니홈피/블로그 관리, 인터넷 검색/채팅/UCC 제작/SNS, 게임, 보드게임/퍼즐 맞추기, 바둑/장기/체스, 겜블/복권구입, 쇼핑/외식, 음주, 독서(웹소설 포함), 만화보기(웹툰 포함), 미용, 어학 · 기술 · 자격증 취득 공부 · 학원 등 이용이 해당한다.

일곱째, 휴식은 일상생활에 피로해진 심신을 정상적인 상태로 회복하기 위하여 하는 기분전환활동으로 산책 및 걷기, 목욕/사우나/찜질방, 낮잠, TV 시청, 모바일 콘텐츠, 동영상, VOD 시청, 라디오 청취/팟캐스트 청취, 음악 감상, 신문/잡지 보기, 아무것도 안 하기이다.

여덟째, 사회 및 기타 활동은 봉사활동, 친구만남 등 사회공헌이나 사교를 목적으로 하지 않는 휴식 행위를 말하는 것으로, 사회봉사활동, 종교활동, 클럽/나이트/디스코/카바레 가기, 가족 및 친지방문, 잡담/통화/문자하기/문자 보내기, 계모임/동창회/사교(파티)모임, 친구만남/이성교제(데이트)/미팅/소개팅, 동호회 모임, 기타 여가활동을 말한다.

〈표 7-1〉 여가활동의 유형 구분

분류학자	분류기준	여가활동 종류
Compton, Edignton, Hason (1980)	참여의 양과 질	예술활동, 지적활동, 스포츠활동, 야외활동, 취미활동, 사교레크리에이션, 사회단체활동
Gordon, Gaitz, Scott (1976)	표현적 관여 정도	감각쾌락추구활동, 창의적 활동, 발전적 활동, 기분전환활동, 긴장해소활동
Lutzin (1973)	동기 및 표현 형태	신체적 활동, 사교적 활동, 문화적 활동, 자연적 활동, 정신적 활동
Makechine (1974)	동기 및 표현 형태	조작적 활동, 공작적 활동, 지적 활동, 일상적 활동, 스포츠활동, 매혹적 스포츠활동
Ragheb (1980)	참여의 타입과 양	사교활동, 야외활동, 스포츠활동, 문화활동, 취미활동, 대중매체활동
김종환 (1995)	동기 및 활동 내용	스포츠와 건강활동, 취미와 교양활동, 오락과 사교활동, 감상과 관람활동, 행락과 관광활동
김현기 (2007)	여가활동 내용	문화·예술활동, 스포츠·건강활동, 야외·관광활동, 취미·오락활동, 사회참여활동, 사이버활동, 평생학습활동, 휴식활동
한국문화관광연구원 (2007)	여가활동 내용	문화예술관람활동, 문화예술참여활동, 스포츠관람활동, 스포츠참여활동, 휴식활동, 관광활동, 취미·오락활동, 기타 사회활동
이진오 (2008)	여가활동 내용	스포츠활동, 취미 및 교양활동, 관람감상활동, 사교활동, 관광활동, PC/인터넷활동
문화체육관광부 (2016)	여가활동 내용	문화예술관람활동, 문화예술참여활동, 스포츠관람활동, 스포츠참여활동, 관광활동, 취미오락활동, 휴식
문화체육관광부 (2020)	여가활동 내용	문화예술관람활동, 문화예술참여활동, 스포츠관람활동, 스포츠참여활동, 관광활동, 취미·오락 활동, 휴식, 사회 및 기타 활동

출처: 천정웅 외(2014)를 토대로 추가 제시하였음.

(2) 청소년 여가의 특징

청소년은 다양한 여가활동을 통해 즐거움을 추구한다. 청소년여가는 개인주의적이고 자기표현적이라는 것과 현실만족주의적, 소비지향적, 영상세대적인 특성을 나타내고, 부모세대의 영향을 받으며 외부의 여러 요인이 제약으로 작용한다.

작금의 사회는 변화가 빠르고 더불어 사는 것이 약화되고 있다. YOLO(You Only Live Once: 인생은 한 번뿐이다)족이 사회의 한 트렌드로 자리 잡게 되면서 현재 자신의 행복을 가장 중시하고 소비하는 태도를 보인다. 욜로는 미래 또는 남을 위해 희생하지 않고 현재의 행복을 위해 소비하는 라이프 스타일로 지금 당장 삶의 질을 높여 줄 수 있는 취미생활, 자기계발 등에 돈을 아낌없이 쓴다. 이러한 현상은 청소년의 여가활동에도 나타난다.

첫째, 개인주의적이고 자기표현적이다. 사회 중심적인 가치관을 우선시하기보다는 개인의 삶과 가치가 중요하다고 여기며, 그것을 강화시켜 나가려는 경향이 있다. 그리고 개인적 취향, 개성에 따른 여가를 즐기는 경향으로 청소년여가의 다양화 모습을 보이고 있다. 각자가 원하는 취향과 개성이 다르기 때문에 혼자 또는 같이 자신이 원하는 바대로 즐길 수 있는 것이 무엇보다 중요한 가치가 되는 것이다.

둘째, 현실만족주의적이다. 미래를 위해 현재의 욕구를 뒤로 미루기보다는 현재의 행복을 추구하기 위해 여가를 선택하는 경향을 보인다. 청소년이 해야 할 것이 현재를 잘 살고 미래를 준비하는 것이라면, 현재의 행복이 먼저 추구되어야 한다. 그래야 미래도 잘 준비할 수 있기 때문이다. 그런 의미에서 현실만족주의적 특성은 청소년여가가 현실을 행복하게 해 주는 요소로 작용하여 청소년에게 긍정적인 영향을 미칠 수 있을 것이다.

셋째, 소비지향적이다. 청소년의 여가는 생산적인 활동에 참여하는 것이 아니라 시간과 돈을 들여 노는 형태가 대부분으로 소비지향적인 특성을 나타낸다.

넷째, 영상세대적이다. 감각추구성향과 감수성이 풍부한 청소년의 특성이 즉각적 재미를 추구하는 경향으로 나타난다.

다섯째, 청소년의 여가는 부모의 영향이 크다. 가족 간 여가를 통해 함께 공유된 여가가 청소년의 여가활동에도 영향을 미치는 것이다. 부모가 즐기는 여가에 청소년이 반복적으로 참여하면서 흥미를 느끼면 자신의 여가활동의 하나의 영역으로 자리 잡게 된다.

여섯째, 청소년이 여가를 즐기는 데 있어서 외부의 다수 요인이 제약으로 작용하는 경우가 있다. 여가활동에 대한 욕구가 있으나 그것이 사회적으로 용인되지 않은 경우, 돈이 부족한 경우, 여가활동의 공간이 적절히 않은 경우 등의 주변 요인의 제약과 충돌하는 경우가 다수 존재한다.

이러한 청소년의 여가가 갖는 특성은 청소년이 여가활동에 참여할 때 나타나며, 청소년이 여가를 긍정적으로 또는 부정적으로 경험하게 한다.

04 청소년 여가의 현황

1) 청소년의 시간 활용

2021년 청소년통계에 따르면, 2020년 초·중·고등학생이 평일에 자유롭게 활용할 수 있는 여가 시간은 2~3시간(23.3%), 1~2시간(19.8%), 5시간 이상(18.2%), 3~4시간(18.0%) 순으로 나타났다. 여가시간으로 2시간 미만을 활용하는 학생은 2016년(54.3%)보다 2020년(29.6%)으로 감소하고 있다. 학교급별 여가시간은 초등학생 5시간 이상, 중학생 2~3시간, 고등학생은 1~2시간의 여가시간을 갖는 학생이 가장 많아 학교급이 높을수록 평일 여가시간이 2시간 미만인 학생의 비중이 높았다((초등학교) 19.9% → (중학교) 27.9% → (고등학교) 40.6%).

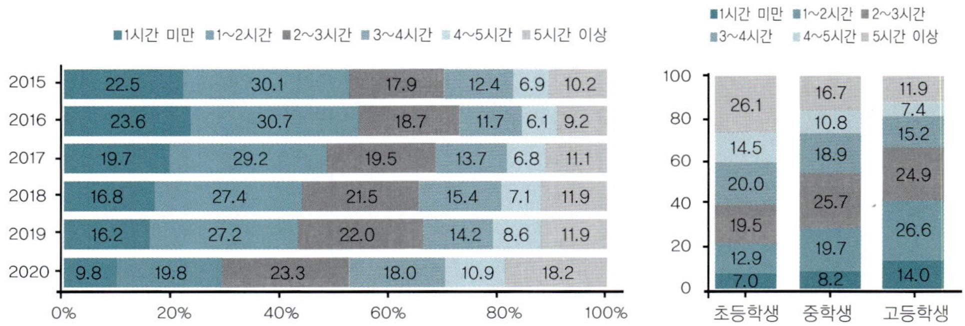

[그림 7-2] 청소년 여가활동 시간(연도별, 학교급별(2020)

자료: 한국청소년정책연구원 「아동청소년인권실태조사」
출처 : 통계청 · 여성가족부(2021).

〈표 7-2〉 여가활동 시간[1)]

(단위: %)

	1시간 미만	1~2시간	2~3시간	3~4시간	4~5시간	5시간 이상
2015	22.5	30.1	17.9	12.4	6.9	10.2
2016	23.6	30.7	18.7	11.7	6.1	9.2
2017	19.7	29.2	19.5	13.7	6.8	11.1
2018	16.8	27.4	21.5	15.4	7.1	11.9
2019	16.2	27.2	22.0	14.2	8.6	11.9
2020	9.8	19.8	23.3	18.0	10.9	18.2
남자	10.4	19.9	23.3	16.9	10.2	19.4
여자	9.3	19.8	23.4	19.1	11.6	16.9
초(4~6)	7.0	12.9	19.5	20.0	14.5	26.1
중	8.2	19.7	25.7	18.9	10.8	16.7
고	14.0	26.6	24.9	15.2	7.4	11.9

자료: 한국청소년정책연구원,「아동청소년인권실태조사」 초(4~6) · 중 · 고등학생 대상
주: 1) 평일 학생이 자유롭게 활용할 수 있는 하루 여가(자유)시간
출처 : 통계청 · 여성가족부(2021).

2) 청소년 여가활동 참여 실태[1)]

문화체육관광부(2020)의 연구를 중심으로 15~19세 청소년의 여가활동의 실태를 살펴보고자 한다. 이 조사는 15세 이상 국민을 대상으로 하였으므로, 청소년의 실태를 반영하고 있다.

여가활동 유형별 참여 실태는 2019년에 비해 스포츠 참여활동은 증가했지만, 문화예술 관람활동, 문화예술 참여활동, 스포츠 참여활동, 취미 · 오락활동, 휴식활동, 사회 및 기타활동은 감소하였다. 전반적으로 여가활동 참여가 감소하는 추세를 보였는데, 스포츠 관람활동은 28.8%로 2019년에 비해 3.4%p 증가하였고, 특히 스포츠 관람활동의 경우 비교적 큰 감소폭을 보였다. 이는 코로나19로 인한 영향으로 스포츠 경기가 이루어지지 않았을 뿐 아니라 경기가 진행되더라도 관중으로 참여하는 데 많은 제약이 있었기 때문으로 보인다.

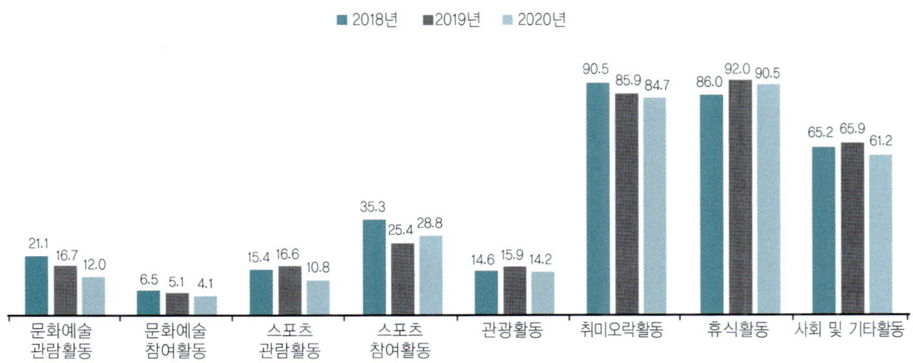

[그림 7-3] 가장 많이 참여한 유형별 여가활동 변화 추이(1+2+3+4+5순위) (단위:%)

1) 청소년 여가활동 참여 실태는 문화체육관광부(2020) 자료를 요약 정리하였다.

여가활동 상위 10 순위별 참여 실태의 변화를 보면, 가장 많이 한 여가활동의 유형으로는 'TV 시청'(67.6%), '산책 및 걷기'(41.3%), '인터넷 검색 등'(34.2%), '잡담/통화/문자 보내기'(33.0%) 등의 순으로 나타났고, 2019년 대비 '산책 및 걷기'와 '모바일 콘텐츠 시청'을 하는 비율은 소폭 증가한 반면, 대체로 전년 대비 감소한 경향을 보였다. 10순위에는 휴식활동이 가장 많이 포함되어 있었고, 사회 및 기타 활동, 취미 · 오락 순으로 나타났다. 우리나라 국민들이 가장 많이 참여한 여가활동은 3년 연속 TV 시청으로 나타났다.

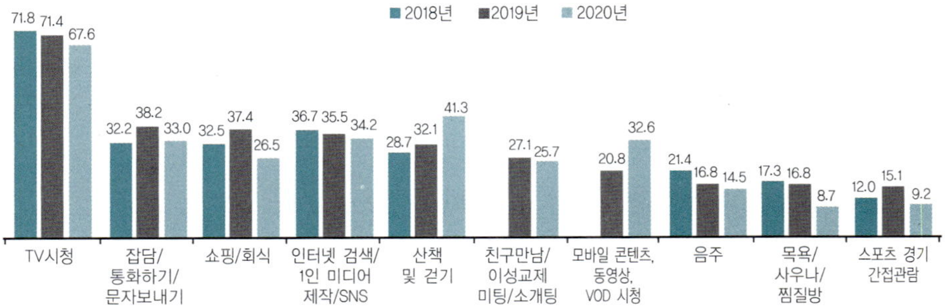

*친구만남/이성교제/미팅/소개팅의 경우 항목 국분 변경으로 전년과 비교하여 비율 차이가 많이 남. 정확한 비교를 위해 각 항목을 더하면 아래와 같음
–2018년 친구만남/동호회 27.7%, 이성교제/미팅/소개팅 4.7%로 총32.4%
–2019년 친구만남/이성교제/미팅/소개팅 27.1%, 동호회 1.2%로 총28.3%
–2020년 친구만남/이성교제/미팅/소개팅 25.7%, 동호회 모임 0.9%로 총 26.6%

[그림 7-4] 우리나라 국민의 주 여가활동(1+2+3+4+5순위) (단위: %)

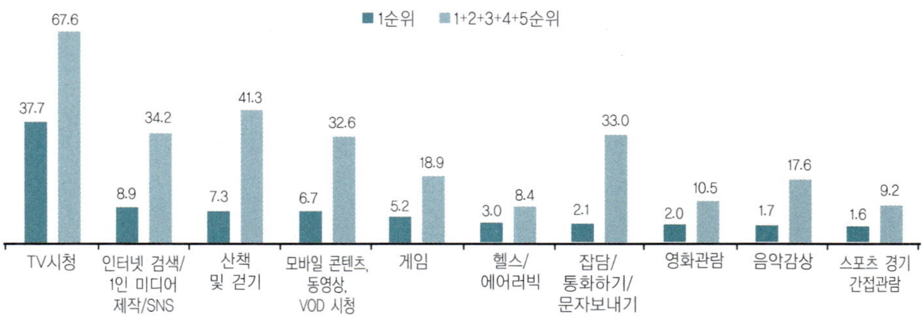

[그림 7-5] 우리나라 국민의 주 여가활동(복수응답) 상위 10개 (단위: %)

15~19세가 지난 1년 동안 가장 많이 참여한 여가활동은 게임(57.6%), 모바일 콘텐츠 시청(51.7%), 인터넷 검색(51.5%), 친구 만남(38.6%), 잡담/통화하기(38.3%), TV 시청(36.2%), 음악 감상(35.4%) 순으로 나타났다. 컴퓨터나 스마트폰으로 할 수 있는 게임, 모바일컨텐츠 시청, 인터넷 검색이 1, 2, 3순위를 나타낸 것은 보급률이 높을 뿐만 아니라 시대적인 상황이 비대면 접속의 시대로 변하기 때문이다.

〈표 7-3〉 지난 1년 동안 가장 많이 참여한 여가활동

(단위: %)

구분		TV시청	산책 및 걷기	인터넷 검색	잡담/통화하기	모바일컨텐츠시청	쇼핑/외식	친구만남	게임	음악감상	음주
전체		67.6	41.3	34.2	33.0	32.6	26.5	25.7	18.9	17.6	14.5
성별	남성	63.9	35.0	36.7	25.4	35.3	19.8	27.5	28.0	15.2	24.9
	여성	71.3	47.7	31.7	40.6	30.0	33.2	24.0	9.9	20.0	4.2
연령	15~19세	36.2	10.0	51.5	38.3	51.7	11.3	38.6	57.6	35.4	2.6
	20대	39.9	16.6	48.8	33.3	51.7	20.8	35.5	44.1	29.5	12.4
	30대	60.8	30.9	45.8	31.4	44.1	30.7	20.6	29.3	23.6	13.6
	40대	71.8	36.0	42.1	31.2	37.7	29.7	16.9	14.6	16.2	17.0
	50대	76.0	49.3	32.8	31.5	27.8	29.1	21.9	6.4	12.0	19.1
	60대	82.5	61.6	17.0	35.1	15.9	27.7	25.0	3.0	9.9	16.1
	70세 이상	89.3	72.6	2.9	34.7	4.2	25.0	34.4	0.7	6.7	10.8

(1) 평일과 휴일의 여가활동

평일 여가활동 중 가장 많이 평일에 참여한 여가활동은 잡담/통화/문자하기/문자 보내기(56.2%), 모바일 콘텐츠, 동영상, VOD시청(42.8%), 영화관람(36.0%), 친구 만남/이성교제/미팅/소개팅(34.4%), 스포츠 경기 간접관람(31.0%) 순으로 나타나 특별한 활동을 하지 않는 평일의 경우 잡담/통화/문자하기/문자 보내기를 하면서 여가를 보내고 있는 것을 알 수 있다.

또한, 평일에 참여한 유형별 여가활동에서는 휴식활동(99.1%), 취미 · 오락활동(98.2%), 사회 및 기타활동(94.7%) 순으로 나타났다. 청소년뿐 아니라 모든 연령대에서 휴식활동이 가장 많은 여가활동이었다.

〈표 7-4〉 평일에 참여한 여가활동(복수응답) 상위10개

(단위: %)

구분		TV 시청	잡담/통화/문자하기/문자보내기	스포츠 경기 간접 관람	영화 관람	친구만남/이성교제/미팅/소개팅	인터넷검색/1인 미디어 제작/SNS	산책 및 걷기	자동차 드라이브	모바일 컨텐츠, 동영상, VOD 시청	쇼핑/외식
전체		51.8	50.8	39.0	30.1	28.3	28.2	19.4	16.4	16.3	13.6
성별	남성	52.0	46.5	55.4	30.1	33.3	29.8	16.4	18.6	19.3	8.9
	여성	51.6	55.0	22.6	30.2	23.3	26.6	22.5	14.1	13.3	18.3
연령	15~19세	24.7	56.2	31.0	36.0	34.4	30.8	6.5	6.3	42.8	2.4
	20대	29.4	51.4	40.6	51.1	36.2	33.1	13.5	16.9	39.8	6.6
	30대	46.4	56.3	41.3	38.9	25.0	37.6	16.2	21.8	23.0	10.9
	40대	58.4	55.6	43.5	33.6	23.9	38.2	18.0	22.2	12.5	11.7
	50대	60.5	50.2	42.2	27.1	26.2	29.4	22.4	19.6	7.3	13.9
	60대	61.0	47.8	38.2	16.3	26.0	18.2	26.1	11.5	3.3	21.1
	70세 이상	65.6	37.4	26.7	5.1	32.3	3.2	26.9	4.9	0.8	24.7

〈표 7-5〉 평일에 참여한 유형별 여가활동(복수응답)

(단위: %)

구분		휴식활동	취미·오락 활동	사회 및 기타활동	관광활동	스포츠 참여활동	스포츠 관람활동	문화예술 관람활동	문화예술 참여활동
전체		98.9	94.3	93.4	50.5	48.4	43.7	37.7	17.5
성별	남성	98.7	94.3	92.3	48.5	53.3	62.2	36.0	15.4
	여성	99.1	94.2	94.6	52.5	43.5	25.4	39.4	19.6
연령	15~19세	99.1	98.2	94.7	36.3	57.1	39.9	45.4	30.2
	20대	99.0	97.7	94.7	49.3	60.9	50.4	60.6	24.3
	30대	98.5	95.6	92.1	53.3	53.4	47.7	48.7	20.4
	40대	98.6	95.4	92.3	54.8	51.5	47.9	42.1	17.1
	50대	99.1	93.8	94.1	53.2	46.1	45.4	33.6	15.1
	60대	98.7	92.5	94.1	51.6	40.6	40.2	22.6	13.0
	70세 이상	99.6	87.5	92.9	42.6	30.0	27.0	8.4	8.8

휴일에 가장 많이 참여한 여가활동은 영화관람이 68.1%로 가장 많았고, 그 뒤를 이어 친구 만남/이성교제/미팅/소개팅(56.4%), 모바일 콘텐츠, 동영상, VOD시청(40.3%) 순으로 나타났다.

또한, 휴일에 가장 많이 참여한 유형별 여가활동 유형으로는 휴식활동(98.7%),

취미 · 오락활동(98.1%), 사회 및 기타활동(96.4%), 문화예술 관람활동(76.9%), 관광활동(63.5%) 순으로 나타났다. 이를 통해 청소년은 휴식활동, 취미 · 오락활동 등의 다양한 활동을 하면서 휴일의 여가시간을 보내고 있음을 알 수 있다.

〈표 7-6〉 휴일 여가활동(복수응답) 상위 10개

(단위: %)

구분		영화 관람	TV 시청	친구만남/이성교제/미팅/소개팅	스포츠 경기 간접 관람	쇼핑/외식	산책 및 걷기	자연명승 및 풍경관람	잡담/통화/문자하기/문자보내기	가족 및 친지방문	모바일 컨텐츠, 동영상, VOD 시청
전체		46.2	39.3	36.3	35.9	30.0	22.8	22.0	18.4	17.8	14.4
성별	남성	48.0	38.9	40.9	49.2	22.7	20.9	21.3	16.1	16.6	17.5
	여성	44.3	39.7	31.6	22.6	37.2	24.7	22.6	20.7	19.0	11.2
연령	15~19세	68.1	23.8	56.4	30.9	13.8	8.4	13.5	27.5	6.4	40.3
	20대	68.1	23.0	55.7	35.2	22.2	15.2	19.0	18.5	10.6	34.8
	30대	60.4	35.5	37.2	36.9	35.1	23.1	19.8	18.3	23.0	17.1
	40대	54.8	41.8	31.1	38.7	33.0	25.5	22.0	19.2	23.2	12.0
	50대	44.4	42.4	31.2	40.4	26.9	26.2	25.5	17.7	18.6	7.1
	60대	22.0	46.9	27.3	36.6	31.4	26.6	26.5	17.1	16.2	3.1
	70세 이상	7.7	54.8	27.5	25.4	39.4	24.9	21.5	16.0	18.0	1.2

〈표 7-7〉 휴일 여가활동 유형(복수응답)

(단위: %)

구분		휴식활동	사회 및 기타활동	취미 · 오락활동	관광활동	문화예술 관람활동	스포츠 관람활동	스포츠 참여활동	문화예술 참여활동
전체		98.5	95.9	95.1	75.4	56.3	44.8	44.7	16.7
성별	남성	98.2	95.5	95.5	75.6	57.1	62.9	54.6	16.1
	여성	98.8	96.4	94.8	75.2	55.5	26.8	34.9	17.3
연령	15~19세	98.7	96.4	98.1	63.5	76.9	48.3	60.5	26.7
	20대	98.2	97.0	97.0	77.2	80.0	51.6	59.1	24.9
	30대	98.5	95.5	97.6	85.0	74.9	49.9	49.3	22.2
	40대	98.6	96.1	96.7	82.9	67.2	47.9	50.3	17.9
	50대	98.5	96.1	95.2	77.4	53.5	46.2	42.7	14.3
	60대	98.4	95.7	93.7	70.8	29.5	40.4	33.5	9.2
	70세 이상	98.6	94.8	87.3	56.6	11.5	26.1	21.3	5.2

(2) 스마트기기를 활용한 여가활동

청소년은 스마트기기 활용을 좋아하고 익숙한 세대로 여가시간에도 여전히 스마트폰과 함께하는 것을 좋아한다. 평일에 스마트기기를 이용한 여가시간은 평균 2.8시간, 휴일 여가시간 중 스마트기기 이용 시간은 3.6시간으로 다른 연령층에 비해 길게 나타났다.

〈표 7-8〉 스마트기기를 이용한 여가시간_평일

(단위: %)

구분		1시간 미만	1~2시간 미만	2~3시간 미만	3~4시간 미만	4시간 이상	평균 (시간)
전체		5.1	39.7	30.5	14.0	10.7	2.0
성별	남성	4.5	38.8	31.2	14.7	10.8	2.0
	여성	5.7	40.7	29.7	13.3	10.7	2.0
연령	15~19세	0.8	18.0	31.9	27.2	22.1	2.8
	20대	0.8	16.2	34.3	24.7	24.0	2.9
	30대	1.6	28.9	40.7	16.5	12.3	2.3
	40대	3.0	42.0	36.0	12.1	6.9	1.9
	50대	7.2	55.8	24.4	7.9	4.7	1.6
	60대	12.7	61.1	17.4	5.8	3.1	1.3
	70세 이상	18.9	59.3	12.9	4.1	4.8	1.4

〈표 7-9〉 스마트기기를 이용한 여가시간_휴일

(단위: %)

구분		1시간 미만	1~2시간 미만	2~3시간 미만	3~4시간 미만	4시간 이상	평균 (시간)
전체		4.2	33.2	29.3	16.3	17.0	2.3
성별	남성	3.7	31.3	29.6	16.9	18.4	2.4
	여성	4.7	35.2	28.9	15.7	15.5	2.3
연령	15~19세	0.2	7.0	26.1	25.2	41.5	3.6
	20대	0.6	9.4	26.9	26.8	36.3	3.5
	30대	1.0	22.7	36.4	20.8	19.2	2.6
	40대	2.7	34.8	36.9	13.7	11.8	2.1
	50대	5.8	49.1	26.8	11.5	6.8	1.7
	60대	10.5	57.8	20.5	7.7	3.5	1.4
	70세 이상	19.0	55.6	15.4	3.5	6.4	1.4

청소년이 스마트기기를 활용해 가장 많이 하는 여가활동으로는 게임(26.2%), SNS활동(18.4%), 웹서핑(11.8%), 인터넷방송 시청(11.6%) 순으로 나타났다. 연령층이 높아질수록 모바일 메신저를 이용하는 비율은 높아지고, 연령층이 낮아질수록 SNS활동과 게임을 하는 비율이 비교적 높았다.

〈표 7-10〉 스마트기기를 활용한 여가활동 유형 상위 10개

(스마트기기 활용자=8,847, 단위: %)

구분		웹서핑	모바일 메신저	SNS 활동	인터넷방송 시청	게임	음악 감상	드라마/영화보기	웹소설/웹툰 읽기	쇼핑	TV시청
전체		26.2	19.9	12.9	11.3	10.2	5.6	2.9	2.7	2.3	2.2
성별	남성	25.3	17.8	11.3	13.4	15.2	4.8	2.3	2.6	0.7	2.6
	여성	27.2	22.1	14.5	9.0	4.9	6.5	3.5	2.8	4.0	1.7
연령	15~19세	11.8	7.8	18.4	11.6	26.2	4.8	3.6	9.1	0.1	1.0
	20대	21.9	13.8	15.2	11.3	15.9	5.2	4.7	5.2	1.5	1.2
	30대	31.5	14.4	12.8	10.9	11.3	4.4	3.4	3.6	3.9	1.7
	40대	31.8	17.7	11.9	11.3	8.4	4.4	3.1	1.8	3.9	2.3
	50대	28.0	24.2	11.5	12.6	6.3	4.8	2.1	0.7	2.2	3.0
	60대	22.4	31.8	12.0	10.1	4.7	10.0	1.1	0.3	0.6	2.6
	70세 이상	19.1	37.2	9.8	10.0	3.2	10.2	0.4	-	0.8	3.1

(3) 여가활동 동반자

여가활동 동반자는 15세 이상 전체를 대상으로 봤을 때, '혼자서' 하는 비율이 2018, 2019년 대비 늘었고, '가족과 함께'는 2019년 대비 감소, '친구와 함께', '동호회 회원과 함께'는 소폭 증가, '직장동료와 함께'는 소폭 감소했다.

청소년의 경우 역시 혼자 여가활동을 즐기는 비율이 가장 높았고(74.0%), 가족보다는(6.1%) 친구와 함께(19.3%)하는 경우가 더 많았다. 혼자서의 비율은 다른 연령층에 비해 높고, 가족과 함께 즐기는 비율은 상대적으로 낮게 나타났다. 이는 시대상을 반영한 청소년 여가의 특성이 나타나 있고, 가족보다는 친구와 여가를 보내고 싶은 마음은 또래를 좋아하는 청소년기의 특성이 반영된 결과라 할 수 있다.

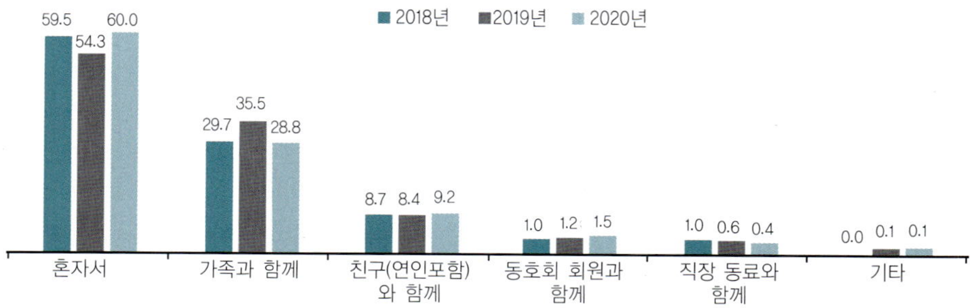

[그림 7-6] 여가활동 동반자 (단위:%)

〈표 7-11〉 여가활동 동반자

(단위: %)

구분		혼자서	가족과 함께	친구와 함께	동호회 회원과 함께	직장 동료와 함께	기타
전체		60.0	28.8	9.2	1.5	0.4	0.1
성별	남성	59.7	27.6	10.1	2.0	0.5	0.1
	여성	60.3	30.0	8.3	1.0	0.3	0.2
연령	15~19세	74.0	6.1	19.3	0.5	-	0.2
	20대	74.4	9.2	15.6	0.4	0.4	-
	30대	63.6	27.6	7.1	1.2	0.4	0.1
	40대	53.8	36.6	7.0	1.8	0.7	0.1
	50대	51.2	37.8	7.9	2.4	0.4	0.2
	60대	54.9	35.4	6.8	2.3	0.5	0.0
	70세 이상	59.6	31.6	7.4	0.7	0.1	0.6

05 놀이문화로서의 청소년 여가

청소년의 여가는 놀이문화이다. 여가는 특권층의 전유물이었다가 대중화되면서 우리나라에서는 향토축제, 전통놀이 등이 여가의 한 부분이었다. 앞의 실태에서도 청소년이 평일과 휴일에 취미오락활동을 하면서 여가시간을 보내는 것으로 나타났다.

과거에 청소년은 공기놀이, 딱지치기, 요요, 말뚝박기, 보드게임, 오락실, 라디오 청취 및 사연 보내기 등을 하면서 취미오락활동을 했다. 현재는 대부분의 청소년이 스마트기기를 사용하므로 스마트기기를 활용한 것이 많아지긴 했으나, 과거에 하던 놀이와 취미들이 그대로 남아 있다. 초등학교 교실에서는 딱지치기와 공기놀이가 여전히 성행하고, 보드게임을 하는 청소년도 꽤 있고, 오락실과 PC방에서 시간을 보내는 청소년도 많다.

[그림 7-7] 청소년의 놀이문화

청소년의 여가활동을 방해하는 것으로는 시간 부족과 경제적 부담, 여가시설 부족을 들 수 있다. 입시 위주의 교육환경은 청소년이 여가시간을 확보하는 데 방해가 되고, 저렴한 가격에 놀 수 있는 여가 공간이 부족해서 여가활동을 즐기지 못한다.

청소년이 여가활동에 참여했을 때 얻는 긍정적인 효과는 많다. 스트레스 해소, 학교생활 만족도 상승, 좋아하는 취미활동을 통해 진로 결정의 방향성 잡기 등이 가능한데, 사회적인 여건이 제대로 뒷받침해 주지 못한 실정이다. 청소년이 건전한 놀이문화를 형성하여 현재를 행복하게 잘 살 수 있게 하기 위해서는 가정과 학교, 지역사회 및 국가의 노력이 필요하다.

첫째, 가정에서는 가족여가를 즐길 수 있는 여건을 마련해야 한다. 청소년여가는 부모의 영향을 많이 받는다. 가정에서 부모와 함께하는 여가를 통해 청소년의 여가문화의 가치, 인식, 내용 등이 형성되므로 가족여가와 놀이를 다양화하여 참여할 수 있도록 해야 한다.

둘째, 학교에서는 건전한 여가문화 조성에 힘써야 한다. 학교에서 청소년이 추구해 나가야 하는 것이 놀이문화이다. 그것은 동아리활동으로 가능하다. 청소년이 자발적으로 만들고 참여하여 주도적인 활동을 해 나갈 수 있는 동아리활동의 지원이 필요하다.

셋째, 지역사회와 국가에서는 범국민적으로 놀이에 대한 중요성을 인식할 수 있는 홍보를 하고, 질 좋은 여가프로그램, 놀이프로그램을 개발하여 보급하며, 다양한 여가시설을 제공하여 청소년이 저렴하게 이용할 수 공간을 확보하는 것이 필요하다.

청소년이 일상생활에서 여가를 보다 건강하게 즐기고 참여하며 진정한 행복을 추구하며 자신을 표현해 나갈 수 있어야 한다.

C · H · A · P · T · E · R 08

청소년의 관계문화

청소년의 관계문화 파악은 관계성을 이해하는 그들의 인식 수준과 사고력에 대한 접근이다. 즉, 의미 없는 관계 구성은 없듯이 청소년의 관계에 대한 가치와 의식, 그리고 이러한 관계가 단절되었을 때의 문제점이 청소년에게 어떠한 영향을 주는지 파악해 보는 노력이 필요하다. 따라서 청소년의 관계가 문화 형태로 나타났을 때의 형식과 비형식적 구도를 이해하는 노력은 관계문화 이해에서 필수이다.

첫 번째로 가치기준의 명시가 중요하며, 두 번째는 그곳에서 어떠한 의식의 형성이 이루어지는지 파악해야 한다. 세 번째는 의식화가 집단적으로 나타나게 되는 배경과 특성은 무엇인지를 분석해 낼 수 있어야 한다.

청소년의 관계문화는 여러 인간관계에서 나타나는데, 특히 이 시기의 또래는 청소년에게 지대한 영향을 미친다. 또래와의 관계를 어떻게 맺느냐에 따라 청소년 삶의 풍요와 궁핍이 결정되며, 또래문화를 통해 집단정체성을 갖게 되어 그 집단정체성이 청소년 개인의 자아정체감 형성에 기반이 되므로 청소년의 관계는 중요하다.

이성과의 관계맺기도 청소년의 현재와 미래의 삶에 영향이 지대하므로 청소년기 성적 호기심의 발현인 이성교제를 관계맺기의 중요한 부분으로 이해해야 한다.

01 또래관계의 특성

또래는 "나이나 수준이 서로 비슷한 무리, 생김새나 됨됨이 또는 크기 따위가 같거나 비슷한 것"으로(네이버 국어사전), 비슷한 연령이나 비슷한 성숙 수준에 있는 무리이다. 또래집단이란 같은 지역이나 공동체에서 생활하는 비슷한 나이의 구성원들이 주로 놀이를 중심으로 형성한 집단이다. 또래집단의 특성을 통해 또래관계에 대해 정리하면 다음과 같다.

1) 자발적 형성

또래관계는 놀이 중심으로 만들어진다. 청소년뿐만 아니라 성인도 비슷한 사업을 하거나, 비슷한 취미를 가지거나, 비슷한 지위에 있거나, 비슷한 생각을 하는 사람들이 자연적으로 형성되는 놀이집단이 있다. 집단의 형태는 연령, 생리적 · 심리적 성숙도에 따라 다르지만, 각각의 집단이 자발적으로 형성되는 공통점이 있다. 청소년 또래는 같은 관심거리를 가진 친구들과 몇 번의 어울림을 통해 자연스럽게 연대감을 얻게 되고 하나의 집단을 형성하여 지속하는 경향성을 가진다.

2) 상호협의의 평등한 관계

청소년기는 가족의 관계보다 또래와의 관계를 더 선호하는 시기로 친구 간의 친밀도가 증대된다. 부모와 자녀는 수직적인 관계이고, 관계의 주도자가 부모인 반면, 또래와의 관계는 강압적이지 않고, 비판적이지 않으며, 서로를 지지해 주는 평등한 관계이다. 물론, 힘이 세거나 육체적으로 강하고, 정신적으로 지배욕이 있는 청소년이 어느 정도 다른 청소년을 지배하는 경향은 있다. 그러나 또래 관계는 상호 협의의 기반 위에서 성립하는 것이므로 서열이 있다 하더라도 평등하다 볼 수 있고, 서로 주고받는 것이 존재한다.

3) 안정화된 관계

청소년기 이전 아동의 관계맺기는 놀이가 가장 큰 구심점이 되므로 관심이 변화되거나 이사를 가거나 반이 바뀌는 경우 쉽게 관계에서 멀어지게 되지만, 청소년기의 또래관계는 정서적인 특성, 다시 말해 충성도, 신뢰도, 비밀을 나눌 수 있는 정도 등이 더 큰 기준으로 작용한다. 또한, 고유한 안정감과 지지를 부여하여 청소년의 불확실한 자아의식에 편안함을 제공해 준다. 그러므로 정서적인 지지를 나눌 수 있는 중요한 의미가 또래 안에 있어 안정적이고 친밀하며 지지적인 관계로 발전된다.

4) 사회화를 통한 인간관계 형성

청소년은 또래관계를 통해 기대해야 할 것과 기대하지 말아야 할 것을 배운다. 여러 형태의 집단에 참여하면서 협동과 상호성 등을 알게 되며, 여러 가지 사회생활을 경험하게 된다. 같이 기분 좋게 놀기도 하고, 그러다 의견이 맞지 않아 다투거나, 다툼을 조율하고 해결해 나가면서 다양한 사회화를 경험한다. 특히, 성적 호기심이 많아지므로 이성관계에서 이성과 어떻게 교류해야 하는지를 배운다. 또한, 통합적인 인간관계를 통해 행동의 방향성을 결정해 나간다.

5) 준거로서의 역할 제공

사람은 다른 사람과 자신을 비교하여 자신이 평가받기를 원한다. 그런 욕구가 준거집단의 필요성을 만든다. 특히, 청소년은 자신의 경험과 행동을 판단할 수 있는 또래 준거집단이 필요한데 친구를 통해 행동규범과 가치를 발달시켜 나간다. 나를 보고 친구를 판단할 수 있고, 친구를 통해 나를 볼 수 있다. 자신을 판단하는 기준을 또래관계에서 찾을 수 있는 것이다.

02 또래문화의 내용

1) 서열화

또래문화 안에서 나타나는 하나의 현상은 서열화이다. 성적이라는 공식적인 서열화가 아닌 그것을 모방한 다른 서열을 만든다. 또래집단 자체의 특성은 평등한 관계이지만, 그 안에 작은 서열을 정하여 짱문화, 일진문화를 만들어 내기도 한다. 공부 영역에서는 최우등생을 정점으로 등수에 따라 우등생, 열등생이 서열화되어 있고, 비공식 영역에서도 짱, 귀족, 평민, 찐따, 종 따위로 서열화되어 있다.

(1) 서열화의 배경 및 실태

청소년문화에 서열화가 이루어진 것은 우리나라에 면면히 흐르는 것이 청소년에게 영향을 주는 것으로 보인다. 1960년대 이후 서양을 따라잡겠다는 추격산업화에 매진해 성공하면서 경제적 준선진국, 절대적 풍요의 사회, 근대적인 자본주의의 시장경제로 변화되면서 더욱 수직서열화의 사회로 가게 되었다. 경제적 부가 증대되면서 상류층과 하류층이 분화되었고, 거대한 독점재벌과 중소기업, 영세 자영업자들, 고소득층과 저소득층, 거대자산가와 빈곤층의 분화로 이어졌다. 그래서 직업, 소득, 자산, 매출, 지역, 계급 계층, 고용 등 모든 측면에서 수직서열화의 사회로 바뀌어 갔다. 그것이 고착화되고 세대 간 재생산되어 세대를 넘어 대물림되고 있는 것이다. 이것이 가정과 학교 그리고 청소년 관계문화 안에서도 나타난다.

성적에 대한 서열화는 청소년 또래관계에서의 서열화로 나타난다. 성적에서 짱이 되지 못한 아이들은 폭력이나 왕따 등 청소년의 좋지 않은 문화에서 짱을 하면서 만족감을 얻기도 한다.

서열화는 학교 안에서 패거리 집단이 만들어지면서 더 확실해지는 경향이 있다. 그 집단에는 학구파, 들러리 집단, 노는 애 집단이 있다. 김영철(1998)은 한 개 반에 존재하는 또래집단을 다섯 그룹으로 나누고 계급이란 용어를 사용했다. 공부 잘하고 가정배경 좋은 귀족, 성적이 상위권인 왕당파, 공부에 압박을 느끼며 신나는 일을 찾는 소문에 떠도는 아이들, 싸움 잘하고 패션과 노는 일에 열중하는 노는 애들, 마지막 계급으로 아이들의 놀림감이 되기 쉽고 때로 노는 애들의 심부름을 해 주기도 하는 소로 분류했다. 또한, 이혜정(1989)은 우리나라 중학교에서 노는 아이들 집단이 존재하는가? 라는 질문에 답하기 위해 노는 애들의 생활을 직접 살펴보고 중학교에서 노는 애들로 불리는 일군의 아이들을 대상으로 문화기술지 연구를 했다. 노는 애들로 불리는 아이들은 노는 애들로서의 정체성을 확립하고 밤늦게까지 돌아다니더라도 하루 생활이 다른 아이들과 크게 다르지 않다고 분석했다. 이 아이들은 방과 후에 먹기, 사기, 놀기, 싸움하기의 활동을 하면서 시간을 보내는 것으로 파악했다. 그러면서 중학생의 노는 아이 세계로의 입문은 단순한 호기심과 학교생활에 대한 불만을 보상받을 수 있는 통로로써 일련의 행동을 하는 것이라고 했다.

정지원(2014)은 놀이 하위문화와 패거리 효과를 중심으로 학교폭력을 유발하는 메커니즘을 연구하면서 청소년의 노는 애와 일진은 또래와 무리짓기를 통해 권력을 갖게 되고 그것이 다른 청소년들에게 위협으로 느껴지게 된다고 하였다. 한 여학생은 중학교 때 7~8명이 단짝으로 다녔는데, 자기들이 걸어가면 아이들이 홍해처럼 쫙 갈라지며 길을 터주는 것이 권력처럼 느껴져 으쓱했다고 한다. 소풍 갈 때도 버스 맨 뒷자리에 쫙 앉아 있어서 여러 명으로 이루어진 한 무리가 힘을 발휘해 새로운 서열을 형성하고 그것이 다른 친구들에게 위협으로 느껴지게 된다. 무리 지어 다니는 청소년들 사이에는 늘 대장이 있게 마련이고 대장의 영향을 많이 받는다. 친한 친구들 서너 명이 어울려 놀기도 하지만 노는 애들은 친구의 친구들과도 어울려 폭넓은 교제를 한다. 매우 친한 친구가 일정 수준 이상으로 많아지면 친밀한 친구관계가 갖는 사회적 지지 기능 이외에도 집합적 비행 가능성이 발생할 수 있다는 것이다.

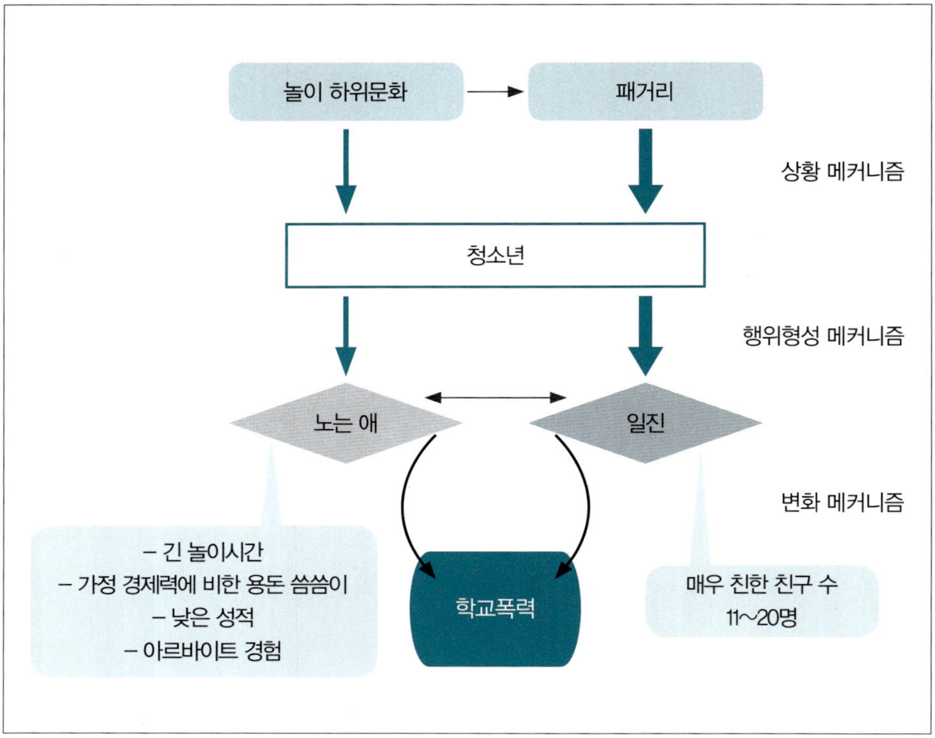

[그림 8-1] 학교폭력을 유발하는 메커니즘 분석틀

출처: 정지원(2014).

(2) 서열화를 넘어 화합으로

청소년 또래집단이 분리되고 그 분리를 통해 다른 영역의 힘을 발휘하면서 발생하는 여러 가지가 청소년문화의 부정적인 양상을 만들어 내기도 한다. 이러한 상황에서 위협적인 또래집단이 되어 문제를 양산하지 않기 위해서는 공부와 노는 것을 정반대의 의미로 받아들여 각각의 집단이 다른 집단으로 나름의 서열을 가지고 접근하지 않도록 노는 것과 공부가 대립적인 것이 아닌 보완적인 것으로 생각하고 접근하는 노력이 필요하다(이동진, 2003). 학교는 공부만 하는 곳이 아닌 노는 곳이기도 해야 한다. 노는 것도 배움의 한 과정으로 인정하고 노는 애들이 학교 안에서 새로운 정당성을 부여받고 일진문화를 형성하지 않도록 도와야 한다.

그 방법으로 학교 안에 동아리활동을 활성화시키는 것이 필요하다. 비슷한 부류끼리의 집단화는 또래문화에 중요한 부분이지만, 그 또래집단을 동아리 안에서 새로운 화합을 할 수 있도록 하는 것이다. 노는 것과 공부하는 것의 이분법적인 분리를 통한 서열화가 아닌 관심영역의 활동을 통한 모임으로 진정한 또래문화를 만들어 갈 수 있을 것이다.

2) 이성교제

청소년이 또래관계를 맺는 또 하나의 형태는 이성이다. 청소년은 이성과 관계를 맺으며 성장해 나가므로 청소년의 이성교제는 성인이 되기 위해 필수적으로 거쳐야 하는 사회성의 학습과정 중 하나이다.

(1) 청소년 이성교제의 특징 및 기능

이성교제는 애정과 연애만을 말하는 것이 아니라 동성이 아닌 다른 성과 만나고 친밀한 관계를 맺고, 그 관계를 유지하는 모든 과정을 말한다. 어떤 의미에서는 우정관계의 발전이 이성교제로 이어질 수 있고, 우정관계의 조건이 이성교제의 조건과 별반 차이가 없다. 우정관계는 유사성, 상호성, 양립 가능성, 구조화, 역할모델이라는 특성을 갖는데, 이성교제는 우정관계가 가지는 특성에 상호의존관계, 영속적인 관계, 배타적인 관계, 사회적 규범의 비중이 높은 관계라는 특성이 더해진다.

가까운 친구가 되기 위해서는 첫째, 비슷해야 한다. 친구끼리는 어딘가 닮은 구석이 있다. 흥미, 행동 방식, 성격, 외모 등 서로 비슷한 것이 있어야 친밀해진다. 둘째, 상호성으로 무엇인가 서로 교환을 한다. 생각과 감정의 교류가 있어야 하고, 필요할 때 서로에게 도움이 되어야 한다. 셋째, 양립 가능성이다. 친구의 손해가 나의 이익이 되는 것이 아니라 서로 윈-윈할 수 있는 관계여야 한다. 원하는 것이 같은데 하나라거나 인정할 수 없는 어떤 생각이나 태도나 행동이 있다면 둘은 친구가 되기 어렵다. 넷째, 구조화이다. 주변 환경이 관계를 지원하고 유도해야 한다. 가까이 산다거나 가족끼리 친하다거나 하는 등이다. 다섯째, 역할모델의 차원이다. 친구는 서로 닮아가는 경향이 나타난다. 친구의 생각이나 태도, 행동 방식 등을 통해 배우고 깨달으며 영향을 받게 된다.

이러한 우정관계에서의 특징과 더불어 이성교제는 다른 관계적 특성이 있다.

첫째, 깊은 상호의존관계이다. 친구보다는 연인에게 더 깊이 의존하게 된다. 이성교제는 깊은 의존관계로 들어가게 되는 경향이 있다.

둘째, 영속적인 관계이다. 비록 오래 지속되지 않더라도 기본 전제는 연애관계는 끝나지 않을 것이라는 것이다. 즉, 이성교제를 시작하면서 종료의 시점을 정하지 않는다.

셋째, 배타적인 관계이다. 이성교제는 오직 한 사람을 대상으로 한다. 이 조건이 이행되지 않으면 연애 관계 자체가 유지되지 않는다.

넷째, 개인의 자유재량보다 사회적 규범의 비중이 높은 관계이다. 사회마다 약간의 차이는 있겠지만, 사회적 규범이 더 엄격하고 구체적이어서 교제를 한다는 것은 약혼과 결혼을 전제로 하기 때문에 사회적 규범과의 충돌 가능성도 커진다.

이러한 이성교제가 가지는 기능을 살펴보면 다음과 같다(이명신 · 곽종형, 2016).

첫째, 오락적 기능이 있다. 이성교제를 통해 여가를 즐기고 자신의 욕구를 충족시키며 자기생활에 흥미와 만족을 느끼게 된다.

둘째, 또래 간의 인기를 통해 성취감을 느낀다. 이성 친구가 있는 것, 이성 친구의 근사한 용모를 통해 스스로가 우쭐해지며 자아존중감이 향상된다.

셋째, 이성교제를 통해 자신의 장단점을 알게 되고 자기반성을 통해 건전한 인격 형성에 도움을 받을 수 있다.

넷째, 이성교제를 통해 다른 사람과 어울리는 법과 예의범절, 사회적 기술들을 터득한다. 즉, 사회화를 경험하게 한다.

다섯째, 이성 간의 의미 있는 관계를 가지면서 친밀감을 형성하는 법을 배우게 된다. 서로를 소중하게 여기는 법, 마음을 표현하는 법, 마음을 받아들이는 법 등을 자연스럽게 관계 안에서 터득하게 된다.

여섯째, 나와 다른 성적 탐구를 할 수 있다. 이성에 대한 경험으로 자연스럽게 성기능, 성가치, 성역할 등을 배워 나가게 된다.

일곱째, 같은 활동을 하고 상호작용을 함으로써 동반자 역할을 익히게 된다. 서로에 대한 강한 유대감을 형성할 수 있다.

여덟째, 이성교제의 경험을 통해 자신이 누구인지를 발견하게 된다. 자아정체감 발달에 기여한다.

아홉째, 배우자 선택의 기회로 활용된다.

(2) 청소년 이성교제의 실태

청소년은 이성관계를 통해 자신을 알아간다. 이 시기에는 성적 기능이 가능하고 이성에 대한 관심이 강해지면서 이성교제에 대한 욕구가 자연스럽게 일어난다. 청소년의 이성교제는 심리·사회적 측면에서 긍정적인 영향을 준다. 사회적 관계를 확대시켜 나가면서 청소년기의 자아중심성을 극복할 기회를 제공해 주고, 유능성과 사회인지 발달에 도움을 준다. 또한, 서로에게 보내는 지지로 정서적 지원과 안정, 보호의 자원을 제공해 주며, 그 안에서 자신을 발견하게 된다. 그리고 미래 배우자 선택에도 긍정적인 영향을 준다. 경험을 통해 자신에게 맞는 배우자를 선택할 수 있고, 사랑의 본질과 기쁨을 알아가며 서로의 개성과 인격을 존중하는 법을 익히므로 배우자 선택이나 결혼생활을 원만히 해 나갈 자질 향상에 도움을 줄 수 있다. 그런데 요즘 성에 대한 개방화로 인해 청소년 이성교제에 브레이크 없는 성행동이 나타나 청소년 이성교제에 대한 긍정적인 측면보다는 부정적인 측면이 강조되고 있다.

〈표 8-1〉 중학생의 연애 경험 유무

(단위: 명, %, 세)

구분		명	응답 비율			
			연애경험		명	첫 연애 연령
			있다	χ^2		평균
전체		4,065	49.2		1,999	11.6
성별	여성	1,954	52.2	14,085	1,021	11.7
	남성	2,111	46.4		978	11.6
학년	1학년	1,268	51.6	13,508	655	11.2
	2학년	1,369	51.0		698	11.6
	3학년	1,428	45.3		647	12.1
학교 유형	여학교	375	44.3	13,775	166	11.6
	남학교	818	45.6		373	11.3
	공학-분리	481	47.4		228	11.8
	공학-합반	2,391	51.5		1,232	11.7

출처: 한국여성정책연구원(2018).

청소년의 연애경험은 조사에 참여한 4,065명의 학생 중 연애경험이 있는 학생은 49.2%로, 절반 정도가 연애경험이 있는 것으로 나타났다. 여학생이 52.2%로 남학생(46.4%)보다 많았고, 첫 연애 연령은 평균 11.6세였다.

연애경험이 있다고 응답한 1,999명의 학생들 중 21.4%는 현재 연애 중이며, 연애 상대의 나이는 평균 14.4세로 나타났다.

〈표 8-2〉 현재 연애 경험 여부

(단위: 명, %, 세)

구분		명	응답 비율						
			현재 연애경험		명	상대 나이	상대 성별		
			있다	χ^2		평균	남	여	모름/무응답
전체		1,999	21.4		428	14.4	52.7	45.9	1.4
성별	여성	1,021	24.7	12.746	252	14.6	86.7	12.1	1.2
	남성	978	18.0		176	14.1	4.1	94.2	1.7
학년	1학년	655	19.8	6.192	130	13.3	52.7	47.3	0.0
	2학년	698	19.8		138	14.3	49.3	49.7	1.0
	3학년	647	24.8		160	15.3	55.7	41.4	2.9
학교 유형	여학교	166	15.5	17.663	26	14.5	91.4	8.6	0.0
	남학교	373	14.9		55	13.9	0.0	97.2	2.8
	공학-분리	228	21.5		49	14.6	53.2	46.8	0.0
	공학-합반	1,232	24.1		297	14.4	59.1	39.4	1.5

출처: 한국여성정책연구원(2018).

과거 또는 현재 연애경험이 있다고 응답한 학생들 가운데 67.1%는 스킨십을 경험해 본 적이 있는 것으로 나타났다. 성별로는 여학생(69.5%)이 남학생(64.7%)보다 많았고, 학년이 높아질수록 스킨십 경험 비율은 높아지는 것으로 나타났다. 학교 유형으로는 남학교가 69.5%로 가장 높고, 여학교가 가장 낮아(58.4%) 성별에 따라 차이가 나타났다.

〈표 8-3〉 스킨십 경험

(단위: 명, %)

구분		명	응답 비율		
			있다	없다	χ^2
전체		1,999	67.1	32.9	
성별	여성	1,021	69.5	30.5	5.318
	남성	978	64.7	35.3	
학년	1학년	655	59.6	40.4	26.234
	2학년	698	69.5	30.5	
	3학년	647	72.2	27.8	
학교 유형	여학교	166	58.4	41.6	11.421
	남학교	373	69.5	30.5	
	공학-분리	228	61.4	38.6	
	공학-합반	1,232	68.7	31.3	

출처: 한국여성정책연구원(2018).

과거 또는 현재의 연애 상대와 스킨십 경험이 있다고 응답한 학생들은 경험해본 스킨십 유형에 대해 손잡기(96.7%), 포옹(64.6%), 팔짱끼기(60.0%), 백허그(46.1%), 머리나 어깨, 허리, 등을 쓰다듬기(42.9%), 볼 뽀뽀(35.1%), 가벼운 입맞춤(29.1%), 같이 누워있기(14.3%), 허리 만지기(13.0%), 진한 키스(9.6%), 가슴 만지기(5.1%), 성기 만기지(3.2%), 성관계(1.9%) 순으로 응답했다. 진한 키스, 가슴 만지기, 성기 만지기, 성관계와 같은 스킨십 경험은 여학생과 여학교보다 남학생, 남학교에서 더 높게 나타났다.

〈표 8-4〉 경험해 본 스킨십 유형(복수응답)

(단위: 명, %)

구분		명	응답 비율												
			①	②	③	④	⑤	⑥	⑦	⑧	⑨	⑩	⑪	⑫	⑬
전체		**1,342**	**96.7**	**64.6**	**60.0**	**46.1**	**42.9**	**35.1**	**29.1**	**14.3**	**13.0**	**9.6**	**5.1**	**3.2**	**1.9**
성별	여성	710	96.5	66.6	60.0	47.8	45.9	37.0	30.3	14.5	15.0	9.4	4.6	3.1	1.7
	남성	633	96.9	62.3	60.1	44.3	39.5	33.0	27.7	14.1	10.7	9.8	5.6	3.3	2.1
학년	1학년	390	95.8	56.7	53.9	42.6	40.0	27.2	17.7	9.4	7.9	3.9	2.6	0.8	0.8
	2학년	485	97.2	64.9	59.2	47.1	43.5	33.2	27.5	12.9	11.5	8.8	4.0	3.0	2.2
	3학년	467	96.9	70.8	66.1	48.0	44.5	43.8	40.3	19.8	18.8	15.2	8.2	5.3	2.6
학교 유형	여학교	97	99.0	59.3	60.3	49.5	36.7	36.7	28.8	12.6	14.6	9.1	2.2	1.0	1.0
	남학교	259	96.4	66.6	64.0	47.2	45.4	38.9	30.3	18.4	13.5	12.2	7.4	4.2	3.1
	공학-분리	140	96.0	66.4	57.4	42.2	39.1	35.2	35.6	21.7	15.4	11.4	5.2	2.5	1.1
	공학-합반	846	96.6	64.3	59.2	46.0	43.4	33.8	27.7	12.0	12.3	8.6	4.7	3.3	1.8

주 : ① 손잡기, ② 포옹, ③ 팔짱끼기, ④ 백허그, ⑤ 머리나 어깨, 허리, 등을 쓰다듬기, ⑥ 볼 뽀뽀, ⑦ 가벼운 입맞춤, ⑧ 같이 누워있기, ⑨ 허리 만지기, ⑩ 진한 키스, ⑪ 가슴만지기, ⑫ 성기 만지기, ⑬ 성관계

출처: 한국여성정책연구원(2018).

이성교제를 하는 청소년은 성행동까지 자연스럽게 이어졌다. 청소년의 이성교제에는 긍정적인 부분이 많지만, 성행동으로 이어질 때 관계에서 오는 불편을 감수해야 하므로 올바른 이성교제를 할 수 있도록 도와주는 것이 필요하다.

(3) 청소년 이성교제의 방향성

청소년기의 자연스러운 현상인 이성교제를 통해서 청소년은 성장하고 자신에 대한 자아개념을 형성하며, 자아중심성에서 벗어나 대인관계를 향상시켜 나간다. 그러면 이성교제를 통한 관계문화를 긍정적으로 만들어 가기 위해 어떤 노력이 필요할까?

첫째, 청소년의 욕구에 맞는 이성에 대한 생각, 성에 대한 생각을 파악하고 필요한 교육을 제공하여 스스로의 가치관을 키워나가도록 돕는 것이 필요하다.

청소년성교육 수요조사(2019)에서 학교 성교육 내용에 있어서 '사춘기의 신체적

변화'내용이 다루어졌으면 한다는 응답이 27.7%였다. '성폭력'에 대해서는 17.2%, '안전하고 건강한 성관계 방법'에 대해서는 15.1%로 나타나 이들 세 가지에 대한 요구가 전체의 60.0%였고, 페미니즘 7.1&, 피임 6.2%, 성적 권리의 이해 5.1%, 청소년 성에 대한 법제도 4.5% 등의 내용이 성교육에서 다루어지기를 원한다고 응답하였다. 여학생은 성폭력에 대한 교육이 성교육에서 다루어지기를 원했는데, 이는 성폭력 및 데이트 폭력 등 여성에 대한 폭력과 임신 예방, 성적권리에 대한 내용이 성교육에 강조되기를 원하는 것으로 보인다.

〈표 8-5〉 학교 성교육 내용에 대한 기대

(단위: %, 명)

구분		①	②	③	④	⑤	⑥	⑦	⑧	⑨	⑩	⑪	⑫	⑬	⑭	⑮	계
1 순위	**전체**	**27.7**	**15.1**	**17.2**	**2.9**	**4.5**	**2.6**	**2.2**	**2.6**	**6.2**	**0.8**	**5.1**	**7.1**	**2.4**	**1.6**	**0.6**	**4,065**
	여성	18.4	15.0	17.7	3.8	4.6	4.3	2.4	2.7	7.8	0.7	6.5	9.4	2.5	2.6	0.4	1,954
	남성	35.3	15.2	16.6	2.0	4.4	1.0	2.0	2.5	4.8	0.9	3.8	4.9	2.2	0.6	0.7	2,111
	χ^2	263,790															
중복 응답	**전체**	**41.4**	**42.9**	**41.6**	**18.0**	**18.5**	**11.6**	**13.2**	**16.0**	**21.0**	**6.4**	**19.9**	**19.8**	**13.7**	**11.7**	**1.2**	**4,065**
	여성	29.9	39.4	38.9	19.6	17.6	16.6	11.8	13.6	23.3	6.5	21.6	25.8	15.4	17.0	0.9	1,954
	남성	52.2	46.2	44.0	16.5	19.3	6.9	14.6	18.2	18.7	6.3	18.3	14.2	12.1	6.7	1.4	2,111

주 : ① 사춘기의 신체적 변화, ② 안전하고 건강한 성관계 방법, ③ 성폭력, ④ 성문제가 있을 때 도움 받을 수 있는 기관, ⑤ 청소년 성에 관한 법제도, ⑥ 성정체성이나 성적지향 , ⑦ 성매매, ⑧ 스킨십 의사나 성적 욕망 표현 방법, ⑨ 피임, ⑩ 성매매 감염증, ⑪ 성적 권리의 이해, ⑫ 페미니즘, ⑬ 임신출산, ⑭ 데이트 폭력, ⑮ 기타

출처: 한국여성정책연구원(2018).

이런 욕구에 맞게 실질적으로 그들에게 필요한 이성관계에서 알아야 할 것을 준비할 수 있도록 해야 한다.

둘째, 이성교제를 넓은 의미에서의 대인관계로 파악해 청소년에게 대인관계능력을 기르도록 도와주어야 한다. 대인관계에서 나타날 수 있는 것이 고스란히 이성교제에서도 나타나기 때문에 각자가 그 대인관계를 어떻게 긍정적으로 이끌어 갈 수 있을지 자신이 가진 자질과 특성을 통해 탐색해 보는 것이 필요하다.

셋째, 무엇보다 성적 자기결정권을 가질 수 있도록 해야 한다. 성역할 고정관념

에 따라 이성교제를 해 나가는 것이 아니라 자신을 소중하게 여기며, 스스로가 결정하여 교제하고 행동할 수 있도록 주도성을 발휘하게 할 필요가 있다.

넷째, 청소년에게 올바른 이성교제를 하도록 권면하기 위해서는 어른들이 먼저 가정과 사회에서 성에 대한 생각과 행동에 책임을 가져야 한다. 일상적으로 성을 사소하게 다루어 상대의 성적 권한을 침해하는 말이나 행동을 하지 말고, 기본적으로 존중을 밑바탕에 두고 건전한 관계맺기에 주력할 필요가 있다.

2021년 학생건강증진 정책 방향의 성교육 부분에서 성교육의 기본 방침을 국가 수준의 학교 성교육 표준안 적용으로 학교 교육과정 내에서 발달단계에 알맞으며 체계적인 성교육으로 학생들의 건강한 성가치관과 성의식, 성태도 확립으로 정하고 있다. 성교육시 유의사항으로 교사는 양성평등을 전제로 지도하고, 학생 개인차를 존중하고, 학생의 관심과 발달 수준, 학교의 실태와 지역사회의 여건 등을 고려하여 교육할 뿐만 아니라 개인의 성 가치관이 아닌 인권과 민주시민교육 관점에서 건강한 성가치관 형성을 위한 지도를 하도록 하고 있다. 또한, 강의식 지식전달 중심교육에서 벗어나 학생들의 활동을 강화하는 다양한 지도 방법을 활용하여 학생들의 참여 기회를 확대하도록 하고 있다. 이러한 노력들이 학교 안에서 이루어져 청소년들이 올바른 성가치관을 가지고 이성교제에 접근하도록 하는 것이 중요하다.

3) SNS

인터넷과 스마트기기를 활용해서 자신을 표현하고 소통하는 SNS가 청소년 사이에서도 인기를 누리면서 SNS가 가지는 개방, 소통, 참여의 역할을 통해 관계를 형성해 나가도록 하고 있다.

(1) SNS의 정의 및 특성

SNS는 관심이나 활동을 공유하는 사람들 사이의 교호적 관계망이나 교호적 관계를 구축하고 보여 주는 온라인 서비스 또는 플랫폼으로(위키피디아, 2017), SNS를 통해 사회적 관계망을 형성하고 유지하며 강화시켜 나간다. 이러한 관계망을 통해 정보가 공유되고 유통되면서 SNS는 의미가 더해진다.

보이드와 엘리슨(Boyd & Ellison, 2008)은 "SNS는 개인들로 특정 시스템 내에 자신의 신상 정보를 공개 또는 준공개적으로 구축하게 하고, 그들과 연계를 맺고 있는 다른 이용자들의 목록을 제시해 주며, 이런 다른 이용자들이 맺고 있는 연계망의 리스트, 그리고 그 시스템 내의 다른 사람들이 맺고 있는 연계망의 리스트를 둘러볼 수 있게 해 주는 웹 기반의 서비스"라고 규정했다(박하정, 2016). 웹사이트라는 온라인 공간에서 대인관계의 형성과 유지를 통한 관계가 유지되고 정보 교류를 해 나가는 것이다. SNS는 온라인상에서 공통의 관심을 가진 사람들이 일정한 시간 이상 공개적으로 또는 비공개적으로 자신에 대한 정보를 드러내고 필요한 정보를 교환하면서 대인관계를 형성해 나가는 것이라고 정의할 수 있다.

두타와 프레이저(Dutta & Fraser, 2008)는 SNS 사이트의 형태를 다섯 가지로 나누었는데, 자아중심형, 커뮤니티 기반형, 기회추구형, 열정중심형, 미디어 공유형이 그것이다.

첫째, 자아중심형은 인기 있는 프로필 사이트를 통해 자신에 대한 것을 드러내고, 온라인상에서 친구 네트워크 플랫폼의 기능으로 작용하는 것이다.

둘째, 커뮤니티 기반형은 국적, 인종, 종교, 계급, 성적 경향 등 강력한 아이덴티티를 공유하는 회원들을 중심으로 의견을 나누며 사이트에 강한 소속감을 형성하는 형태이다.

셋째, 기회추구형이다. 기회추구형은 필요한 합리적 이유로 가입하는 경우이다. 비즈니스의 인맥을 형성하기 위한 것으로 가입장벽이 있는 전문직 사이트가 많다.

넷째, 열정중심형은 흥미와 관심사가 같은 사람을 중심으로 이루어진다. 특정 분야에 열정이 있으면 누구나 가입할 수 있는 모임의 성격을 갖는다.

다섯째, 미디어 공유형은 회원 중심이라기보다는 콘텐츠 중심으로 이루어지는 형태이다. 유튜브 같이 영상을 좋아하는 사람들이 모이는 것이다. 대부분 저렴한 비용으로 많은 사람과 정보를 공유하고 상호교환하는 것이다.

사람은 각자의 개성에 따라 다양한 형태로 SNS를 이용하고 소통하며 즐거움을 찾아간다. 이러한 SNS는 다양한 특성을 갖는다(천정웅 외, 2014).

첫째, 즉시성이다. 개인이 주장하고자 하는 것을 바로 다른 사람들과 공유할 수 있고, 공공 토론과 논쟁을 할 수도 있다.

둘째, 특정한 종류의 담론 전달을 가속화시킬 수 있으며, 이전의 터부시된 용어와 개념을 공개적으로 표현한다. 전달의 역할을 하므로 특정한 개념이나 아이디어 등의 확산을 가속화시킨다.

셋째, 사회운동 같은 집단적 행동문제에 대한 이해를 새롭게 하도록 한다. 의사소통, 상징의 공유, 조직 및 신뢰 구축을 단순하고 효율적으로 집단행동문제와 연결하여 조직화를 저렴하고 빠르게 할 수 있게 한다. 그래서 사회문제가 발생했을 때 SNS를 통한 확산으로 많은 사람의 참여를 이끌어낼 수 있다.

넷째, 사적이었던 정보를 공적으로 만든다. SNS의 전달력은 개인 또는 사회의 조용한 부분을 크게 부각시켜 전체로 만드는 경향성이 있다.

이러한 SNS의 특징이 청소년의 관계에 영향을 주며, 즉각적인 것을 요구하는 모습을 보이기도 하고, 성숙한 청소년 자신의 의견을 내고 집단적으로 사회에 참여하는 역할을 하기도 한다.

(2) 청소년의 SNS 사용실태

2015년 최근 1년 이내 대학생은 91.0%, 고등학생은 79.3%, 중학생 73.1%, 초등학생 28.5%가 SNS를 이용하는 것으로 나타났다. 청소년은 학교급이 올라갈수록 SNS를 더 많이 이용하고 있음을 나타내고 있다.

SNS 이용자 10명 중 8명 이상이 페이스북, 카카오스토리 등과 같은 '프로필 기반 서비스'를 주로 이용하였으며, 카페, 클럽 등 '커뮤니티'와 '블로그'는 학교급이 높아질수록 이용률이 많아졌다(통계청, 2016).

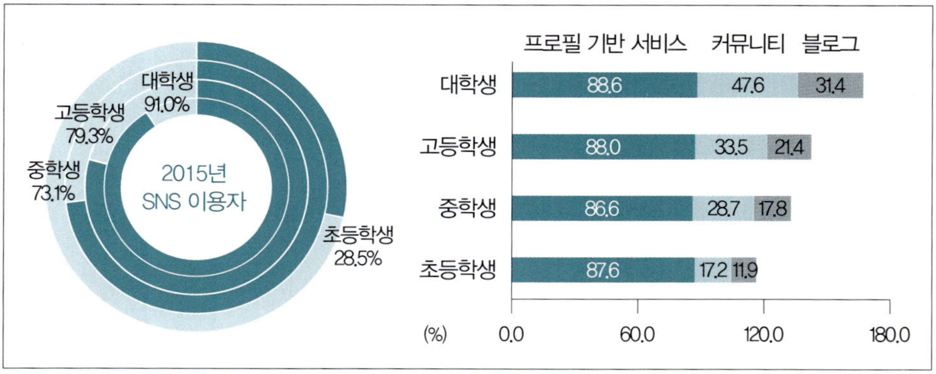

[그림 8-2] SNS 이용 현황

출처: 미래창조과학부 · 한국인터넷진흥원(2015). 인터넷이용실태조사.

〈표 8-6〉 SNS 유형별 이용 현황(복수응답)

(단위: %)

	SNS 이용[1]	SNS 유형별 이용 현황						
		프로필 기반 서비스[2]	커뮤니티 (카페 · 클럽 등)	블로그[3]	미니홈피	사진 및 동영상 기반 서비스	마이크로 블로그[4]	비즈니스 기반 서비스
초등학생	28.5	87.6	17.2	11.9	11.7	3.8	3.3	–
중학생	73.1	86.6	28.7	17.8	16.2	14.8	8.0	0.1
고등학생	79.3	88.0	33.5	21.4	17.5	19.1	11.5	0.1
대학생	91.0	88.6	47.6	31.4	20.5	22.7	18.1	0.3

주: 1) 최근 1년 SNS 이용자

2) 나이, 학력 등 개인정보 및 사진, 친구목록 등이 프로필 페이지에 제공되어 이를 기반으로 인맥 형성, 교류하는 서비스(페이스북, 카카오스토리, 네이버밴드, 구글플러스 등)

3) 사람들이 자신의 관심사에 따라 자유롭게 글을 올릴 수 있는 웹사이트

4) 한두 문장 정도의 짧은 메시지를 이용하여 여러 사람과 소통할 수 있는 블로그의 한 종류(트위터 등)

출처: 미래창조과학부 · 한국인터넷진흥원(2015). 인터넷이용실태조사.

또한, 정보통신정책연구원이 2015년 3월 25일 발간한 보고서(SNS 이용추이 및 이용행태 분석)의 서비스사별 이용률 순위조사에서는 10대 청소년의 경우 카카오스토리 43.8%, 페이스북 33.5%, 트위터 9.9%, 네이버밴드 1.9%를 선호한 것으로 나타나기도 했다.

〈표 8-7〉 청소년의 특성별 주로 사용하는 SNS

(단위: 빈도(%))

구분		카카오스토리	페이스북	싸이월드	계
전체		61(53.5)	47(41.2)	6(5.3)	114(100.0)
성별	남	30(50.8)	28(47.5)	1(1.7)	59(100.0)
	여	31(56.4)	19(34.5)	5(9.1)	55(100.0)
학교급별	중학생	20(71.4)	5(17.9)	3(10.7)	28(100.0)
	고등학생	41(47.7)	42(47.7)	3(3.5)	86(100.0)

출처: 정보통신정책연구원(2015).

청소년의 SNS 이용 동기는 정보 교류, 즐거움, 추억 공유 등 관계지향성이 크게 나타났고, SNS를 사용해서 얻고 싶은 것은 소통과 교류였다(정보통신정책연구원, 2015). 청소년은 SNS를 통해 다른 사람과의 소통과 관계맺음을 원하고, '좋아요'라는 사람들의 반응에 기분 좋아한다. 또래문화를 중시하는 청소년의 모습을 그대로 반영하고 있는 자연스러운 현상이다.

(3) SNS를 통한 또래문화 형성

청소년은 또래집단을 형성할 때 여러 면에서 자신과 유사한 친구와의 집단을 형성하는데, 최근에는 굳이 만나지 않더라도 SNS를 통해 소통을 하고 그곳에서 자신의 위치를 점검한다. SNS는 자기표현의 욕구가 강한 청소년에게 자신을 표현할 수 있는 공간이고, 만남의 노력을 하지 않고 쉽게 친구관계를 형성할 수 있을 뿐만 아니라 SNS 공간이라는 자신만의 독립적인 영역을 구축할 수 있는 곳이다.

SNS를 통해 일상을 나누는 청소년은 카카오스토리나 페이스북에서 상대방이 보내는 느낌과 댓글에 지나치게 신경을 쓰고 기대하면서 많은 시간을 그것에 할애하고 있다. 그로 인해 나타나는 폐해도 많이 있으나(자기 일상의 좋은 것만 올리다 보니 SNS상의 삶은 거짓이 되는 경우, 엽기적인 것들을 올려 '좋아요'를 받고자 하는 것 등) 커뮤니티를 형성하며, 또래의 의견을 결집해 사회적인 영향이 있는 일을 하기도 한다. 또래 간의 소통과 화합, 참여가 SNS에서 이루어지는 것이다.

03 관계문화의 영향 아래 성장하는 청소년

청소년은 또래집단에 소속되어 그들이 가진 무엇인가를 공유하고 나누고 함께 하며 서로에게 영향을 주고받는다. 그렇게 하는 것이 그들에게는 하나의 오락이다. 또래집단의 오락적 기능을 통해 그들의 삶 속에 잠재되어 있는 유희성을 충족시켜 그들의 삶을 보다 윤택하게 만들어 간다. 또래집단에 속해 있고, 속해 있는 또래집단의 또래문화를 통해 청소년은 개인적 · 사회적인 성장을 얻게 된다.

첫째, 자아존중감과 자아정체감을 형성해 나간다. 또래집단은 그 집단에 소속되어 있는 구성원에게 고유한 안정감과 지지를 부여하여 편안함을 느끼게 한다. 또래집단에 속해 있어 한 구성원으로 존재하는 청소년이 또래집단의 구성원이 아닌 청소년보다 더 높은 자아존중감을 느낄 뿐만 아니라 또래집단을 통해 자신이 누구인지를 배운다. 그러므로 또래집단이 자아정체감, 자아존중감을 갖는 장소로 작용하여 자신이 누구인지를 발견하는 데 도움이 된다.

둘째, 또래집단이 청소년의 준거집단으로 작용하여 부모와의 갈등, 학교생활의 문제 등으로 오는 여러 가지 스트레스를 또래 친구들도 비슷하게 경험한다는 것을 인지하고, 그 친구들의 위로와 이해를 받아 해결해 나갈 수 있다.

셋째, 또래집단의 활동에 참여하여 자유롭게 토론함으로써 그들의 행동을 결정해 나가며, 여러 역할을 시도함으로써 성인기에 필요한 기술을 연습할 수 있도록 돕는다. 청소년의 또래집단은 대등한 인간관계를 맺는 장이므로 청소년이 그 안에서 자신의 주장을 펼치기도 하고, 다른 친구의 주장을 받아들여 따르기도 하며, 서로 타협점을 찾기 위해 의사소통을 하고 협상해 나가면서 시민사회의 성원으로의 역할과 자질을 배우게 된다. 즉, 여러 형태의 또래집단에 소속되어 또래문화의 상호성, 협동성의 가치를 배워 건강한 민주시민으로 성장해 나가게 된다.

또래집단, 또래문화 안에 있는 관계문화를 통해 자신을 발견하고 타인을 배려해 나가면서 그 관계 안에서 나름대로의 지위를 획득하면서 활기차고 건강한 청소년기를 보낼 수 있으리라 여겨진다.

[열려라 공부] 중학생 100명 중 12명이 또래와 교류 없는 외톨이

서울 구로구의 A 중학교는 '친구'를 주제로 지난해 4번의 설문조사를 했다. 중2 학생 전체에게 '숙제를 같이하고 싶은 친구는 누군지', '한 학기 동안 한 번도 말을 걸어 보지 않은 친구가 있는지' 등을 물었다. 학생들은 질문을 읽고 떠오르는 친구의 이름을 다섯 명까지 썼다. 4월 첫 조사에서 이 학교 김모 양은 '함께 숙제하고 싶은 친구' 다섯 명을 적었다. 그러나 이 질문에서 김 양을 언급한 학생은 한 명도 없었다. 교사들은 이 조사를 토대로 김 양이 교우관계에서 소외되어 있다고 판단했다.

이렇게 교우관계망 분석을 통해 관계에서의 위험군인 학생들을 찾아냈는데, 2016년 서울시 교육청은 26개 중학교 4,800명을 대상으로 교우연계망 분석을 실시해 교우관계 실태를 조사했다.

분석결과로 전체 학생 중 12%가 또래와 거의 교류가 없는 고위험군임을 알 수 있었다. 런닝맨 같은 게임을 통해 자연스러운 어울림을 유도하는 것이 필요하고, 고립된 학생들을 어떻게 친구를 맺어주고 집단 안으로 끌어들일지에 대한 방안이 구체적으로 마련돼야 함을 교사들은 말하고 있다.

출처: 박형수(2017. 1. 25.).

업체서 수십만 원씩 받고 옷 포스팅 '좋아요'에 중독된 삶… 숨이 막혔다

인스타그램 · 유튜브 · 텀블러에서 100만 넘는 팔로어를 보유한 'SNS 스타' 에세나 오닐(19). 호주 퀸즐랜드 출신인 오닐은 2일(현지시각) "소셜 미디어는 허상에 불과하다"라는 말과 함께 그간 자신이 인스타그램과 유튜브 등에 업로드한 2,000장이 넘는 사진 · 동영상을 모조리 삭제했다.

SNS는 현실을 있는 그대로가 아니라 허상을 나타내는 것임을 폭로하여 에세나 오닐은 '게임 체인저가 되자(Let's be game changers)'라는 제목의 사이트를 새로 개설했다. 게임 체인저란 시장을 판도를 바꾸는 결정적인 역할을 하는 사람을 일컫는다. 그녀는 동물학대, 환경오염, 성평등, 인종차별에 대해 이야기하며, 긍정적인 변화를 이끌어내는 주제로 세상을 바꾸자는 제안을 했다.

출처: 하선영(2015. 11. 5.).

C · H · A · P · T · E · R 09

청소년의 도구문화 : 인터넷, 게임, 스마트폰

청소년문화 중 최근 가장 큰 영향을 미치는 것은 도구의 발달이다. 청소년은 새로운 도구를 적극 활용하는 대상이기에 다른 어떠한 대상보다 얼리어답터(early adopter)로서의 기능을 한다. 그래서 신조어나 새로운 매체 및 도구의 활용성이 높은 대상이다. 이들이 추구하는 문화요소로서의 도구는 청소년의 문화양상의 가장 중요한 전진기지 역할을 하고 있다는 점에서 새로운 도구의 발견과 발전은 곧 청소년문화를 이끄는 핵심기능을 하고 있다고 해도 과언이 아니다.

따라서 청소년문화의 한 축을 담당하는 도구의 영향력이 날로 커지고 있기에 도구발전의 변화를 잘 이해하고 이들의 활용이 청소년문화형성에 미치는 영향을 파악하는 노력이 필요하다.

01 청소년 도구문화로서 매체

청소년은 매일 매체와 더불어 삶을 살아간다. 매체는 어떤 작용을 한쪽에서 다른 한쪽으로 전달하는 역할을 한다. 매체에는 인쇄 매체, 녹음 매체, 대화형 매체, 전자 매체, 출판 매체 등이 있다(위키백과). 청소년에게 가장 가까이 있는 매체는 스마트폰이다. 잠에서 일어날 때부터 알람을 듣고, 눈을 비비며 스마트폰 화면을 보면서 어떤 소식(연락 및 정보)을 확인하고, 하루 종일 손에서 놓지 않다가(물론 학교에서 수거했을 동안에는 손에서 잠시 멀리 있게 됨) 잠을 잘 때나 손에서 놓게 되는데, 그때에도 머리맡을 지킨다. 청소년은 매체를 통해 자신의 문화를 만들어 낸다. 이들은 여러 매체와 접촉하며 즐거운 삶을 만들어 가고 있다.

아래 글은 『십대들의 사생활』(2011)의 한 대목이다. 10대 자녀인 아들, 딸이 숙제를 하면서 다른 매체와 접촉하고 있는 모습을 볼 수 있다.

> 어젯밤 나는 열일곱 살의 딸이 방에서 숙제를 하고 있을 거라고 생각하며 방문을 노크했어. 딸아이가 기분 좋은 목소리로 "들어오세요."라고 하길래 들어갔지. 그런데 눈앞에 놀라운 광경이 펼쳐졌어. 방 안에는 딸이 좋아하는 가수의 최신 노래가 스피커를 통해 쾅쾅 터져 나오고 있었고 딸은 한 손으론 수화기를 들고 통화를 하면서 나머지 한손으론 컴퓨터 메시지 창에 글을 작성하려고 키보드를 두드리고 있는 게 아니겠어? 그래서 나는 "네가 숙제를 하고 있는 줄 알았다."라고 말했지. 그러자 딸은 당황스러운 표정으로 키보드 옆에 있는 수학책을 가리키며 대답하더군. "맞아요, 숙제를 하고 있었어요"라고. 나는 머리를 흔들며 방을 나왔어. 그러곤 거실에 있는 아들에게로 갔지. 열다섯짜리.. 그런데 그 애는 더 가관이더군. 아들은 거실 소파에 다리를 꼬고 앉아서 무릎엔 노트북을 올린 채 TV를 보고 있었어. 아, 입엔 연필을 물고서 말야. 그래서 나는 "네가 숙제를 하고 있는 줄 알았다"라고 하니까 그 애도 딸처럼 대답하는 게 아니겠어? "네, 숙제하고 있었어요"라고. 다음날 물어보니 숙제를 다 마쳤다고 하더군…그 애들은 모두 좋은 성적을 받았어. 그래서 그런 행동에 대해 아이들에게 아무 말도 할 수 없었지. 그 애들은 다섯 개의 다른 종류의 플러그를 꽂아 놓고 숙제를 했던 거야.

출처: David Walsh, 곽윤정(2011).

이어폰을 귀에 꽂고 노래를 들으면서 공부를 하는 청소년이 많다. 그들은 그렇게 할 때 공부가 잘된다고 말한다.

산업혁명 이전에는 노동과 가족이 불분명했다. 농사를 짓거나 가내수공업을 하면서 지냈다. 신발가게를 한다면 집에서 가게를 하는 식이다. 그러다 보니 가족의 삶과 노동이 뒤섞인 가운데 자녀들이 자연스럽게 인생의 가치와 태도, 살아가는 기술들을 습득하게 되었다. 그러나 이후 산업사회가 되면서 새로운 제조센터가 생기고 사람들이 도시로 이주하면서 노동과 가족이 분리가 되었다. 또 한 번의 변화는 정보화 시대가 도래하면서 나타났다. 정보화 시대가 되면서 10대는 물속의 물고기처럼 전자 매체에 푹 빠져 있다. 정보화사회에서 정보는 중요한 자원이다. '자녀의 성공은 엄마의 정보력과 할아버지의 경제력'이라고 할 정도로 정보력이 성공을 부르는 한 요소가 되었다. 그런데 산업사회에서 커진 정보영향력만큼 소통의 수요가 커지면서 여러 사람과의 전달과 의사소통을 위한 수단이 필요했다. 물론, 통치와 상업적인 목적에서도 소통기술은 중요하게 되었다. 문자, 종이, 인쇄기술, 전기, 전자, 전파기술을 점차 발달시켜 사용하게 된 것이다. 여러 매체의 발전으로 현재에는 더 빠르고, 더 정확하고, 더 신속하게 사람들에게 정보를 전달하고 있다.

이러한 매체의 영향을 가장 많이 받는 사람이 청소년이 아닐까 싶다. 전자기기에 익숙하고, 변화에 금방 적응하는 청소년과 가장 밀접하게 있어 청소년의 삶에 영향을 미치는 매체로 인터넷과 게임, 스마트폰에 대해서 그 현상을 살펴보고자 한다.

02 인터넷

1) 인터넷의 발달

인터넷은 1990년대 후반부터 일반인의 사용이 이루어지고 기술이 지속적으로 발전하여 IT산업 진흥 정책을 기반으로 가정 및 사회 전반에 인터넷 사용자는 꾸준히 증가하여 거의 80% 이상에 이른다. 특히, 10대와 20대 청소년은 사이버문화의 주류로서 인터넷 사용률이 99.9%로 100%에 가깝다(한국인터넷진흥원, 2013). 청소년은 인터넷을 쉽게 사용할 뿐만 아니라 인터넷을 통해 또래와 소통하며 관계맺음한다.

현대사회는 급속한 정보기술의 발달을 이루고 있다. 정치, 경제, 사회, 문화 등 사회 모든 분야에서 정보지식사회의 영향으로 정보와 지식은 중요한 가치가 된다. 이런 정보사회에서는 자신에게 필요하고 유용한 정보를 빨리 얻어 활용하는 정도에 따라 생활이 달라질 수 있다. 정보를 잘 활용하면 보다 편리하고 여유로운 생활을 할 수가 있는 것이다. 정보를 얻고 정보를 전하는 수단으로 컴퓨터가 가장 큰 일을 하고 있다. 개인마다 갖게 된 컴퓨터와 정보통신 기술의 발달로 나온 인터넷은 컴퓨터에 기본 지식이 없는 사람을 포함하여 누구나 손쉽게 사용하여 엄청난 양의 정보를 얻을 수 있고, 메일이나 채팅을 통해 멀리 있는 사람들과 의사소통을 하고 업무를 처리하거나 취미생활 등을 하기도 한다.

인터넷은 삶의 일부다. 인터넷을 통해 물건을 구매하고, 모르는 사람과도 쉽게 대화가 가능하고 그 안에서 자신의 의견을 개진해 나가며 인터넷이 일상이 되고 있다. 인터넷이 제공하는 편리함이 있으나 스팸메일, 해킹, 바이러스 유포 등의 부작용도 있다. 청소년에게 인터넷 이용은 중요하지만 너무 의존하고 집착하게 되면 인터넷 없이 살기 어려운 인터넷 중독 증상을 보일 수 있다.

인터넷의 발달로 새로운 세계가 도래하고 있는바, 한국인터넷진흥원은 문헌조사, 빅데이터 분석, 전문가 평가 등을 종합적으로 인터넷 10대 이슈 전망을 발표하고 있다.

[그림 9-1] 2019년 인터넷 10대 이슈 전망

출처: 한국인터넷진흥원(2019).

〈표 9-1〉 지난 5년간 인터넷 10대 이슈 전망(한국인터넷진흥원 발표)

구분	2014년 (2014-1-23 발표)	2015 (2014-12-22 발표)	2016 (2015-12-13 발표)	2017 (2016-12-6 발표)	2018 (2018-1-25 발표)
1	스마트 융합서비스	웨어러블 디바이스	핀테크 서비스	인공지능	인공지능
2	인터넷 기반의 공유가지(CSV) 창출	핀테크	O2O	차세대 네트워크 5G	블록체인
3	빅데이터 큐레이션	기가인터넷	친디아(Chindia)	MR(혼합현실)	자율주행차
4	하이브리드 클라우드 부상	데이터 사이언티스트	드론	자율주행차	4차 산업혁명 규제혁신
5	HTMLS 활용	글로벌 스타트업	가상현실	생체인증	로봇
6	사물인터넷 진화	3D 프린팅	커넥티드카	핀테크 2.0	5G
7	스마트 머신 R&D 본격화	오픈소스 생태계	스마트홈	O2O	가상현실 • 증강현실
8	OTT(Over The Top)의 부상	Neo 모바일 플렛폼	인공지능	데이터 커머스	대화형 서비스
9	웨어러블 컴퓨팅의 대중화	중국 인터넷 기업	셀프케어족	산업인터넷(IIoT), 소물인터넷(IoST)	디지털 헬스케어
10	프라이버시 보호형 소셜 미디어 확산	인터넷 접근권	산업용 사물인터넷 (IIoT)	플랫폼 경제	스마트시티

출처: 한국인터넷진흥원(2019).

2) 인터넷문화의 속성

인터넷문화는 인터넷 공간에서 디지털 콘텐츠들로 이루어진 다양한 형태의 정보를 생산하고 공유하며 그 영향이 현실에까지 미치는 문화를 말한다. 인터넷이 만들어 내는 사이버 문화가 가지는 특징은 다음과 같다.

첫째, 익명성의 문화이다. 익명성은 인터넷에 들어갈 때 기본적으로 보장이 된다. 아이디를 통해 인터넷에 접속하는 것은 추상적인 자신만을 드러낼 뿐 구체적인 얼굴을 드러내 마주하지 않기 때문에 익명성이 보장된다.

둘째, 탈금제의 문화이다. 금하는 것을 벗어나는 것이다. 실제로 말하기 어려운 부분을 인터넷 공간에서는 거침없이 말할 수 있다. 익명성이 보장되기 때문에 가능한 것이기도 하다.

셋째, 개방성과 다양성의 문화이다. 인터넷은 누구에게나 열린 공간이다. 그러므로 참여하는 누구나 주인으로 행세할 수 있다. 또한, 인터넷 공간에서 욕구를 충족할 수 있는 다양한 기회를 제공받으며, 다양한 사람과의 교류가 가능하다. 인터넷에 들어가 어떤 집단에 소속되어 다양한 친구를 사귈 수도 있다.

넷째, 초월성과 가상성의 문화이다. 현실과 동떨어져 인터넷 안에 있는 것을 추구하는 문화이다. 현실에서 벗어나 새로운 것을 추구하고자 하는 마음이 인터넷 공간에 작용하는 것이다.

다섯째, 연결성과 전파성의 문화이다. 인터넷상에서 서로의 생각을 즉시 주고받을 수 있는 쌍방향으로의 연결이 이루어진다. 그리고 자신이 가진 정보를 인터넷상에 올려 모두가 공유할 수 있게 한다.

여섯째, 중독과 몰입의 문화이다. 인터넷은 속성이 다양한 콘텐츠로 접속하는 사람이 오래 머무르도록 하는 매력이 있다. 그 안에 있는 즐거움이 인터넷을 하며 많은 시간을 보내도록 만든다. 그래서 몰입하게 하고, 몰입이 지속되면 헤어나오기 힘들어져 중독이 발생하게 된다.

3) 청소년 인터넷 사용 실태

2020년 10대 청소년의 인터넷 주 평균이용 시간은 27.6시간 이용하는 것으로 나타났고, 20대는 29.5시간 이용하는 것으로 나타났다. 10대 청소년의 인터넷 이용 시간은 전년 대비 10.0시간 증가하여 이전 2018년보다 2019년에 소폭 줄었다가 큰 폭으로 증가하였다. 비대면 시대에 수업과 활동이 인터넷상에서 이루어지다 보니 그 상승세가 컸을 뿐만 아니라 청소년은 시대의 편승하여 다양한 매체를 활용하기 때문이다.

〈표 9-2〉 인터넷 주평균 이용시간[1)]

(단위: 시간)

	2014	2015	2016	2017	2018	2019	2020
10대	14.4	14.5	15.4	16.9	17.8	17.6	27.6
20대	20.5	21.0	22.8	23.6	24.2	24.3	29.5

자료: 과학기술정보통신부, 한국지능정보사회진흥원, 「인터넷이용실태조사」

주: 1) 이동전화, 스마트폰, 스마트패드, IPTV, 인터넷전화 등을 이용한 인터넷 접속을 모두 포함

출처 : 통계청 · 여성가족부(2021).

2020년 청소년 인터넷 이용 목적을 살펴보면, 10대는 교육 · 학습이 99.9%로 가장 많고, 그다음이 여가활동 99.1%, 커뮤니케이션 98.5%, 자료 및 정보 획득 95.2% 등의 순이었다. 반면 20대는 자료 및 정보 획득이 100.0%로 가장 많고, 그다음이 커뮤니케이션 99.9%. 여가활동 99.8%, 홈페이지 등 운영 87.4% 등의 순이였다. 2020년 이전에는 커뮤니케이션, 여가, 자료 및 정보 획득이 주를 이루었던 인터넷 사용이 2020년으로 오면서 교육 · 학습을 위한 사용으로 변화되었음을 볼 수 있다. 교육 · 학습 목적의 인터넷 이용은 10대와 20대에서 전년 대비 각각 16.4%p, 12.4%p 증가하였고, 홈페이지 등 운영은 10대와 20대에서 전년 대비 각각 5.1%p, 4.4%p 감소하였다.

〈표 9-3〉 인터넷 이용 목적[1](복수응답)

(단위: %)

		여가활동	커뮤니케이션	자료 및 정보 획득	교육·학습	홈페이지 등 운영	직업·직장
2016	10대	97.5	95.1	88.4	72.4	51.5	7.9
	20대	98.5	99.9	99.8	60.4	74.7	42.2
2017	10대	98.9	97.1	92.6	73.6	53.8	7.8
	20대	99.4	100.0	100.0	64.3	78.2	51.3
2018	10대	99.5	98.2	95.6	83.8	70.1	7.7
	20대	99.7	100.0	100.0	65.5	90.9	59.8
2019	10대	99.5	98.6	96.0	83.5	69.9	8.9
	20대	99.7	100.0	100.0	70.2	91.8	60.8
2020	10대	99.1	98.5	95.2	99.9	64.8	9.4
	20대	99.8	99.9	100.0	82.6	87.4	51.5

자료: 과학기술정보통신부, 한국지능정보사회진흥원, 「인터넷이용실태조사」
주: 1) 최근 1년 이용자
출처 : 통계청 · 여성가족부(2021).

청소년들이 사용하는 인터넷 서비스는 어떤 것들이 있는지 그 실태를 보면, 2020년 초등학생은 83.8%, 중학생 98.7%, 고등학생과 대학생 99% 이상이 인스턴트 메신저를 이용하는 것으로 나타났다. 2020년 초등학생이 이용하는 인터넷 서비스는 인스턴트 메신저(83.8%), SNS(36.0%), 인터넷 쇼핑(28.6%), 이메일(21.1%), 인터넷 뱅킹(11.6%) 순이고, 중학생이 이용하는 인터넷 서비스는 인스턴트 메신저(98.7%), SNS(74.2%), 이메일(52.0%), 인터넷 쇼핑(45.7%), 인터넷 뱅킹(18.2%) 순이었다. 또한, 고등학생이 이용하는 인터넷 서비스는 인스턴트 메신저(99.2%), SNS(81.4%), 이메일(65.1%), 인터넷 쇼핑(63.1%), 인터넷 뱅킹(39.6%) 순이고, 대학생이 이용하는 인터넷 서비스는 인스턴트 메신저(99.8%), 이메일(94.3%), 인터넷 쇼핑(92.8%), SNS(90.8%), 인터넷 뱅킹(88.5%) 순으로 나타났다.

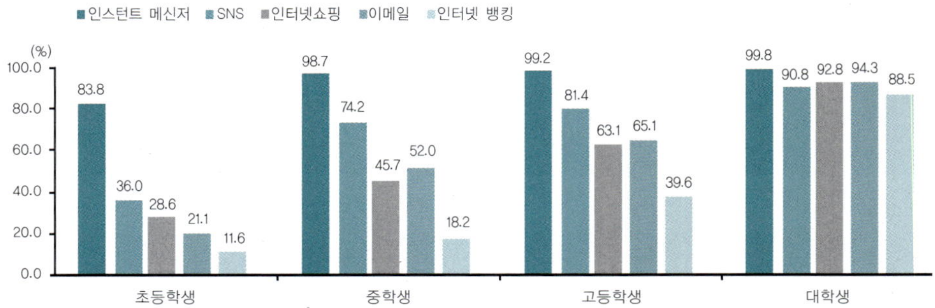

[그림 9-2] 인터넷 서비스 이용률(2020)

자료: 과학기술정보통신부, 한국지능정보사회진흥원, 「인터넷이용실태조사」
출처 : 통계청 · 여성가족부(2021).

〈표 9-4〉 인터넷 서비스 이용률[1](2020, 복수응답)

(단위: %)

	인스턴트 메신저[2]	주이용 서비스			SNS	주이용 서비스				인터넷 쇼핑[3]	이메일	인터넷 뱅킹[3]
		카카오톡	페이스북 메신저	라인		페이스북	카카오 스토리	인스타 그램	블로그			
초등학생	83.8	99.0	14.8	3.3	36.0	63.0	23.2	45.4	10.8	28.6	21.1	11.6
중 학 생	98.7	99.2	35.3	5.1	74.2	71.9	22.8	63.2	14.9	45.7	52.0	18.2
고등학생	99.2	98.9	38.1	6.9	81.4	72.4	21.1	70.0	14.7	63.1	65.1	39.6
대 학 생	99.8	97.8	45.2	9.0	90.8	78.4	17.1	75.4	17.3	92.8	94.3	88.5

자료: 과학기술정보통신부, 한국지능정보사회진흥원, 「인터넷이용실태조사」

주: 1) 최근 1년 이용자

2) 컴퓨터, 스마트폰 등으로 온라인상에서 개인 간 실시간으로 메세지, 사진 등의 데이터를 주고 받을 수 있는 서비스로 카카오톡, 라인, 네이트온, 페이스북 메신저, 텔레그램 등이 포함

3) 인터넷 쇼핑과 인터넷 뱅킹은 12세 이상임

출처 : 통계청 · 여성가족부(2021).

4) 인터넷이 청소년에게 미치는 긍정적 영향

청소년은 인터넷 공간을 통하여 다양한 활동을 한다. 그 긍정적 영향을 살펴보면 다음과 같이 정리해 볼 수 있다(오윤선 · 황인숙, 2016).

첫째, 인터넷 공간에서 새로운 기술을 습득할 수 있다. 청소년은 인터넷을 통해 채팅, 블로그나 웹페이지 만들기, 동호회활동 등의 다양한 일을 한다. 인터넷 공간에서 하는 활동을 통해 청소년은 자신의 지위를 가질 수 있다. 그러면서 자존감을

획득하게 된다. 그리고 인터넷을 활용하는 과정에서 지식과 기술을 습득하고 발전시킬 수 있다.

둘째, 놀이문화를 획득할 수 있다. 우리나라 청소년은 입시교육에 치중되어 있어 물리적 놀이 공간과 시간을 박탈당하고 있다. 그런 상황에서 인터넷은 청소년의 놀이 공간의 역할을 한다. 시공간을 초월하여 비용의 부담 없이 스트레스를 해소할 수 있는 놀이 공간으로 서로의 관심사를 나누며 웹서핑, 온라인게임, 블로그 및 홈피 관리, 온라인 팬클럽활동, 스포츠나 연예 기사 읽기 등을 하며 자신의 욕구를 충족하고 있다.

셋째, 정체성의 표현 및 자기표현 문화로서의 영향을 주고 있다. 인터넷문화가 가지는 가장 큰 특성인 익명성을 통해 청소년으로 하여금 현실에서 표현하기 어려운 다양한 이야기를 하며 자기 세계를 구현할 수 있다. 자신의 사진, 포스터 등을 활용하여 자신의 성격, 관심사, 기분 등을 다양하게 표현한다. 진실한 자기 모습이 아닐 수도 있으나 이는 자신의 사회적 역할을 탐색하고 자아정체감을 모색하는 과정이라고 볼 수 있다. 인터넷 공간을 빌려 현실에서 표현하지 못한 자신의 모습을 다양한 방식으로 표현하고 실험해 보는 것이다.

넷째, 사회적 기술을 습득할 수 있다. 인터넷 공간에서의 활동으로 다른 다양한 사람들과 관계 맺는 법을 배우게 된다. 인터넷 공간에서 청소년은 서로의 생각이나 감정을 스스럼없이 표현하고 공감하면서 소속감과 존재감을 확인한다. 인터넷상에서 만난 친구들과의 유대감을 형성하고 소통하면서 다양한 친구관계를 형성해 나간다.

다섯째, 사회참여문화를 확산할 수 있다. 인터넷상에서 사회문제에 대해 댓글을 달고 민원을 제기할 수 있다. 2014년 미국의 한 개인이 시작한 아이스 버킷 챌린지나 성남시청소년재단의 크라우드 펀딩 같은 기부문화 등은 인터넷의 속성인 연결성과 전파성을 통해 긍정적인 사회참여 문화를 보여 주었다. 이런 활동을 통해 청소년은 자신의 잠재역량과 진로를 개발할 수 있고, 가치를 실현하며, 건강한 사회참여 문화를 형성할 수 있다.

03 게임

1) 컴퓨터 게임의 이해

2012년 '애니팡' 게임이 엄청난 인기를 누리면서 비단 청소년뿐만 아니라 대한민국 전체가 게임 속 하트 보내기에 열을 올렸었다. 많은 사람의 수많은 시간을 앗아간 에니팡을 만든 대표는 게임을 문화로 만들고 싶다고 했다. 영화나 음악, 인터넷이 문화로 인정받듯이 게임도 문화로 인정받을 수 있기를 바라는 마음에서 게임을 개발했다는 것이다. 설치는 1,700만 명이 했고, 하루 이용자는 1,000만 명, 동시접속자는 200만 명, 하루 전송 하트는 1억 개라는 기록을 남겼다(정선언, 2012. 10. 8.).

사람들에게 즐거움과 재미를 주는 게임이 문화로 자리 잡아 발전되면 좋은데, 중독에 빠지기 쉬운 청소년에게 게임은 지속하고 싶은 욕구로 인해 부정적인 의미로 더 강하게 작용하고 있다. 부모를 비롯하여 기성세대가 청소년문화에서 가장 많이 걱정하는 것이 게임에 대한 것이다. 게임은 흥미 있는 콘텐츠로 몰입하면 자기통제력을 잃게 하는 요인이 많아 청소년이 쉽게 빠지고 그것을 바라보는 어른들은 걱정이 많다.

게임 장르는 보편적으로 슈팅게임, 액션게임, 어드벤처 게임, 시뮬레이션 게임, 롤플레잉 게임, 스포츠 게임, FPS 게임 등으로 구분할 수 있다.

슈팅(Shooting)게임은 초기 전자 게임에 가장 많이 등장했던 게임 장르이다. 슈팅 게임은 플레이어가 순발력을 이용하여 직접 총기를 쏘거나, 탱크나 비행기 등 전투용 탈 것(military vehicle)을 조작하여 상대방(적)을 총기로 공격하여, 섬멸하면서 스테이지를 하나씩 클리어 하는 게임을 말한다. 이후 3D 기술이 도입되면서 1인칭 시점으로 하는 게임만을 1인칭 슈팅 게임(FPS) 장르로 구분하기도 한다(〈스페이스 인베이더〉, 〈1942〉 등).

액션(Action) 게임은 플레이어의 신속한 의사결정과 동작, 그리고 그에 따른 즉각적인 결과가 특징으로, 액션 영화를 보는 것과 같은 통쾌한 재미와 통제감(sense of control)의 재미를 제공한다. 과거 전자오락실의 게임은 대부분 액션 게임이 주를 이루었다(〈철권〉, 〈슈퍼마리오〉 등).

어드벤처(Adventure) 게임은 플레이어가 게임 속 주인공이 되어 주어진 시나리오를 중심으로 던전 속을 모험하면서 모험 중에 얻은 아이템과 스킬(skill)을 이용하여 사건과 문제를 풀어 나가는 게임이다. 주로 1인칭 시점으로 진행되며, 3인칭 시점을 제공하는 게임도 있다(〈페르시아의 왕자〉, 〈툼레이더〉 등).

시뮬레이션(Simulation) 게임은 현실의 자연법칙에 근거하여 입력된 키 값에 의해 도출된 결과 값을 통해 재미를 느끼는 게임이다. 전쟁, 도시 건설, 비행, 육성 시뮬레이션 게임 등이 있으며, 진행 방식에 따라 턴(turn) 방식과 실시간 방식으로 나눌 수 있다(〈스타크래프트〉, 〈프린세스 메이커〉, 〈심시티〉 등). 특히, 신의 입장에서 게임을 플레이하는 시뮬레이션 게임들을 갓 시뮬레이션 게임(God Simulation Games)이라는 별도의 장르로 나누기도 한다(〈심즈〉, 〈포퓰러스〉 등).

롤플레잉(Role Playing) 게임은 플레이어가 게임 속 주인공이 되어 가상의 세계에서 게임 내에 주어진 역할을 수행하며 퍼즐을 풀어 가는 방식의 게임으로, 스토리 중심으로 전개되며 주인공이 성장하는 특징이 있다. 주요 소재로 마법, 검, 무기, 전쟁 등이 있다. 일반적으로 플레이어는 평범한 능력의 사람이며, 게임 속의 재능 있는 캐릭터와 상호작용하면서 자신의 능력을 키워 나간다(〈디아블로〉, 〈파이널 판타지〉 시리즈 등). 최근에는 다중접속역할수행 게임(MMORPG: Massively Multi-player Online Role Playing Game)이 포함된다(〈바람의 나라〉, 〈리니지〉 등).

스포츠 게임은 스포츠를 소재로 하는 게임이다. 액션, 시뮬레이션 게임 장르로 구분되기도 하지만 최근에는 별도의 장르로 구분되는 추세이다. 다양한 스포츠 종목이 그에 걸맞은 다양한 기법으로 제작되고 있으며, 야구 · 축구 · 농구 등 공식 협회와 라이선스를 체결하여 더욱더 사실화된 데이터와 향상된 그래픽을 통해 스포츠 게임이 실제 경기의 시뮬레이션에 사용되고 있다(〈FIFA 축구〉, 〈위닝 일레븐〉 시리즈 등).

FPS(First Person Shooting) 게임은 게임 플레이어가 1인칭 시점으로 게임을 플레이하는 슈팅 게임으로, 게임 화면이 진행되는 동안 자기가 직접 게임을 하고 있다는 상상을 하게 해 주는 게임 장르이다(〈둠〉, 〈서든 어택〉 등).

2017년 게임문화에 새로운 복고풍이 불어닥치면서 뉴밀레니엄 바람이 불고 있다. 2000년대 초반의 유행이 되살아나 스타크래프트 리마스터 재출시가 되면서 3040세대들이 예전 멤버대로 PC방에 모여 게임을 즐기는 모습을 보이고 있다. 그때 그들의 문화여서 그 향수가 되살아나 게임으로 모으고 있는 것이다(김민관 · 윤재영, 2017. 3. 29.).

2) 청소년 게임 사용 실태(한국콘텐츠진흥원, 2021)

(1) 청소년 게임행동 유형

2020년 게임과몰입 종합 실태조사에 따르면, 게임을 이용하는 청소년은 전체의 79.9%, 게임을 이용하지 않는 청소년은 20.1%로 나타났다. 게임행동유형별 빈도 및 비사용자의 비율은 과몰입군이 0.3%, 과몰입위험군이 1.6%, 게임 선용군이 20.6%, 일반사용자군이 57.4%, 비사용자군이 20.1%로 나타났다.

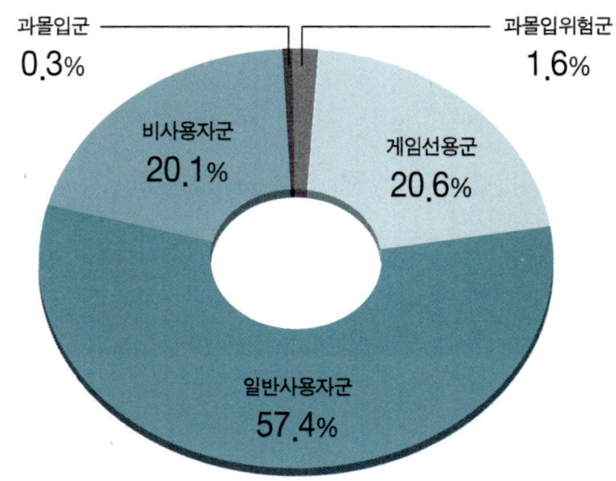

[그림 9-3] 청소년 게임행동 유형

출처 : 한국콘텐츠진흥원(2021).

(2) 청소년 연도별 게임행동 유형 비교

청소년 전체 응답자 중 과몰입군 비율은 2020년 0.3%로 나타나 2017년 0.7%, 2019년 0.5%와 비교할 때 감소 추세를 보이고 있다. 과몰입위험군도 전년(2.4%) 대비 감소로 나타났다(1.6%). 그에 비해 게임 선용군은 매년 조금씩 증가추세를 나타내고 있다.

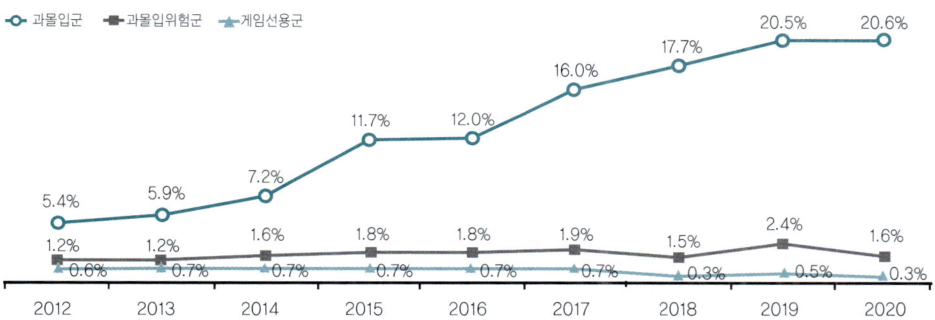

[그림 9-4] 청소년 연도별 게임행동 유형 비교

출처 : 한국콘텐츠진흥원(2021).

(3) 학교급별 게임행동 유형 차이

청소년의 학교급별 게임행동유형은 과몰입군의 비율은 초등학교(0.4%), 중학교(0.3%), 고등학교(0.2%)로 학교급이 높아질수록 낮아지는 경향이 나타났고, 과몰입위험군의 비율도 초등학교 2.1%), 중학교(1.4%), 고등학교(1.1%)로 갈수록 낮아지는 경향을 보였다. 한편, 게임 선용군은 중학교(22.9%), 초등학교(20.2%), 고등학교(17.6%)의 순으로 나타나 중학교에서 가장 높은 비율로 나타났다. 비사용자군 비율은 초등학교에서 고등학교로 갈수록 높아지는 경향을 보였다.

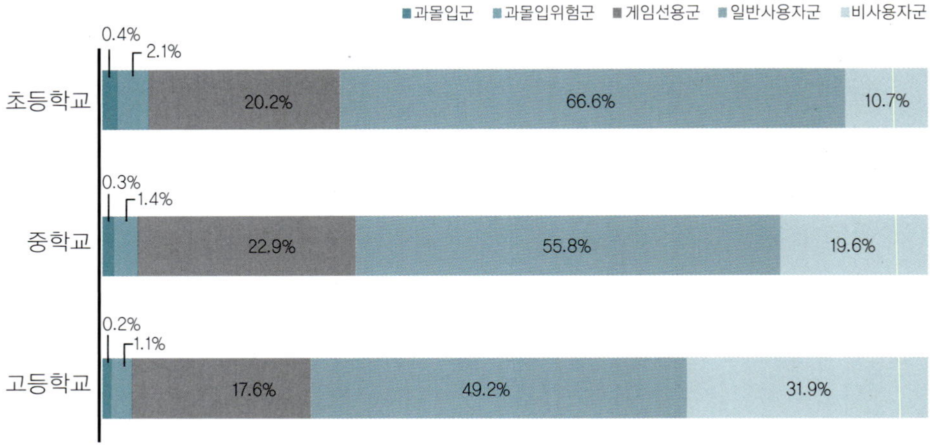

[그림 9-5] 학교급별 게임행동 유형

출처 : 한국콘텐츠진흥원, 2021

(4) 성별 게임행동 유형 차이

성별 게임행동 유형으로는 남학생 과몰입군 비율과 과몰입위험군 비율이 여학생보다 더 높게 나타났는데, 이는 매년 동일한 결과를 보임에 따라 게임 예방교육이 성별로 다르게 진행되어야 함을 의미한다.

전체적으로 조사를 통해 일반사용자군이 가장 높지만, 게임선용자군이 매년 증가 추세를 보이고 있다. 게임선용자가 자기통제력을 가지고 게임을 즐기는 것이라면 청소년의 문화 차원에서 건전한 사용이 이루어질 수 있도록 해야 하고, 게임선용군이 과몰입위험군으로 옮겨 가게 되면, 과몰입위험군이 다시 과몰입군으로 전향될 위험이 있으므로 게임을 문화로 즐길 수 있도록 도와주는 것이 필요하다.

04 스마트폰

1) 스마트폰의 기능

스마트폰은 요즘 청소년문화에서 가장 뜨거운 도구이다. 길을 걸어가면서 스마트폰에만 집중하여 위험한 지경을 만드는 사람을 일컫는 스몸비(스마트폰+좀비) 중(25%), 청소년이 차지하는 비율이 꽤 될 거라 생각한다. 스마트폰이 만들어 낸 문화는 모바일문화라 할 수 있다. 모바일(mobile)은 '움직일 수 있는'이라는 뜻으로 정보통신에서의 모바일은 스마트폰과 태블릿 PC 등과 같이 이동 중 사용이 가능한 컴퓨터 환경을 뜻한다(두산백과). 스마트폰은 PC 기능을 하는 휴대폰으로 이용자가 프로그램을 자유롭게 설치하고 삭제할 수 있다.

스마트폰은 음성 통화가 메인 기능이었으나, 그 기능을 넘어서 음악 감상, 사진 촬영, TV 시청, 인터넷 게임 등 다양한 기능을 가진 융합 매체이다. 모바일 매체가 일상적으로 수용되는 데는 유용성, 편의성, 그리고 사회적 영향력 등이 중요한 역할을 한다(김봉철, 2007; 양병화 · 김영찬, 2008; 이경렬, 2009; Hernandez, Jimene, & Martin, 2009; Koivumaki, Ristola & Kesti, 2006; Rao & Troshani, 2007). 그러나 최근에는 쉽게 사용하는 앱이 보급되어 모바일 매체의 내적 동기화를 중시하는 매체 플로우 이론(Media Flow Theory), 매체개입이론(Media Engagement Theory) 등이 도입되었다(정만수 · 조가연, 2012; 한은경 · 문효진, 2013; Lievrouw, 2009; Shin & Kim, 2009; Weber, et al., 2009). 매체 플로우(몰입)는 어떤 사람이 일정 시간 동안 매체를 사용할 때 특정 대상에 열중하는 상태를 뜻하며, 시간의 왜곡 현상을 경험하거나, 재미있는 활동과 관련하여 높은 호기심을 갖는 것이다. 스마트폰을 활용하는 게임, 메시지 기능, 카카오톡 등 다양한 앱 사용에 몰입함으로써 플로우 현상을 보일 수 있다. 모바일 매체에 대한 플로우 현상은 더 나아가 의존도, 중독성과도 관련이 있다.

2) 스마트폰 확산에 따른 문화변화

스마트폰의 확산으로 다양한 문화 현상이 나타나고 있다.

첫째, 호모 모빌리쿠스(Homo Mobilicus)의 등장이다. 휴대전화를 생활화하는 현대의 새로운 인간형으로 즉각적으로 원하는 사람과 의사소통을 할 수 있게 되었고, 사적 영역과 공적 영역의 경계가 무너지게 되었으며, 반대급부로 충동적인 반응이 늘어나게 되었다(김성도, 2008). 또한, 연결을 위해 만들어진 것과 달리 인간을 더욱 고독하게 만든다.

둘째, 웹 3.0시대의 등장이다. 컴퓨터가 웹 기술을 이용하여 웹페이지에 담긴 내용을 이해하고 개인 맞춤형 정보를 제공할 수 있는 지능형 웹 기술을 말하며, 지능화 · 개인화된 맞춤형 웹이다(위키백과). 웹 3.0은 웹 1.0, 웹 2.0보다 발전한 것으로, 웹 1.0은 일방향성 소통방식, 웹 2.0은 쌍방향식인데 반해 웹 3.0은 그 둘을 넘어서 개개인에게 맞춰진 정보를 제공하며 소통하는 방식이다.

셋째, 앱 세대의 등장이다. 앱을 활용해서 여러 새로운 가능성을 찾고 기회를 탐색하는 사람은 앱 주도형, 앱이 자신의 행동과 선택, 목표 등을 제한하거나 결정하게 내버려 두는 사람은 앱 의존형 인간으로 분류할 수 있다. 인간의 근원적 본성은 세월이 흘러도 변하지 않지만, 디지털의 영향으로 인간의 정체성, 인간관계, 그리고 창의성과 상상력에는 뚜렷한 변화가 일어나고 있다(Howard Gardner & Katie Davis, 2014, 이수경 역).

넷째, 엄지족의 등장이다. 엄지손가락으로 키패드를 누르는 등 휴대폰을 조작하는 모습에서 따온 말로 엄지족이 늘어가면서 온라인 쇼핑의 모바일 거래도 증가하였다. 또한, 엄지손가락을 이용하여 민첩하게 통화하고 정보를 검색하고 게임을 즐기는 신세대가 등장했다.

다섯째, 디지털 유목민을 의미하는 디지털 노매드(Digital nomad)의 등장이다. 디지털 노매드는 여행하며 일도 하는 한가한 라이프 스타일보다 인터넷 기술의 발전으로 원격근무가 가능해진 일과 삶의 한 형태이다. 이는 장소로부터의 해방이다.

여섯째, 디지털 폐인의 등장이다. 종일 컴퓨터 앞에 앉아 온라인 세상에 빠진 네티즌이나 종일 스마트폰에 빠진 사람을 말한다. 이런 사람은 디지털 기기를 떠나지 않는다.

디지털 기기의 영향으로 새로운 양상을 나타내는 사람들이 등장했음을 볼 수 있다. 이는 청소년에게 더 많이 나타나는 문화 현상으로 이해된다.

3) 스마트폰 사용 실태(청소년백서, 2020)

(1) 스마트폰 이용 빈도

청소년의 스마트폰 이용 빈도를 보면, 2019년 10대 청소년의 경우 '매일'이 88.6%로 가장 많았고, 그다음이 '1주일에 5~6일' 7.6%였다. 20대는 '매일'이 97.7%로 가장 많았고, 그다음이 '1주일에 5~6일' 1.1%였다. 대부분의 청소년이 매일 스마트폰을 이용하고 있음을 알 수 있다.

2015년부터 2018년까지 매일 스마트폰을 이용한다는 청소년의 경우 10대보다는 20대에서 더 많이 증가한 양상을 보였다. 10대 청소년은 2015년 매일 스마트폰을 이용한다는 비율이 82.4%였는데 2018년에는 91.4%로 9.0%p 증가하였지만, 2019년에 88.6%로 전년 대비 소폭 감소하였다. 반면, 20대는 2015년 89.3%에서 2018년 94.2%로 4.9%p 증가하였으며, 2019년 97.7%로 전년 대비 소폭 증가하였다. 스마트폰을 전혀 안 보거나 이용 안 한다는 비율의 경우 10대 청소년은 2015년 10.3%에서 2019년 1.7%로 8.6%p 감소한 반면, 20대는 2015년 6.3%에서 2019년 0.0%로 6.3%p 감소한 것으로 나타났다.

〈표 9-5〉 스마트폰 이용 빈도

(단위: %)

구분		매일	1주일에 5~6일	1주일에 3~4일	1주일에 1~2일	한 달에 1~3일	2~3달에 1~2일 이하	전혀 안 봄/ 이용 안함
2015년	10대	82.4	5.7	1.0	0.7	0.0	0.0	10.3
	20대	89.3	2.8	0.4	0.8	0.4	0.0	6.3
2016년	10대	87.6	4.4	1.2	0.0	0.0	0.0	6.7
	20대	94.0	2.4	1.9	0.2	0.0	0.0	1.5
2017년	10대	89.2	1.8	1.1	1.2	3.6	0.0	3.2
	20대	95.2	1.8	0.5	1.6	0.4	0.2	0.2
2018년	10대	91.4	4.7	0.1	1.0	0.1	0.1	3.7
	20대	94.2	2.6	0.2	1.2	0.2	0.0	1.6
2019년	10대	88.6	7.6	1.1	1.1	0.0	0.0	1.7
	20대	97.7	1.1	1.0	0.0	0.1	0.1	0.0

출처: 방송통신위원회(2015, 2016, 2017, 2018, 2019). 방송매체이용행태조사

(2) 스마트폰 하루 평균 이용 시간(음성통화 제외)

음성통화를 제외한 스마트폰 하루 평균 이용 시간은 2019년 10대 청소년의 경우, '2시간 이상'이 67.7%로 가장 많았고, 그다음이 '1~2시간 미만' 22.5%, '1시간 미만' 9.8%의 순이었다. 20대의 경우, '2시간 이상' 69.4%로 가장 많았고, 그다음이 '1~2시간' 21.1%, '1시간 미만' 9.6%의 순이었다.

하루에 '2시간 이상' 스마트폰을 사용하는 청소년의 비율을 보면 10대의 경우 2013년 31.3%에서 2019년 67.7%로 36.4%p가 증가했다. 20대의 경우도 2013년 24.7%에서 2019년 69.4%로 44.7%p 증가했으며, 증가 폭이 10대 청소년에 비하면 크다.

음성통화를 제외한 스마트폰 하루 평균 이용 시간은 2019년 10대 청소년은 154.7분이고, 20대는 176.9분으로 나타나 10대 청소년보다 20대가 스마트폰을 22.2분 더 사용했다. 2013년을 제외하고는 20대 청소년이 10대 청소년보다 스마트폰을 더 많이 사용했다. 청소년의 스마트폰 하루 평균 이용 시간을 보면, 2013년 10대 청소년의 경우 133.9분, 2015년 124.4분, 2016년 132.5분, 2017년 132.4분, 2018년 140.8분으로 증가와 감소를 반복하다가 2019년에는 전년보다 13.9분 다시

증가하였다. 20대는 2013년 123.9분, 2015년 128.6분, 2016년 149.7분으로 지속적으로 증가하다가 2017년에는 141.1분으로 감소한 후 2018년 156.3분으로 다시 증가하였으며 2019년에는 전년보다 20.6분 증가하였다.

〈표 9-6〉 스마트폰 하루 평균 이용 시간(음성통화 제외)

(단위: %)

구분		1시간 미만	1~2시간 미만	2시간 이상	평균(분)
2013년	10대	19.8	47.9	31.3	133.9
	20대	20.7	54.6	24.7	123.9
2015년	10대	28.2	25.1	46.6	124.4
	20대	23.2	27.0	49.7	128.6
2016년	10대	20.6	25.9	53.5	132.5
	20대	15.9	25.8	58.3	149.7
2017년	10대	13.9	31.7	54.5	132.4
	20대	9.4	28.7	61.9	141.1
2018년	10대	13.1	24.5	62.2	140.8
	20대	9.8	25.1	65.2	156.3
2019년	10대	9.8	22.5	67.7	154.7
	20대	9.6	21.1	69.4	176.9

출처: 방송통신위원회(2015, 2016, 2017, 2018, 2019). 방송매체이용행태조사

(3) 스마트폰 기능별 중요도

2019년 청소년이 생각하는 스마트폰 기능별 중요도를 보면, 10대 청소년은 커뮤니케이션이 90.5%(중요하다와 매우 중요하다를 합함)로 가장 많았고, 다음으로 정보검색 정보전달이 76.9%, 미디어 콘텐츠 시청 76.5%의 순이었다. 20대는 10대와 달리 정보검색 정보전달이 87.0%(중요하다와 매우 중요하다를 합함)로 가장 많았고, 다음이 커뮤니케이션 85.3%, 미디어 콘텐츠 시청 76.6%의 순이었다. 스마트폰 기능별 중요도에 대해 연령별 차이가 있음을 알 수 있다. 10대에게는 커뮤니케이션의 기능이 중요한 반면에 20대에게는 정보검색 정보전달의 기능이 더 중요한 것으로 나타났다.

〈표 9-7〉 스마트폰 기능별 중요도

(단위: %)

구분		전혀 중요하지 않다	중요하지 않다	보통이다	중요하다	매우 중요하다	무응답
정보검색 정보전달	10대	1.4	3.5	18.1	38.6	38.3	-
	20대	1.0	1.8	10.2	35.0	52.0	-
미디어 콘텐츠 시청	10대	1.3	2.6	19.6	36.7	39.8	-
	20대	1.3	4.5	17.6	35.9	40.7	-
커뮤니케이션	10대	1.3	1.2	6.9	31.8	58.7	-
	20대	0.7	2.4	11.6	28.5	56.8	-

출처: 방송통신위원회(2019). 방송매체이용행태조사

05 청소년 도구 매체 문화 접근 시각

2016년에는 게임을 마약, 알코올, 도박, 향정신성 의약품과 함께 5대 중독 중 하나로 규정하여 질병코드로 치료하겠다고 했다. 중고생은 스트레스를 많이 받을수록 인터넷 게임에 빠지기 쉽다(박병선 · 박수지, 2016).

청소년기는 생리적으로는 자극추구성향이 최고조에 달하고 심리적으로는 자신의 한계를 실험하고자 하는 욕구가 충만한 시기로 위험을 추구하게 되어 있다. 인류는 이 위험추구성향을 적절히 활용해 성장의 계기로 삼아 왔다. 많은 문화권에서 성인식의 일종으로 험악한 도전과제들을 만들어 청소년에게 제공했다. 남태평양 지역에서는 성인식으로 번지점프를 한다. 잘못 떨어지면 목뼈가 부러질 수도 있는 위험한 게임이다. 이런 것을 통해 청소년이 스스로 자신의 능력과 가치를 확인할 수 있게 되는 것이다. 그러나 현대사회에서 청소년은 물리적 위험과는 거리가 먼 생활을 하고 있다. 그 결과 도시의 청소년은 스스로 위험과 자극을 찾아 나서게 된다. 그것이 이들이 온갖 모험을 찾아다니며, 그것이 여의치 않을 때는 약물이나 향정신성 물질, 혹은 컴퓨터 게임에 몰입하게 되는 이유라고 하는 데(천정웅 외, 2014)는 타당성이 있다.

그 타당성에서 도구에 몰입하지 않고, 문화적인 차원에서 게임과 스마트폰, 인터넷을 수용할 수 있기 위해서는 게임과 비슷한 수준의 즐거움과 몰입을 경험할 수 있는 콘텐츠를 청소년에게 제공해 주어야 한다. 스트레스가 많은 청소년이 다양한 활동을 하면서 지낼 수 있도록 가정, 학교, 사회의 노력이 필요하다. 콘텐츠를 제공해 주지 못할 경우 스스로 찾아볼 수 있는 여건이라도 마련해야 한다. 청소년 시설에서 제공하는 여러 가지 활동 프로그램이나 동아리 프로그램이 이런 역할을 제공할 수 있다. 프로그램을 제대로 이용할 수 있는 사회적 기반이 뒷받침되면(이용할 시간과 여건이 마련되면) 청소년은 새로운 차원의 문화적 삶을 살 수 있을 것이다. 조금 관대하게 청소년을 바라봐 주자. 매체 교육을 통해 스스로가 도구의 활용자가 될 수 있도록 도와주는 것도 한 방법이다.

청소년문화의 기본 기능은 기성세대와의 차별이다. 그러므로 부모가 주도하는 게임은 청소년문화로서의 기능을 하지 못한다. 청소년이 어른에게 기대하는 것은 자기가 힘들고 어려운 상황에서 의지할 수 있는 존재, 즉 안내자이다. 인터넷 공간에서 발생하는 청소년문화를 완전히 모른 척하지도 말고, 그렇다고 너무 그 속으로 들어가 버리지도 말아야 한다. 마음의 통제가 중요하다.

청소년은 다양한 문화를 통하여 자신을 드러내며 자신을 알아간다. 또한, 그들의 문화 안에 어른들의 문화가 티 나지 않은 모방으로 들어가 있다. 그러므로 어른들부터 삶의 균형을 유지하면서 자신의 문화와 무관심도 동일시도 아닌 적당한 거리를 유지하며 삶의 근원적 지혜를 바탕으로 조언을 해 주는 것이 필요하다.

[청춘 리포트] 게임하며 수다 떠는 재미, 어른들은 모를걸요

1990년대 후반 고등학교를 다녔던 지금의 30대 중에는 PC방을 특별한 공간으로 기억하는 이가 많다. 학교가 끝나자마자 PC방에 달려갔고 '배틀넷'에서 친구들을 만났다. 2016년의 고등학생들은 어떨까. 친구들과 만나 PC방에 가고 컴퓨터 앞에 앉아 친구들이 접속하길 기다리는 모습은 크게 달라지지 않았다. 그러나 'PC방 1세대'와 현재의 고등학생이 게임을 이해하는 방식은 달랐다. TONG청소년기자들이 일반고 · 국제학교 · 자사고 등 다양한 형태의 학교에 다니는 고교생 90명에게 게임을 어떻게 생각하는지 같은 세대의 시각으로 물었다. 청소년은 학업에 도움은 안 되지만 우정을 쌓고 스트레스 풀기에는 게임이 좋다고 한다. 게임을 하면서 하던 욕이 현실에서 나도 모르게 툭 튀어나오는 것은 문제라고 그들도 공감한다.

전문가들은 청소년에게 게임은 즐거운 놀이, 욕구실현의 공간, 친구들과 만나는 소중한 공간이므로, 게임을 문제의 근원으로 보지 말고, 청소년이 통제력을 키울 수 있도록 도와주는 것이 필요하다고 한다.

출처: 박성조(2016. 10. 4.).

C · H · A · P · T · E · R 10

청소년문화발전의 새로운 도식

01 청소년문화는 청소년의 순수함 발견

청소년문화가 청소년 중심에서 벗어나 여론의 휘둘림을 받는 이유는 신세대문화의 진취적 영향, 청소년이 발산하는 사회적 의미를 바르게 해석하지 못하기 때문이다. 그러므로 이를 깨닫고 이에 대한 균형 잡힌 시각을 갖는 것이 매우 중요하다.

전통적으로 청소년문화에 대해서는 영화 「*Bowling for Columbine*」(2002)에서와 같이 청소년의 폭력적 행태를 비난하는 곡해된 해석과 그로 인한 대중의 문화인식을 문제로 연관시키는 것을 매우 당연시 여겼다. 즉, 사회문제의 본질적 문제가 드러나는 것을 두려워하는 집단(누구인지 모를 수 있기도 함)이 청소년이 선도하는 대중문화를 범인으로 몰아세우는 경향을 문제시하고 있는 현실에서 우리 모두가 청소년문화의 혁신성을 규제하는 데 익숙한 것은 아닌지 되돌아볼 필요가 있다.

무엇보다 우리의 사회적 관점은 청소년의 범죄적 행위를 해석하는 사례(영화

「친구」(2013)) 중 모방범죄로 행위를 정당화하는 사례를 자주 발견한다. 대중매체는 청소년의 폭력과 특정 사건의 모방범죄로의 연결은 지극히 자연스러운 현상이라고 받아들이도록 반복적으로 설명함으로써 모르는 사이에 우리의 뇌리 속에 각인된다. 인기 있는 대중문화의 산물은 사람으로 하여금 현실에서 유사한 행위를 하게끔 부추기는 촉매제가 될 수 있으며, 자신의 행위에 대한 이성적 반성과 판단력을 마비시키는 위험한 영향을 준다고 규정함으로써 대부분의 동의를 하고 있는 것은 아닌지 절실한 고민이 필요하다.

다른 한편으로 본다면 청소년의 문화가 대중문화든 어떠한 문화요소든 창조적 주체자로 거듭날 수 있고 이를 통해 억압과 순종에 길들여진 기존의 삶의 방식에서부터 청소년이 벗어날 수 있다고 우리가 의식적으로 말할 수 있는지를 재점검해 보아야 한다.

그럼에도 청소년문화를 바라보는 시각에는 여전히 상반된 견해를 갖고 있다.

첫째, 청소년문화는 청소년에게 새로운 자유와 해방을 위한 도구로 작용을 하고 있는가?

둘째, 청소년문화는 여전히 청소년을 억압과 굴레로 규정하려는 소극적이고 제한적인 표현 방식인가?

이 두 가지 차원에서 청소년문화를 바라보는 우리는 어떠한 부분에 더 비중을 두고 있는지 아니면 이 두 가지를 어떻게 하면 적절히 혼용할 수 있는지 많은 생각이 필요하다. 더불어 청소년문화에 대한 다양성을 지각하게 되는 기성세대의 시각이 다양할수록 그 효과는 지대하게 될 것이다. 통상적으로 보면 우리가 청소년문화를 바라볼 때에는 상당한 부분에서 양극단적 관점이 지배적이었다. 즉, 수용과 거부, 선함과 악함, 좋음과 나쁨이라는 획일적 시각이 당연시되었다. 일반적으로 문화에 대한 개념을 규정할 때 다양성의 대전제가 기반되어야 함에도 불구하고 이를 청소년에게 적용할 때에는 다양성은 '머리 아픔', '골치 아픔' 행태로 규정해 버린 이중성이 컸다.

다양성을 위한 기반을 제공해 주어야 한다고 말하면서도 청소년이 다양한 의견을 제시하는 통로를 요구하면 관리의 어려움, 사회적 비판에 대한 한계 등으로 설명해 버리곤 한다. 물론, 청소년 발언대나 소통의 공간이 다양해지면서 나타나는 그들의 의견은 사회가 포용하기 어려운 문제가 분명히 존재한다. 그래서 있는 그대로 청소년의 의견을 받아들이기 쉽지 않은 면도 있다. 따라서 사회가 청소년의 의견을 있는 그대로 받아들이기보다는 한번 더 걸러 주는 인식의 전환점이 필요하다. 청소년의 의견은 무조건 좋은 것이고 받아들여야 한다는 획일적 시각도 위험하기는 마찬가지이다.

다만, 이러한 시각의 전향성은 정책의 다양성과 맞물릴 수 있어야 한다. 우리는 청소년의 문화적 관점을 확대해야 한다는 필연성에는 동의하고 있다. 그런데 방법상에서는 유형과 무형, 존재와 비존재, 행함과 거부 등의 이분법적 논리에 매몰된 모습이 강하다. 예를 들면, 학교 내에서 이루어지는 야간자율학습(야자)의 경우도 정책으로 확산되면 해야 한다는 관점과 해서는 안 된다의 관점이 팽팽하게 대두된다. 여기에서 청소년의 의견이나 관점의 다양성은 무의미하다. 단지 두 가지의 의견 대립을 어떻게 조율하느냐가 정책의 중요한 문제로 나타나게 된다. 그런데 이러한 정책의 펼침에는 다양성의 의견이 나타날 수 있어야 한다. 야자를 하더라도 학교 내에서 질식할 것 같은 분위기에서 숨죽이고 행하는 야자가 아니라 원하는 대로 할 수 있는 야자, 희망하는 분위기를 선택하는 야자, 음악을 들으면서 자신의 생각을 꿈꾸고 그러한 꿈이 야자를 통해 현실화되도록 하는 방식의 다양성에 대한 생각을 공유하는 관점이 필요하다.

공교육에 비해 사교육의 효과가 있을 수 있음에도 불구하고 이를 법과 제도로만 규제하는 안일함은, 결국 교육의 수월성이 필요함에도 불구하고 다수의 공공선을 무기로 절대악과 선의 차별적 대결로 몰아가고 있다. 어떠한 정책이든 청소년에게 문화를 위한 관점을 두 가지로 바라보는 것은 매우 쉬운 의사결정이다. 행하거나 회피하거나 둘 중 하나를 선택하게 하고 이를 대중에서 알려 주면 되는 정책의사결정은 적어도 청소년문화요소의 다양성에서는 절대 있어서는 안 되는 원시적 모습임에도 우리는 자주 이러한 문제를 당연시하고 있다.

우리가 청소년의 문화를 바라보는 시각의 다원성을 논하며 담론으로 규정한 일반화가 때론 잘못되었다고 감히 말하는 것은 청소년문화에 대한 기회 제공이 어떠한 의미로 나타나야 하는가에 대한 생각의 전환이 필요하기 때문이다.

청소년의 모습이 어제와 다를 수 있음을 깨우치지 못한다면 청소년의 문화에 대한 의미를 논하는 것은 무의미하다. 문화적 가치를 발견하려는 노력은 단순한 현상에 대한 성취 정도를 파악함이 아니라 그 결과 이전에 내재된 과정과 의미의 발견을 추구하는 데 목적을 두어야 한다. 따라서 문화 발견의 가치를 이해하는 그 순간 청소년의 존재감에 대한 이해가 가능하고 그 이후에는 청소년문화의 필요성과 존재성에 대한 유의미한 결과를 발견하게 된다.

청소년문화를 이해하는 첩경에서 우선시되어야 할 가장 중요한 요소는 문화적 순수함에 대한 올바른 이해이다. 문화의 출발점은 순수함의 발로이지만 권력을 표현하는 집단의 관점이 개입하게 되면 순수함은 다른 의미로 포장된다.

인간의 경우 [그림 10-1]과 같이 자연의 지배자인 동시에 사회의 지배자가 되길 원하며, 동시에 자신 속에 존재하는 인간의 내적 자연(육체, 환상, 욕구, 감정 등)과 같은 것을 통해 사회적 통제가 가능한 합리적 주체를 만들기 위한 시도가 새로운 변화를 수반하기 어렵게 만들고 있는 경우가 많다.

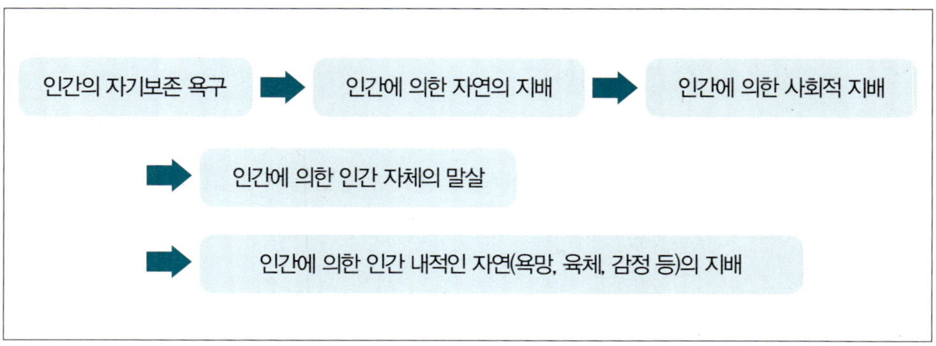

[그림 10-1] 인간의 자기보존적 태도와 문화억압과의 관계

문화의 근본적 의미는 자신이 속한 사회적 틀 속에서 자신이 원하는 바를 영속적으로 보존하려는 욕구가 강하다. 그래서 인간은 문화적 동물이라는 정의가 가능한 것이다. 하지만 오히려 이러한 문화를 보호하려는 욕구가 강할수록 역기능이 만들어질 수 있다. 우리는 기본적으로 어떠한 것을 보존하려는 목적이 타당하면 그대로 준용하려는 태도를 보이지만 보전과 보존의 의미는 다를 수 있다.

보전은 기본적 상태를 최대한 유지한 자연의 상태를 근간으로 최소한의 영향력을 발휘하려는 것을 의미하지만, 보존은 잘 간수하고 남도록 하는 다소 인위적 경향성이 많이 개입되는 것을 의미한다. 적어도 문화전수는 이러한 보전의 상태를 넘어서 보존의 의미로 확장되는 것을 의미한다. 곧 인간의 생각과 가치관을 그대로 전이시키되 조금 더 가공하여 새로운 형식으로 확장시키려는 것을 의미한다.

따라서 문화전승이라는 관점에서 이러한 인위적인 태도가 얼마나 가미되는지에 대한 고려를 철저히 해야 한다. 특히, 청소년의 문화전승이라는 관점에서 성인이나 기성문화를 그대로 받아들이기를 강요하는 태도가 있지 않나 하는 점을 끊임없이 점검하고 이에 대해 스스로 반성하는 태도가 우선되어야 한다.

우리가 청소년문화에 대해서 수용 불가, 정상적 통로로부터 벗어난 행동이라고 규정하게 됨으로써 내일의 성공을 위해 오늘의 기쁨은 얼마든지 희생하고 단념될 수 있다. 미래의 행복을 위한 공부는 어른의 무자비한 폭력이라는 점을 인식하면서 스스로 자기검열을 만들어 버리는 점이 있음을 깨달아야 한다.

통념적으로 바라보는 문화의 순수성은 항상 아름다운 결말을 지니고 있을 때 가장 빛이 난다. 그리고 그것은 사회적으로 받아들일 수 있는 보편성에서 크게 어긋나면 안 된다는 점이 무의식의 기저에 내재되어 있다. 하지만 청소년은 문화표현이라는 행태만을 하는 것 자체로도 그 영혼의 순수함을 표현한다. 뭔가 다른 행동을 하려는 시도나 다른 결과를 만드는 노력을 아름답게 바라보는 순간 그들은 문화적 재생력을 가진 탐구자로 거듭난다.

문화는 순수함 그 자체라고 여김을 받을 때 가장 큰 빛을 얻는다. 그러한 순수함을 가치로 여길 때 행위에서도 성취지향성의 목표가 이루어진다. 청소년은 성장이라는 과정을 반드시 거쳐야 한다. 인간이 존재성을 발견하는 과정에서 비움과 채움을 영속적으로 거듭하면서 자신의 존재를 발견하게 되는데 여기에 가장 중요한 가치를 이해함에는 순수성의 보장이 반드시 필요하다. 청소년을 문제나 보호의 대상으로 규정해 버리는 순간 청소년의 순수성은 의심받는다. 그럼에도 이러한 시각은 그동안 자연스러운 행태로 인정받았다.

그렇다면 앞으로 청소년의 문화를 재인식하는 방향성의 관점은 어떠해야 하는가에 대해서 심도 있는 논의가 필요하다. 앞서 언급했던 기성세대가 청소년의 문화를 바라보는 시각으로 청소년문화를 바라보는 것이 아니라 전향적인 새로운 방향성의 시각이 청소년의 문화를 설명해 주어야 한다. 이는 [그림 10-2]에서와 같이 청소년문화에 대한 청소년의 생활참여, 자율적 행동 그리고 자기의사결정권이라는 비형식적 논리의 확신이 전제되어야 한다.

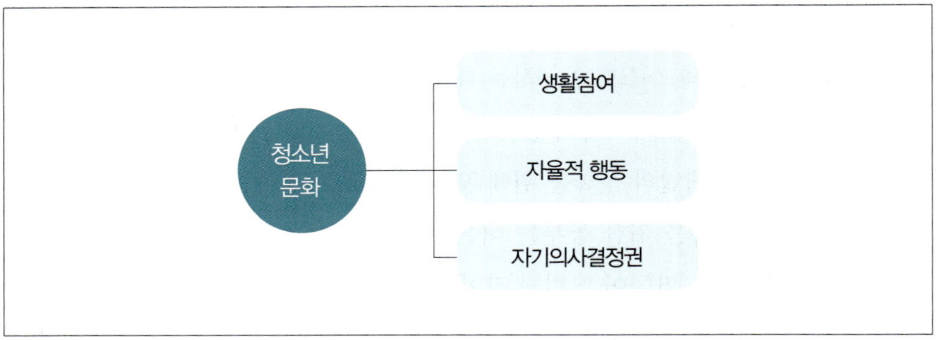

[그림 10-2] 청소년문화 순수성 인식의 필수조건

첫째, 청소년문화 순수성을 위한 가장 중요한 요소는 청소년의 자기결정권의 확장이다. 청소년의 문화표현행태가 단지 좋아서, 관심이 있어서, 할 것이 없어서의 결과 중심적 시각이 아니라 청소년의 자기결정권을 얼마나 자연스럽게 확장시키는가의 시각에 초점이 맞추어져야 한다. 지금까지의 청소년문화의 시각은 주로 행동적 관점에서 나타난 결과에 초점을 두고 있었기에 해결을 하려는 모습도 마당이나 장의 마련, 유사한 형태의 기회만 만들어 주면 될 것이라는 안일한 태도가 주류를 이루어 왔다. 청소년의 여가와 놀 거리가 없었기에 문화존(zone)이나 여가 기회의 마련이 우리가 해 주어야 할 가장 핵심적 요소라고 만족하였다. 이러한 태도는 그대로 정책으로 이루어진다. 하지만 조금 더 넓게 바라본다면, 청소년의 문화적 참여행위는 자신의 삶을 주도적으로 판단하고 결정하여 자신만의 책임성을 강화하기 위한 수단으로 자리 잡을 수 있어야 한다. 만약, 청소년문화담론에서 청소년의 자기결정권이라는 인식이 조금이라도 확대된다면 지금의 청소년문화제공에 대한 보편적 인식은 엄청난 변화가 일어날 것이다. 작은 부분에서는 가정, 학교, 집단, 지역사회 등의 참여가 이루어질 수 있으며, 넓게는 정치, 경제, 사회 등 전 부문으로 청소년의 행동이 나타날 수 있을 것이다. 곧 자신에게 영향을 주는 행동에 대해서 적어도 자신의 생각이 어떠한 모습으로 나타날 수 있을 것인가를 확인해 보는 기회로 삼을 수 있다. 아마도 청소년이 문화요소에 대해서 자신의 결정권한을 높이고, 그런 행태가 청소년 스스로의 행동에 회귀됨을 자각하게 된다면 자기결정권을 포기할 청소년은 없을 것이다. 기성세대가 청소년의 자기결정권을 이해하게 된다면 청소년 중심의 정책 변화가 가능하다. 청소년문화를 위한 기반 조성에서 청소년에게 어떠한 방식으로 자기결정권을 나누어 줄 것인지를 먼저 고려하는 정책을 만들어낼 수 있다. 청소년의 문화적 자기결정권에 대한 인식은 단지 표면적이거나 상징적인 결정권의 나눔이라는 점으로 여겨져서는 안 된다. 결과적으로 청소년의 문화인식을 개선하고 문화창조적 여건을 수용함에 있어서 가장 중요한 대안은 바로 문화자기결정권의 수용이다.

둘째, 청소년문화 순수성을 위한 관점에서 청소년의 자율적 행동을 위한 시각의 전환이 필요하다. 지금까지의 청소년문화요소는 형식적이고 다분히 기성세대의 입장을 대변하는 수단으로 이용되었다. 또한, 역설적으로도 청소년의 의견을 수렴한다는 행태나 청소년 중심으로 표현을 강화하는 전문가, 정치인 등 많은 사람도 내면적으로 보면 청소년에게 권한을 나누어 주려는 실제적 모습보다는 다분히 구색 맞추기에 급급하였다. 하지만 이러한 태도로는 청소년의 직접적 문화행태에 대한 발전적 태도를 구하기 어렵다. 물론, 형식과 방법에서는 기성세대나 정책입안

자의 의도가 중요할 수 있다. 하지만 그러한 정책적 요소에서 어떻게 하면 청소년의 자율적 행동을 목표로 삼을 것인가와 그러한 모습이 실제로 구현될 수 있는 노력이 무엇인지를 생각하는 것이 더 중요하다. 청소년의 자율적 행동을 위한 방법론 중의 하나로 청소년동아리육성을 들 수 있다. 정부 부처가 주관하는 동아리활동의 지원 방식, 서울시나 지자체가 지원하는 동아리 지원, 학교에서 지원하는 동아리활동 지원, 시 · 군 · 구 단위에서 지원하는 동아리 지원 등 수많은 형식의 동아리 지원 방식이 산재되어 있다. 그런데 이러한 접근 방식을 보면 정책입안자는 청소년의 자율적 행동에 도움이 되는 정책이 바로 동아리활동이므로 형식과 방법은 무시한 채 수많은 동아리지원사업만 펴면 되는 것으로 착각하는 경향을 보인다. 하지만 실제 지원을 받는 청소년은 주관 기관만 다른 동일 사업 여기저기를 기웃거리게 된다. 결과적으로 아무런 생각을 하지 않게 만들어 버린다. 그래서 정책의 효율성과 체계성이 필요하다. 각기 부서나 기관에서는 어떠한 방식으로 청소년의 자율적 행동을 보완할 것인가 그리고 방식의 차이가 청소년에게 어떠한 차별성으로 나타나게 될 것인가를 고려하는 작업이 필요하다. 이러한 관점의 차이가 바로 청소년의 자율적 행동을 구현하는 데 적용되어야 할 핵심적 변화이다.

셋째, 청소년문화 인식 개선에서 중시되어야 할 핵심요소는 바로 생활참여적 관점의 확장이다. 좋은 제도와 정책에 다수의 청소년이 참여하게 하고, 문화적 혜택을 다양하게 누리도록 해야 한다. 청소년의 문화 구조는 항상 소수의 의견 나눔, 참여, 그리고 선택적 기회의 부여로 이루어져 있다. 이는 다수보다는 소수, 특정 집단에 편중된 정책을 펴는 것이 매우 손쉽고 편리하기 때문이다. 다수의 의견을 조율하고 이들의 사회적 참여를 위해서는 청소년문화에 대한 긍정적 인식, 사고의 전환을 위한 대국민 홍보, 혁신성의 변화를 접목하려는 태도가 기성세대에게 매우 중요하다. 청소년의 문화적 조건 중 가장 적극적인 논의가 이루어져야 할 부분은 바로 청소년의 삶에 영향을 주는 생활조건과의 결부성이다. 청소년의 문화적 상징성은 미래지향적인 모습을 보이기도 하지만 현재의 삶이나 생활에 변화를 수반하는 요소와 밀접한 관계를 보인다. 개인의 미래역량을 충족시키고 그런 능력을 보유하도록 하는 행위를 직접 실험하는 것은 현재의 조건일 수밖에 없다. 즐거운 생활, 즐거운 마음, 즐거운 조직과 여건을 만드는 현재의 생활 구조나 삶의 긍정성을 이끌어 가도록 지원하는 여러 정책과 행태의 수용이 있어야만 청소년이 건강한 문화적 기반을 영위해 나갈 수 있다. 곧 청소년의 문화적 기반에 대한 조건과 상황을 얼마나 자주 그리고 강한 접근성으로 제공해 줄 수 있는가의 여부가 곧 청소년문화발전의 당위성이기 때문이다.

사람들은 미래사회를 규정할 때 보통 발전적 태도를 명시적으로 표현할 수 있는 수단이 있으면 그 범주에 삽입하여 대안을 만들어야 한다는 태도가 매우 강하다. 특히, 오늘날과 같은 산업의 변화를 이미 경험한 사람들은 어떠한 점이 강력한 힘을 얻을 수 있는 수단인지를 잘 알고 있다고 여긴다. 물질과 금전, 정보와 권력의 관계를 최우선시하는 작금의 사회는 여전히 더욱더 강력한 제도적 골격이 견고하게 됨을 발견하게 된다.

제도적 틀이 강력할수록 청소년은 오히려 심각한 피해자로 전락하게 된다. 외부의 조건에 길들여지게 되면 청소년이 표현해야 할 가치는 더욱 심연으로 가라앉게 되고 청소년의 문제만 부각하여 물질적 행위에 맞춘 문화적 행태를 고착화하기 때문이다. 이러한 한계를 스스로 극복하며 청소년이 건강한 마음을 열 수 있도록 기회를 제공해 주는 것이 바로 청소년문화인식의 첩경이다.

02 청소년과 함께하는 문화적 지킴이

앞으로는 과거보다 엄청난 변화를 수반해야 하는 사회적 변화의 소용돌이가 몰아오고 있다. 인간의 지능을 뛰어넘는 기계화와 이를 이용하는 기술의 공존, 더불어 더욱 중요해지는 자연과의 탐색과 탐사의 직접적 경험성, 소극적으로 바라보고 만족해 나가는 행태를 넘어서 직접 참여를 조장해야 하는 환경과 여건의 다양성 등은 청소년의 문화적 욕구를 충족시켜야 하는 내외적 특징의 변모이기도 하다.

역설적으로 환경과 멀어지는 조건이 심화되면 될수록 오히려 환경을 이용해야 하는 비인간화된 인간의 인간화의 구체적 도움이 필수적인 상황으로 도래되고 있다. 특히, 물질과 비물질이 혼재된 오늘날의 문화적 다양성을 인간 중심, 무엇보다 청소년 중심으로 전환시키기 위해서는 미래사회의 기술과 정보 등의 혁신성에 따른 도구의 활용도 중요하지만, 더욱더 인간으로서의 기능을 잘 발휘하여 정신과 사상의 통합을 이루는 인간 본연의 존재감을 찾는 노력이 중시된다.

과거 루소의 자연으로 돌아가려는 마음이 왜 오늘날의 문화적 특성을 주장하는 시대에서 더욱 중요하게 대두되어야 하는가를 돌이켜 보면서 인간 중심의 가치관이 청소년에게 더 중요하게 작용해야 한다는 마음가짐을 정립할 필요가 있다. 누군가는 미래지향적 기술을 적극 활용하는 것이 중요한 변화이자 진보라고 할 수 있지만, 그럴수록 청소년에게 제공되어야 할 핵심가치는 더불어 살고 함께 지내며 공존의 가치를 느끼는 자신의 이야기를 만들어 가는 것이어야 한다. 이를 위해서 청소년문화는 청소년만이 만들어 간다는 시각을 가져서는 안 된다. 청소년이 문화적 다양성을 가질 수 있도록 이끌어 주고 배경과 마당을 만들어 주는 지원과 조력을 함께 해 나가야 한다.

오늘날 청소년은 가장 중요한 사람을 필요로 하는 대상이다. 의미 있는 타자로서 존재감이 큰 사람이 곁에 존재해 줌으로써 청소년은 자신의 삶 중심의 청소년 정책을 이행해 나가고 동시에 결과에 대한 가치를 수반하게 된다. 누구보다 청소년지도자의 역할이 중시되는 것이 문화적 가치와의 연계에서 나타난다. 그러나 청소년문화를 지원하는 지도자의 문화지원은 결정권을 가진 선도자라는 지각에 그쳐서는 곤란하다. 오히려 청소년문화를 더불어 이끌고 함께 도움을 주면서 청소년 스스로가 만들어 가는 문화지킴이로서의 역할이 강조되어야 한다.

그렇다면 자칭 청소년문화지킴이로 일컬어질 수 있는 청소년지도자에게 어떠한 태도와 자세가 필요한가? 청소년과 함께하는 문화지킴이가 되기 위해서는 청소년문화에 대한 사고의 혁신이 필요하다.

물론, 청소년문화지킴이가 되는 전제에는 청소년을 통제하고 규제하는 획일적 시각이 아닌 청소년에게 호응받는 역할을 하되 문화코디네이터로서의 역할을 할 수 있는 다양한 관점의 능력이 요청된다.

1) 문화공간의 장(場)에서 벗어나 기능적 다양성 측면으로 확산

청소년문화의 공간에서 만남이 자유롭게 이루어지는 기회를 충분히 얻고 있는가를 우선적으로 고려해 보아야 한다. 충분한 문화만남의 기회가 이루어지기 위해서 필요한 공간과 여건의 확대는 어느 정도로 제공되고 있는가의 확산적 사고가 전제되어야 한다. 대부분 청소년문화를 결정할 때 일정한 공간과 장소의 개념으로만 생각하고 있는 것을 최선의 노력이자 능력으로 바라보거나 그러한 결과에 만족하고 있다면 청소년에게는 오히려 불행으로 작용하게 될 것이다. 물론, 우리 주변에 청소년의 문화를 확대하려는 공간의 확장 가능성을 알고 있는 것이 청소년문화지킴이인 청소년지도자가 가져야 할 능력이자 자세이기는 하지만, 필요충분조건이지 전체의 획일적 조건은 아님을 인식해야 한다.

2) 문화체험을 위한 환경의 평가다양성 확산기능

문화는 청소년의 문화적 요구에 따라 다양한 활동을 기획하고 실행하는 과정에 참여하는 것이다. 그런데 문화참여와 성과를 얼마나 많은 수의 인적 자원이 참여해야 하는가의 형태로 규정한다면 문화참여의 성과는 평가절하된다. 청소년의 역동성, 차별성, 다양성 등은 숨어 버리고 인원의 참여와 성과로 인한 확산과 파급효과, 다수가 주는 영향력 등으로 포장되어 버린다. 오히려 청소년이 감상적 시각에서 벗어나 창작의 기회를 얻을 수 있는 여건을 개별적으로 부여하려는 노력을 다양하게 하고 있는가, 그리고 우리는 이를 청소년참여위원회, 청소년운영위원회, 청소년특별회의라고 말하면서도 최소의 수준에 만족하고 있는 것은 아닌가 등에 대해 보다 구체적으로 말하고 그들의 의견을 수용할 수 있는 준비를 해야 한다. 청소년문화에서 가장 중요한 요소인 우리 청소년이 만들어 가는 참여 가능성에 청소년지도자들이 간결하면서도 직접적인 지원을 하는 것에 초점을 맞추어야 한다.

3) 인적 · 물적 네트워크 기능의 개발과 연계

네트워크는 정보서비스와 더불어 사람, 기관, 지역을 위한 연계 가능성을 만드는 것으로 청소년을 위한 지역사회의 거점 역할의 충분성을 말한다. 그런데 최근의 사회적 변화는 마치 공간과 물리적 구성이 필요 없을 정도의 다양한 네트워크가 구성되고 있다. 4차 산업혁명으로 명명되는 이 변화는 아무도 예측하기 어려운 사회적 변화이다. AI가 지배하는 세상, 공장과 시설이 없어도 소비자와 생산자의 연계가 가능한 세상, 직접 물건을 생산하지 않아도 주인이 될 수 있는 세상 등 이전에는 상상도 하기 어려운 변화가 다가오고 있다.

과거 슈퍼컴퓨터와 인간의 체스 대결은 그리 큰 반향을 일으키지는 않았다. 하지만, 알파고의 혁신은 우리에게 엄청난 변화와 예상보다 큰 심리적 충격파를 일으키고 있다. 체스는 서양의 놀이이지만 바둑은 아시아, 동양의 사상을 대표하는 상징성이 더욱 크기 때문에 우리에게 주는 변화의 목소리가 더욱 강조되는 느낌이다. 해를 거듭하면서 알파고의 역량은 더욱 강화되고 누구도 범접하기 어려운 사회의 혁신과 변화의 시대로 가고 있으므로 여기에서 도태되어서는 안 된다는 심리적 불안감이 더욱 커지고 있다.

세상의 변화가 수반되는 여러 관점을 보면 작금에서 가장 큰 발전을 이룰 것으로 예상되는 무인자동차 기술을 예로 들어 보자. 각종 법과 제도적 기반이 마련되어 실제로 무인자동차가 상용화된다면 그 자동차를 타고 있는 우리의 모습은 어떨까? 목적지에 도착할 시간 동안 정보검색을 할 것이다. 그래서 무인자동차에 엄청난 정보검색기업이 관심을 갖고 투자를 하며 미래사회변화를 주도하려고 한다. 그렇다면 결국 얼마나 많은 정보를 연계하고 분석해 낼 수 있는지, 이를 소비자와 어떻게 연계해 줄 수 있는지가 중요해진다. 또한, 지역사회에서 거점 역할을 하는 청소년문화나 공간, 장소, 여건은 얼마나 그리고 어떻게 만들 수 있으며, 작은 공간, 자투리시설, 문화장소 등의 장을 만들 수 있는지 관심을 기울인다면 새로운 시장의 접근도 가능하다.

최근 우리는 공유경제에 대한 이야기를 자주 듣는다. 쉽게 이해하기 어렵겠지만 특별한 기술보다는 여러 곳에서 가진 자원을 필요한 사람에게 적절히 분배하는 사업을 말한다. 예를 들면, 가장 큰 AIR B&B, 저가항공, 공간나눔의 TOZ, 카카오택시, 필요는 하나 구입해서 보유하기에는 부담스러운 건축 공구나 장난감 등 수많은 형태의 공유경제 시스템이 구성되고 있다. 앞으로는 더욱더 많은 형태의 전문가까지 나누어 주는 공유경제체계가 발달할 것으로 보인다. 청소년문화공간의 특성을 공유경제와 접목시킬 때에는 청소년과 청소년시설 간의 문화적 네트워크는 충분히 이루어지고 있는가 등을 고민할 수 있는 전문가적 자세가 매우 중요하다.

4) 학교의 기능을 보완하되 시스템을 변화시키는 문화조성기능

최근 학교의 기능을 다양성이라고 말하는 사람이 늘어나고 있다. 과거처럼 학교를 학생의 보호와 학습의 전수기능을 위한 상징적 공간으로 여긴다면 청소년에게는 이미 구시대적 공간이자 탈학교로서의 전형적인 대립각을 세울 수밖에 없을 것이다. 물론, 학교라는 공간이 학생에게 제공해야 할 핵심적 가치는 시대가 변해도 완전히 포기하기는 어려울 것이다. 이제 학교는 제도적 틀에서 벗어나 자유로운 곳이 되어야 한다. 과거에는 한 교실에 수많은 학생이 하나의 목표를 달성하고자 교사와 학생의 수직적 관계에서 지시적이고 전달적 관계의 모습이었다면 이제는 학생 개개인의 인격과 권리의 존중, 희망하고 원하는 바의 발굴, 그리고 개별적 행복을 추구하는 기회의 공여라는 곳으로 탈바꿈되어야 한다. 이 과정에서 청소년의 학교에 대한 요구가 다양해지고 그런 문제를 거론하기 시작하였다면 청소년문화공간이나 장소가 다양한 청소년의 문화적 욕구를 청소년공간에서 충족해 주고 있다고 생각하는지도 함께 고민할 수 있어야 한다.

학교에서 만들어지는 각종 규제와 제약이 형식적인 교육으로 제공됨이 아닌 청소년 스스로의 내적 의미를 강화하는 역할을 부여해 주고 있는가에 최적의 초점이 맞추어지도록 청소년지도자의 문화지킴이 역할이 필요하다. 그래서 이제는 문화지킴이의 자격으로서 학교와 학교 밖에서 모든 대상에 제도와 틀을 바꾸어 내는 혁신적 자세가 기본적인 태도로 수용될 수 있어야 한다.

5) 청소년의 건전한 사회관계형성의 장 마련

청소년의 발달과 사회적 애착관계, 긍정적인 자아의식의 형성에 도움을 주는 밀접한 멘토링의 형성공간, 청소년시설이 갖는 사회적 유대감을 충실히 제공하는 곳을 마련해 주어야 한다. 최근 청소년의 특성을 보면 개인주의적 특성을 보이는 경향이 많아지고 있다. 이들은 개인의 행동을 제약하는 환경적 요인으로 인해서 문제를 일으키고 있다. 학교를 마치고 학원을 가야만 친구를 사귈 수 있는 현실, 친구를 만날 수 있는 기회 부족으로 스마트폰을 통해서 게임을 하고 대화를 할 수밖에 없는 현실, 각종 안전사고와 문제로 인해 수동적으로 변해버린 비활동적 태도, 그리고 이에 편승한 안일한 정책으로 도전의 기회나 적극적 행동을 상실하게 만든 최근의 각종 지원제도 등은 청소년이 건강한 사회인으로 자라나는 데 필수적인 관계형성의 틀을 송두리째 앗아가고 있다.

하지만 이럴수록 청소년의 사회적 관계망을 구축하는 인위적인 구조의 형성은 필수적으로 확대되어야 한다. 또한, 이러한 문제를 해소하고 타개하기 위한 문화지킴이의 적극성이 요청된다. 축소지향적인 활동, 문화기회마련을 당연하게 여길 것이 아니라 그러한 기회를 필수적으로 제공해야 하는 논리의 개발과 대응책의 행위 중심 태도를 가슴 깊이 유지하고 계승 · 발전시키는 자세가 무엇보다 필요한 시점이다.

6) 문화참여는 청소년의 역량개발의 기회 인식

청소년의 역량개발이라는 관점에서 청소년문화는 청소년의 미래적 가치기준의 명료성을 구체화하여 새로운 삶의 역사를 써볼 수 있는 창의적 공간으로서의 기능을 해야 한다. 청소년에게 제공되는 무한한 기능의 확산이 이루어지는 최종의 목적은 바로 오늘의 기능을 바탕으로 미래의 삶을 자기주도적이자 자기결정권적 삶으로 행위를 마련해 나가는 힘을 얻도록 이끄는 것이다. 청소년에게 역량이라는 요소는 지금의 잘하는 것을 결과로 바라보는 것이 아니다. 이는 학교에서, 청소년시설에서, 현재 지금 있는 곳에서 잘하는 것도 중요하지만 어떠한 목적을 이행하고자 스스로 접한 행태를 꾸준히 이어나가되 지금은 다소 부족해도 이를 지속적으로 영위해 나가도록 하는 자신만의 노력이자 힘을 의미한다. 오늘날 청소년의 성장으로 행복을 바라보았던 관념에서 벗어나 자신의 세상을 꿈꾸고 그러한 세상에 있을 때 행복한 사람이 되어 가는 청소년으로 성장하게 만들도록 지원하는 태도가 바로 청소년문화지킴이의 능력이다.

오늘의 청소년이 미래의 역량을 충분히 갖추도록 하는 것을 당연시해야 한다면 청소년문화지킴이인 청소년지도자도 청소년의 미래를 이끄는 창조적 역량을 충분히 갖추어야 한다. 그래서 청소년과 청소년지도자의 역량은 밀접한 관계가 있고 또한 서로 보완적 관계를 유지해야 한다.

청소년이 문화창조자가 될 때 청소년지도의 대안이 이루어진다는 점에서 청소년을 위한 문화발전의 대책은 특정의 영역을 개선하려는 시도에서 벗어나 종합적인 행동을 표방하는 노력이 있어야 한다.

C · H · A · P · T · E · R

참고문헌

강정구 · 김종회 (2010). 일상인의 영웅화와 영상 전략 : 유하의 영화 〈말죽거리 잔혹사〉를 중심으로. 세계문학비교연구, 33, 427-445.

곽수란 (2009). 중 · 고등학생의 생활만족도 패널 분석. 교육사회학연구, 19(4), 1-20.

교육부 (2016). 학교폭력 감소 추세 지속 -2016년 1차 학교폭력 실태조사 결과-. 2016. 7. 18. 보도자료.

______ (2016). 학교폭력 감소 추세 지속 -2016년 2차 학교폭력 실태조사 결과-. 2016. 12. 5. 보도자료.

______ (2021). 학교폭력 실태조사 결과 발표. 2021.1. 20. 보도자료.

국립국어원 (2015). 청소년 언어문화 실태 연구를 위한 기초조사.

__________(2017). 청소년 언어문화 실태 심층 조사 및 향상 방안 연구.

국민대통합위원회 (2015). 청소년의 언어 실태 조사.

권일남 · 김태균 · 최진이 · 이상경 (2012). 청소년활동론. 서울: 학지사.

김기란 · 최기호 (2009). 대중문화사전. 서울: 현실문화연구.

김기중 (2009. 2. 11.). 다윈은 미래다 1부〈1〉다위니즘-선택과 적응. 한국일보.

김기찬 · 장석원 (2017. 2. 23.). "주 40시간 초과 근무 말자"…삶을 바꾼 선창산업 실험. 중앙일보.

김미리 (2019. 02. 23.). 학교 점퍼 · 후드 · 디셔츠…'편안한 교복'시대 온다. 조선일보

김미진 (2013). 청소년의 노스페이스 선호와 의복행동에 관한 연구. 인하대학교 석사학위논문.

김민관 · 윤재영 (2017. 3. 29.). "얘들아 PC방 모여" 스타 재출시에 설레는 3040 아재들. 중앙일보.

김민정 · 손정희 · 김현주 (2013). 근거 이론에 따른 청소년 언어 특성의 고찰. 청소년문화포럼, 34, 7-25.

김병수 · 김일태 · 설종훈 · 양세혁 · 윤기헌 (2008). 만화애니메이션사전. 경기: 한국만화영상진흥원.

김봉철(2007). 모바일 광고에 대한 태도에 영향을 미치는 선행요인: Ducoffe(1996)의 웹 광고효과 모델확장적용. 광고연구, 75, 35-59.

김성도 (2008). 호모 모빌리쿠스. 삼성경제연구소.

김성한 (2001). 도덕의 기원에 대한 진화론적 설명과 다윈주의 윤리설. 고려대학교 박사학위논문.

김영철 (1998). 청소년의 놀이문화 이해를 위한 시론. 청소년 상담문제 연구보고서. 문화관광부 청소년상담전문기관 청소년대화의 광장.

김은성 (2014). 신문사의 청소년 언어문화 재현 양상 연구. 한국초등국어교육, 54, 61-100.

김지원 (2009). 패션의 관점에서 본 청소년의 교복에 관한 연구. 고려대학교 석사학위논문.

김태경 · 장경희 · 김정선 · 이삼형 · 이필영 · 전은진 (2012). 청소년의 비속어 · 욕설 · 은어 · 유행어 사용 실태와 언어 의식 연구. 국제어문, 54, 43-93.

문화체육관광부 (2015. 12. 22.). 바르고 고운 우리말, 연극으로 만들어 봤어요!. 정책브리핑.

____________ (2015. 9. 10.). 청소년의 바른 언어생활을 위한 '안녕! 우리말'콘서트 개최. 정책브리핑.

____________ (2020). 2020 국민여가 활동조사(연구보고 11-1371000-000453-11).

박라미 (2009). 아동 미술표현의 상징성과 의미에 대한 소고. 미술교육논총, 23(1), 71-92.

박병선 · 박수지 (2016). 청소년의 스트레스가 인터넷 게임중독에 미치는 영향에 대한 가족, 친구, 교사관계의 다중매개효과. 보건사회연구, 36(1), 61-88.

박성조 (2016. 10. 4.). [청춘리포트] 게임 하며 수다 떠는 재미, 어른들은 모를걸요. 중앙일보.

박진규 (2015). 청소년문화. 서울: 학지사.

박하정 (2016). 청소년의 SNS 또래문화 인식과 사이버불링 잠재성 연구. 전북대학교 석사학위논문.

박현숙 · 정선영 (2011). 청소년의 위험행동 예방을 위한 역량모델 개발. 대한간호학회지, 14(2), 204-213.

박형수 (2017. 1. 25.). [열려라 공부] 중학생 100명 중 12명이 또래와 교류 없는 외톨이. 중앙일보.

방민희 (2016). 영국 미디어의 청소년 언어문화 보도에 관한 코퍼스기반 분석. 청소년문화포럼, 45, 35-59.

백천의 (2006). 코스튬플레이 패션에 대한 연구(1) :인터넷쇼핑몰을 이용하는 코스튬플레이어 중심으로. 한국의상디자인학회지, 8(1), 137-144.

서미순 (2016. 9.). 옷차림으로 읽는 인류사. 월간탁구.

성보훈 · 윤선아 (2010). 행복의 정의와 발달단계별 결정요인. 뇌교육연구, 9(6), 103-134.

안봉환 (2014). 성경 안에서 옷의 상징적 의미. 신학전망, 185, 132-165.

양병화 · 김영찬 (2008). 모바일 광고효과에 대한 상호인과성 모형 연구 : 광고 커뮤니케이션과 모바일테크놀로지의 융합. 광고학연구, 19(3), 157-171.

오윤선 · 황인숙 (2016). 청소년문화론. 경기: 양서원.

여성가족부 (2020). 청소년백서. 서울: 여성가족부.

__________ (2021). 청소년 통계. 2021.5.26. 보도자료.

유영아 (2007). 또래문화가 중학생의 자아정체감 형성에 미치는 영향에 관한 상징적 상호작용 연구. 인하대학교 석사학위논문.

윤순란 (2015). 옷의 형상을 활용한 존재론적 표현과 감각적 표현의 비교고찰. 한국기초조형학회, 16(2), 351-362.

윤정민 (2015. 10. 7.). '낄끼빠빠' 모르는 당신 '고답이' … 혹시 통역이 필요하신가요?. 중앙일보.

윤형섭 · 강지웅 · 박수영 · 오영욱 · 전홍식 · 조기현 (2012). 한국 게임의 역사. 경기: 북코리아.

이경렬 (2009). SNS기반의 모바일광고의 정보처리과정에 관한 규범적 모델의 개발에 관한 연구. 광고학연구, 20(6), 183-203.

이동진 (2003). 청소년 폭력집단에 관한 연구. 서울: 형사정책연구원.

이명신 · 곽종형 (2016). 청소년의 이성교제 경험이 사회적 관계에 미치는 영향. 사회복지경영연구, 3(1), 131-152.

이명진 (2011). 진화론적 인간본성과 지속가능한 개발의 의무. 인하대학교 교육대학원 석사학위논문.

이종희 (1998). 표상의 개념: 상징, 이미지, 모방과의 관계. 유아교육연구, 18(1). 55-68.

이현영 (2015). 여자 청소년을 위한 패션 스타일링 프로그램 개발. 패션 비즈니스, 19(2), 171-181.

이혜정 (1989). '노는 애들'의 세계: 중학생 또래집단의 학교 밖 생활에 관한 문화기술. 서울대학교 석사학위논문.

이혜정 · 오인영 (2010). 화장관심도와 화장행동에 따른 세분집단별 화장품 사용 실태: 여고생을 중심으로. 한국미용학회지, 16(2), 495-504.

장경희 (2010). 국어 욕설의 본질과 유형. 텍스트언어학, 29, 401-427.

장남경 · 박수경 · 이주영 (2006). 코스튬플레이 의상 소비문화. 디자인학연구, 67(19), 203-212.

장선미 (2013). 청소년들의 화장품 사용실태 및 구매행동에 관한 연구. 숙명여자대학교 석사학위논문.

전학열 · 최중진 · 김청송 (2015). 청소년위험행동에 대한 취약성과 탄력성의 영향. 청소년학연구, 22(2), 463-486.

정만수 · 조가연 (2012). 미디어 인게이지먼트와 제품관여도가 광고효과에 미치는 영향: 모바일 애플리케이션을 중심으로. 광고학연구, 23(2), 201-227.

정민자 · 노현미 · 하쾌남 (2015). MBTI 성격유형에 따른 놀이의 의미와 형태에 관한 분석. 복지상담교육연구, 4(1), 47~72.

정보통신정책연구원 (2015). SNS 이용추이 및 이용행태분석. KISDISTAT Report.

정선언 (2012. 10. 8.). 국민게임 '애니팡', 하루 올리는 매출 무려…헉. 중앙일보.

정종훈 (2016. 10. 31.). 한국 청소년 습관적 흡연 13.6세 시작. 중앙일보.

정지원 (2014). 학교폭력을 유발하는 메커니즘: 놀이 하위문화와 패거리 효과를 중심으로. 연세대학교 박사학위논문.

정진웅 (2011). 문화상대주의교육에 대한 비판적 고찰. 열린교육실행연구.

정하성 · 유진이 (2012). 청소년문화. 경기: 양서원.

조명환 · 김희진 · 최정순 (2010). 여가탐구생활. 서울: 백산출판사.

질병관리청 (2021). 2020년 청소년 흡연과 음주율 모두 감소해. 2021.3.31.보도자료.

조성연 · 유진이 · 박은미 · 정철상 · 도미향 · 길은배(2016). 청소년복지론. 서울: 창지사.

천정웅 · 장근영 · 이채식 · 김윤나 (2014). 청소년문화론. 경기: 양서원.

천정웅 · 김민 · 김진호 · 박선영 (2011). 차세대 청소년학총론. 경기: 양서원.

최화영 (2013).청소년 언어 사용에 대한 사례 연구. 이화여자대학교 대학원 석사학위논문.

통계청 · 여성가족부 (2021). 2021 청소년 통계.

하선영 (2017. 1. 25.). 업체서 수십만원씩 받고 옷 포스팅 '좋아요'에 중독된 삶 … 숨이 막혔다. 중앙일보.

한국여성정책연구원 (2018). 청소년 성교육 수요조사 연구:중학생을 중심으로. 서울: 한국여성정책연구원.

한국인터넷진흥원 (2019). 2019 인터넷 10대 이슈 전망.

한국청소년정책연구원 (2016). 청소년활동 참여 실태조사 연구Ⅲ: 기초분석보고서(연구보고 16-R09-1). 세종: 한국청소년정책연구원.

한국콘텐츠진흥원 (2021). 2020 게임 과몰입 종합 실태조사.

한상철 (2014). 청소년 위험행동의 기능과 지도. 청소년행동연구, 19, 5-33.

______ (2016). 저소득가정 청소년의 위험행동과 적응유연성에 대한 보호요인의 완충효과분석. 미래청소년학회지, 13(1), 69-90.

한승아 (2015. 1. 27.). "우리도 화장할 권리가 있어요" 10대 청소년 화장 실태조사. 뷰티경제.

한은경 · 문효진 (2013). 광고 인게이지먼트 구성요인에 대한 탐색적 연구. 광고연구, 99, 161-189.

한지운 · 나건 (2015). 청소년의 자아상징색채 연구 : 12-15세 청소년 중심으로. 한국색채학회논문집, 29(3), 47-56.

황혜미 · 천혜정 (2011). 여자 중학생의 화장 행위: 경험과 의미를 중심으로. 미디어, 젠더&문화, 19, 179-261.

Arnett, J. (1998). Risk behavior and family role transitions during the twenties. *Journal of Youth and Adolescence*, *27*(3), 301-320.

Barratt, E. S., & Patton, J. H. (1983). Impulsity: Cognitive, behavioral, and psychophysiological correlates. In M. Zuckerman(Ed), Biological bases of sensation seeking, impulsivity, and anxiety(pp. 77-122). Hillsdale, NJ: Erlbaum.

Bloom, L. (1970). *Language development: From and function of emerging grammars*. Cambridge: The MIT Press.

Bonnewitz, Patrice (2000). Premieres locons sur la sociologie de P. Bourideu. (문경자 역). 부르디외 사회학 입문. 서울: 동문선. (원저 출판 1997).

David Walsh (2011). 10대들의 사생활: 부모가 놓치고 있는 사춘기 자녀의 비밀. (곽윤정 역). 서울: 시공사. (원저 출판 2007).

Denys Cuche (2009). 사회과학에서의 문화 개념: 사회학과 인류학을 중심으로. (이은령 역). 파주: 한울아카데미. (원저 출판 1996).

Fraser, M., & Dutta, S. (2008). *Throwing Sheep in the Boardroom: How Online Social Networking Will Transform Your Life, Work and World*. Wiley.

Fulong, M. J. (2000). The school in school-related violence; Definitions and facts, Journal of Emotional and behavioral Disorders, Summer, Retrieved May 15. 2001 from Findarticles.com database on the Web site: http://www.findarticles.com.

Guerra, N. G., & Bradshaw, C. P. (2008). Linking the prevention of problem behaviors and positive youth development: Core competencies for positive youth development and risk prevention. *New Direction for Child and Adolescent Development*, *122*, 1-17.

Hernandez, B., Julio Jimenez, & M. Jose Martin. (2009). The Impact of Self-efficacy, Ease of Use and Usefulness on e-purchasing: An Analysis of Experienced e-shoppers. *Interacting with Computers*, *21*, 146-156.

Howard Gardner, & Katie Davis (2014). 앱 제너레이션. (이수경 역). 서울: 와이즈베리. (원저 출판 2013).

Irwin, C.E., Jr.(1993). Adolescent and risk taking: How are they related? In N. J. Bell & R. W. Bell(Eds.), Adolescent risk taking, Sage, Newbury Park, CA.

James Curran, David Morley & Valerie Walkerdine (2004). 대중문화와 문화연구. (백선기 역). 경기: 한울아카데미. (원저 출판 1995).

Koivumaki, T., Annu, R., & Manne, K. (2006). Predicting Consumer Accptance in Mobile Services: Empirical Evidence from an Experimental End User Enviroment. *International Journal of Mobile Communication*, *4*(4), 418-435.

Li, Hairong, & Brian Stoller. (2007). Parameters of Mobile Advertising: A Field Experiment. *International Journal of Mobile Marketing*, *2*(1), 4-11.

Lievrouw, A. Leah. (2009). New Media, Mediation, and Communication Study. *Information, Communication & Society*, *12*(3), 303-325.

Meik Wiking (2016). 휘게 라이프, 편안하게 함께 따뜻하게. (정여진 역). 경기: 위즈덤하우스. (원저 출판 2016).

Moore, S., & Gullone, E. (1996). Predicting adolescent risk behavior using a personalized cost-benefit analysis. Journal of Youth and Adolescence, 25, 343-359. Baumrind, D. (1991). The influence of parenting style on adolescent competence and substance abuse. *Journal of Early Adolescence*, *11*, 56-95.

Olweus, D. (1993). *Bullying at school: What we know and what we can do*. Cambridge: Blackwell.

Owens, R. (2012). *Language development: an introduction*(8th ed.). Boston: Allyn & Bacon.

Rao, S., & Troshani, I. (2007). A Conceptual Framework and Propositions for the Acceptance of Mobile Services. *Journal of Theoretical and Applied Electronic Commerce Research*, *2*(2), 61-73.

Ruth Benedict (1980). 문화의 패턴. (김열규 역). 서울: 까치. (원저 출판 1927).

Schwartz, G., & Merten, D. (1967). The language of adolescence: An anthropological approach to the youth culture. *American Journal of Sociology*, *72*(5), 453-468.

Shin, Dong-Hee, & Won-Yong Kim. (2009). Applying the TAM and Flow Theory to Cyworld User Behavior: Implication of the Web 2.0 User Acceptance. *Cyber Psychology & Behavior*, *11*(3), 378-382.

Weber, R., Ron, T., Westcott-Baker, Amber, & Benjamin, K. (2009). Theorizing Flow and Media Engagement as Cognitive Synchronization of Attention and Reward Networks. *Communication Theory*, *19*(4), 397-422.

국가법령정보센터　http://www.law.go.kr/lsEfInfoP.do?lsiSeq=177645#

국어국문학자료사전　http://terms.naver.com/entry.nhn?docId=696245&cid=41708&categoryId=41711

국어사전　http://krdic.naver.com/detail.nhn?docid=30020900

나무위키　https://namu.wiki/w/%EB%8F%84%EA%B9%A8%EB%B9%84%EB%A7%90

나무위키　https://www.namu.wiki (2015. 11. 14.)

네이버 국어사전　https://search.naver.com/search.naver?where=nexearch&query=%EC%9C%84%ED%97%98&sm=top_hty&fbm=1&ie=utf8

네이버 블로그　http://blog.naver.com/PostView.nhn?blogId=std03&logNo=10152264353

네이버 블로그　http://blog.naver.com/sgod_8586/220942270088

네이버 카페　http://cafe.naver.com/moolpas (2015. 11. 14.)

네이버 카페　http://cafe.naver.com/teleology/6 (2015. 11. 14.)

두산백과사전　http://www.doopedia.co.kr (2015. 11. 14.)

서울국제만화애니메이션페스티벌 SICAF 2015　http://www.sicaf.org (2015. 11. 14.)

위키디피아　https://ko.wikipedia.org/wiki/

위키백과　https://ko.wikipedia.org (2015. 11. 14.)

위키백과　https://ko.wikipedia.org/wiki/여가 (2017. 4. 5.)

청예단　https://blog.naver.com/bakbht/222324731495

한국애니메이션제작자협회　http://www.koreaanimation.or.kr (2015. 11. 14.)

저자소개

권일남

명지대학교 청소년지도학과 교수(현)
명지대학교 사회과학대학장(현)
명지대학교 사회복지대학원장(현)
여성가족부 청소년보호위원장(현)
법제처 국민법제관(현)
한국청소년활동학회회장(현)
2023세계스카우트잼버리운영위원(현)
서울대학교 대학원 교육학박사(Ph.D)
명지대학교 군 상담심리특별과정 주임교수(전)
청소년보호위원회 정책분과위원(전)
문화관광부 청소년활동분과위원(전)
미국 미네소타 주립대학교 교환교수(전)
여성가족부 청렴옴부즈만위원(전)
서울시 교육청 교육복지투자우선사업 컨설팅 및 평가위원(전)
청소년지도사 및 청소년상담사 자격검정출제 및 검정위원(전)
보건복지부 지역아동센터 평가 및 컨설팅 위원(전)
서울시청소년육성위원(전)
한국스카우트연맹중앙이사(전)

■ 저서

청소년문제행동론, 2002, 학지사
청소년활동지도론, 2003, 학지사
청소년지도방법론, 2004, 교육과학사
청소년활동지도론, 2008, 학지사
청소년활동론, 2009, 한국방송통신대학교 출판부
군 상담심리학개론, 2011, 교육과학사
청소년활동론: 역량개발중심, 2012, 학지사
청소년을 위한 멘토링의 이해와 실제, 2013, 학지사
청소년프로그램 개발과 평가, 2016, 창지사
군 상담과 리더십, 2020, 교육과학사
청소년문제와 보호, 2021, 창지사

전명순

명지대학교 교육학 박사/시인

현 명지대학교 청소년지도학과 객원교수

현 명지대학교 청소년활동연구소 사무총장

현 국가자격검정 청소년지도사, 청소년상담사 면접위원

현 GDC 연구소장

■ 저서

청소년프로그램 개발과 평가, 2016, 창지사

청소년문제와 보호, 2021, 창지사

제2판
청소년문화

초판 1쇄 발행 2017년 8월 1일
제2판 1쇄 발행 2021년 9월 10일

지 은 이 | 권일남 · 전명순
펴 낸 이 | 김기섭
편 집 인 | 이혜란 · 이상희
펴 낸 곳 | 창지사 www.changjisa.com
08589 서울시 금천구 가산디지털 1로 83 파트너스타워 1차 9층
전화 (02)719-2211~3
팩스 (02)701-9386
등 록 | 1977년 4월 28일 · 제1-421호

ISBN 978-89-426-1485-1 (93330)

값 19,000원